KB060565

백제 건축, 치석과 결구를 보다

백제 건축

치석과 결구를 보다

정훈진 · 심상육 · 이현숙 · 임종태 · 조원창 지음

서경문화사

서문 — 백제 건축, 치석과 결구를 보다

    백제의 마지막 도읍기인 사비(泗沘)시대 연구라는 전문적인 의미를 스스로 부여한 사비고고학연구회가 첫걸음을 내딛은 지도 벌써 10년에 다가가고 있습니다. 현재에 이르기까지 그동안 여러 가지 일들이 있었습니다. 2011년부터 부여지역에서는 한국문화재재단에 의한 소규모 국비지원 발굴조사가 활발하게 진행되면서 백제 사비기의 굴립주건물지들이 곳곳에서 확인되기에 이르렀다. 이렇듯 눈에 띄게 늘어난 백제 사비도성 내 굴립주건물지 조사를 기회 삼아 학술적인 연구에 대한 열의가 싹 트기 시작하더니 이듬해인 2012년 11월 제37회 한국고고학전국대회의 자유패널 참가를 계획하고 준비하는 과정에서 다섯 명의 연구자(조원창·심상육·임종태·이건일 등)가 의기투합하여 사비고고학연구회라는 연구모임을 결성한 다음 '부여지역 백제 사비기 건축유구의 특성과 변화'라는 제목으로 신청하기에 이르렀다. 모임의 구성원은 우연하게도 당시 부여지역의 고고학 발굴조사를 실시하고 있었던 5개 기관으로 배분되어 은연중에 일종의 대표성을 띠게 되어 자연히 각자 맡은 주제에 집중한 결과 학회의 자유패널이란 첫 관문을 무사히 통과할 수 있었다. 이러한 모임의 첫 단추는 부여지역 백제 사비기 연구의 발화점이 되었고 나아가 본격적인 사비고고학연구의 토대를 마련하게 되었다.

    결국 이러한 사비고고학의 기초연구에 대한 성과는 이후 사비고고학연구회의 꾸준한 모임을 통해 학회 발표자료를 보완하여 단행본으로 출간하기에 이르렀다. 사비고고학연구의 창간호가 세상에 나오기까지 여러 가지 우여곡절도 많았지만 2년에 걸친 각고의 노력 끝에 결실을 보게 되었다. 책 이름 '건물지로 본 사비고고학'으로 2015년 6월에 탈고 후 발간이 이루어졌다. 실로 감개무량하였다. 특정지역, 그것도 백제의 마지막 고도인 사비기에 한정되고 특정유구인 굴립주건물지 중심으로 주거지와 건물지가 가미된 건축유구에 관한 전문서적이 탄생되었던 것이다.

총서 1책 발간 이후 사비고고학연구회의 모임은 한동안 친목형식을 빌어 간헐적으로 이어지다가 2년 뒤인 2017년 초에 두 번째 연구 계획에 대한 의견이 나오게 되었다. 여전히 활발한 활동을 이어가고 있는 조원창 원장님의 제안과 회원들의 동의로 2차 연구주제는 석재가공방법 혹은 치석술로 결정되었다. 즉, 백제 사비도성 관련유구에서 석재가 사용된 사례를 조사하고 사용된 석재의 치석정도와 치석기술 및 사비기 치석술의 특징 등을 파악하고자 하였다. 이에 대한 작업이 본격적으로 시작되면서 이건일 선생이 개인사정으로 빠진 자리를 공주대학교박물관의 이현숙 선생님이 대신하게 되어 다섯 명의 멤버(심상육·이현숙·임종태·정훈진·조원창;이상 가나다순)는 증감 없이, 기관별 대표성(백제고도문화재단, 공주대학교박물관, 백제문화재연구원, 한국문화재단, 한얼문화유산연구원)은 변함없이 유지되었다. 분석대상 유구는 굴립주건물지, 초석건물지, 성곽, 고분, 사지 등이 선정되었고 각자 선호하는 유구를 정해 유구별 석재의 사용과 사용 석재의 가공기술 및 치석술 등에 대한 연구를 시작하였다.

2017년 초여름 본 연구가 고고학적 관점에서의 석재가공에 주안점을 두었기 때문에 석재가공과 관련하여 실질적인 동기를 부여하기 위해 공주 근교에 계신 석공예 명인이신 금강조각연구소 윤태중 선생님을 찾아뵙고 석재가공과 관련된 자문을 구할 수 있었다. 자문을 부탁드릴 당시 윤 선생님께서는 고유 업무에도 불구하고 바쁘신 시간을 흔쾌히 내어주

섰을 뿐만 아니라 석재채취부터 가공도구 및 시연에 이르기까지 석재가공의 전반에 대해 아주 자세히 알려주셨다.

이후 각자 맡은 주제의 원고를 준비해가며 정기적으로 몇 번의 회합을 통해 원고내용 및 추진방향 등을 서로 교류하고 정립해 나갔다.

그러던 중 2018년 말 출간에 앞서 각자가 원고에서 전개한 논지의 검증절차로서 2019년 1월 17일에 학술심포지엄을 열기로 결정하였다. 이 심포지엄은 심상육 부장님의 발의와 지원 하에 사비고고학연구회와 백제고도문화재단이 함께 굿뜨래 웰빙마을 세미나실에서 '백제 사비기의 석재 치석술'이라는 제목으로 개최되었는데 물론 윤태중 선생님께 기조강연 형식으로 시간을 할애해 드렸다. 심포지엄은 비록 대회장 규모가 크지는 않았지만 관심 있는 연구자들로 자리가 가득 찰 만큼 대회장 내 열기가 뜨거웠다. 이렇게 사비고고학연구회의 두 번째 총서는 사전 검증과정을 거치면서 보다 탄력을 받게 되었으며, 심포지엄에서 나온 지적과 의견을 수렴하여 원고를 보완하면서 출간을 위한 마무리절차에 돌입하였다. 두 번째 결과물은 심포지엄 이후 근 반년에 걸친 후속작업 및 인쇄소 교정작업을 거쳐 최종 종이로 인쇄되기에 이르렀다.

사실 사비고고학연구회의 모든 경비는 전적으로 회원의 동의 하에 공동출자의 형식으로 충당하고 있다. 몇몇 분들은 이러한 사비고고학연구회의 활동을 빗대어 "사비(私費)를 털어서 사비(泗沘)를 연구한다."고 우스갯소리로 말씀하시곤 한다. 그렇다. 우리 사비고고학연구회는 회원 수를 늘리려고 지나치게 외연을 확대하거나 욕심을 부리지 않으며, 적지만 정예라는 생각으로 다른 연구자들처럼 묵묵히 정진한 결과 어느새 두 번째 책까지 나오게 된 것이다. 사비고고학 연구 총서 2책! 한편으로도 감개무량하다. 앞으로도 변함없이 뚜벅뚜벅 걸어 사비고고학의 발전을 위한 밑거름을 만들 것이다.

본 연구회의 두 번째 단행본이 햇빛을 보기까지에는 각 소속기관의 배려뿐만 아니라 백제고도문화재단 박종배 원장님의 남다른 관심과 지원, 금강조각연구소 윤태중 선생님의 살아 있는 석공예기술 자문과 강연, 서경문화사 김선경 사장님의 품격향상을 위한 무한한 고심 등이 함께 하였기에 가능했으며, 겉으로 드러나지는 않았지만 본 연구회나 집필진을 아시고 무언의 힘을 보태주신 관련 연구자들과 사랑하는 가족들을 포함한 모든 분들께 두 손 모아 감사의 말씀을 드립니다!

특히 무엇보다도 이번 사비고고학연구의 두 번째 단추를 제대로 만들어 정확한 위치에 달아주신 네 분(조원창·이현숙·심상육·임종태) 선생님께 무한한 감사와 영광을 돌립니다.

2019년 6월
대청대교 개통으로 대전에 보다 가까워진
현도면 노산2길에서

정 훈 진 두손모음

목차 — 백제 건축, 치석과 결구를 보다

01

백제 사비기 굴립주건물지의
석재채용과 백제의 치석기술

정훈진(한국문화재재단 조사연구2팀장)

1. 머리말

굴립주건물지는 정지된 지면의 일정구역을 파내고 버팀목을 심은 구조물을 말하며, 수혈식건물과 대비되는 개념으로 사용되고 있다. 굴립주건물지는 선사시대부터 사용되어 왔으나 삼국시대에 와서는 수혈식 주거지의 지상화과정과 맞물려 그 중요도가 높아져 있다. 특히 백제의 건물지 지상화 시기는 한성기말부터 시작되어 웅진기에 본격화된 것으로 파악되며, 건물벽체의 견고화 등 건축기술의 발달과 병행하였을 것으로 추정된다. 최근 부여지역의 경우 백제 사비기에 해당하는 굴립주건물지 자료가 증가함에 따라 건물지에 대한 다양한 정보들이 증가하고 있는 실정이며, 특히 저습지가 많은 부여지역의 경우에는 저습한 생활여건을 활용한 결과 굴립주건물지 역시 사비기에 보다 일반화된 것으로 연구되고 있다.

보통 굴립주건물지는 축조재료가 대부분 나무 등 유기질이나 점토 등으로 이루어져 있어 고비용의 기와건물지보다 적은 비용을 들여 훨씬 보편적으로 사용할 수 있다는 이점이 있었다.

굴립주건물지의 축조에 돌이 사용되는 것은 웅진기에 부분적으로 보이지만 본격적으로 사용하게 되는 시기는 사비기에 들어와서부터이다. 현재까지 부여지역의 굴립주건물지 내에서 석재를 사용한 예는 40여 기 이상에 달한다. 석재가 사용되는 부위는 크게 건물의 내부와 외부로 나눌 수 있다. 즉, 내부는 기둥자리와 벽체 및 내부시설 등이며, 외부는 외부지지시설과 통행관련시설 및 담장 등이다. 이 중 석재가 가장 많이 사용된 부위는 건물의 뼈대를 이루는 기둥이 위치한 주혈 내부(목주 하부와 목주 주변) 및 취사난방시설인 구들시설 등 건물 내부이다. 이를 통해 건축당시 건물의 구조적인 안정성 혹은 견고성을 최우선시 하였음을 알 수 있으며, 건물 내 구들의 설치로 인해 취사난방에 따른 생활기능이 추가되어 굴립주건물이 보다 보편적인 생활터전으로 자리매김하였음을 보여준다. 부여지역의 발굴조사 성과를 분석한 결과 굴립주건물지 내 석재사용이 시기적으로 전자의 경우 사비기 전후부터, 후자의 경우에는 사비기 후기부터 유행한 것으로 연구되었다. 또한 건물지 내 확인된 석재의 가공수법은 대부분 자연석이나 최소단계 가공수법인 혹두기 가공의 수준을 보이지만 경우에 따라서는 보다 세밀한 가공의 흔적을 보이기도 한다. 즉, 정다듬에 그치지 않고 도드락다듬이나 잔다듬에까지 이르는 고도의 가공수법을 보이기도 한다.

그렇다면 고대의 부여지역에 있어서 이러한 굴립주건물지 내의 석재채용 방식과 치석술이 과연 어떠한 방식으로 나타나고 어떠한 양상으로 전개되어 어떠한 정도의 치석기술로 발현되었으며, 그리고 이를 통해 본 백제 사비기 굴립주건물지 내의 치석기술은 어떠했을까?

그 해답을 찾기 위해 본고에서는 석재가 채용된 굴립주건물지가 조사된 유적 사례와 각 유적 내 석재채용 현황을 건물의 부위별로 세부적으로 나누어 살펴보고 분석대상 건물지의 시기적인 편년관계를 정리한 다음 그 편년에 따라 석재채용의 흐름을 단계별로 나누어 전개양상을 규명함으로써 사비기 굴립주건물지 내에 투영된 치석기술의 실상을 시범적으로 파악

도 1. 부여지역 굴립주건물지 석재채용 사례 현황

하고자 하였다.

2. 조사사례

현재 부여지역, 특히 사비도성 내부 혹은 근접지역을 중심으로 약 40여 동의 굴립주건물지에 석재가 채용된 사례가 확인되고 있으며, 추가조사를 통해 그 숫자는 다소 증가할 것으로 생각된다. 행정구역별로는 가탑리, 구아리, 능산리, 동남리, 쌍북리, 정동리 등이다.

1) 가탑리

가탑리에서는 가탑리 90번지 두시럭골 유적(정석배 외 2013)과 222-1번지 산이고갯골 유적(서현주 외 2016)에서 확인되었는데 모두 한국전통문화대학교 전통문화연구소에서 발굴조사를 실시하였다.

구분		건물 유형	평면 형태	규모(cm) 전체/건물	내부 시설	석재 위치	석재 종류	석재 기능	비고
가탑 90	벽주 건물지1	벽주식	주구부 장방형	주1,248 590×970	남서쪽 대웅 밀집, 동쪽 진단구2, 남쪽 출입구	북변, 서변 주혈	천석, 할석, 판석	초석, 목주 지지	성토대지, 좌우실, 중앙부 벽체 분할, 좌실 3변 부분벽구
	굴립주 건물지8	고상식	세장 방형	109×369		주혈	할석	초석(?), 목주 지지	3×1칸, 남서쪽 간주1
가탑 222 -1	1호 건물지	벽주식	주구부 방형	주750, 1120 600×590	석조구들, 남쪽 중앙 출입구	4벽 아래, 북동 구들	할석, 판석	벽체하부 시설, 난방	북쪽 외부 주혈(4개) 및 진단구
	2호 건물지	벽주식	주구부 말각형	주460 (240)×(175)	석조구들, 남중앙 출입구	서쪽 주구 내	할석, 판석	미상	북쪽 외부 수혈
	4호 건물지	벽주식 (?)	(장) 방형?	564×572		주혈 내	할석, 판석	초석, 목주 지지	목주 지지 보강

2) 구아리

구아리에서는 부여중앙성결교회 신축부지인 319번지 유적(심상육 외 2012)에서 1동이 조사되었다.

구분	건물 유형	평면 형태	규모(cm) 전체/건물	내부 시설	석재 위치	석재 종류	석재 기능	비고
구아 319 2단계 1호 벽주건물	벽주식	주구부 장방형	주1,248 520×530	남쪽 출입구	네 모서리, 출입구 서쪽 주혈	할석	초석	4변 간주, 초석 치석, 남서 모서리 전 받침

3) 능산리

능산리에서는 동나성구간(이호형·구기종 2006)에서 조사사례가 있으며, 1지역 건물지 조성면 단계에서 2동, 2지역 2차 건물지 조성면 단계에서 3동 등 모두 5동의 굴립주건물지에서 석재를 채용하였음이 확인되었다.

구분		건물 유형	평면 형태	규모(cm) 전체/건물	내부 시설	석재 위치	석재 종류	석재 기능	비고
능산 동나성	1-건-1	벽주식	방형	520×550		동·서벽 중앙 (보수) 모서리 인근	할석, 판석	초석	초석 치석, 모서리 돌출 주혈+간주, ㅁ자 대벽건물지
	1-건-2	고상식	방형	450×500		모서리, 동변 주혈	할석, 판석	초석, 목주 지지	다주식
	2-2 건-1	벽주식	방형	(200)×820	벽외기단 고맥이, ㄱ자 돌출구들	남·동벽, 북동우, 남쪽 외부	할석, 판석	벽체하부 시설, 난방, 기단	북동우 돌출 구들 설치, 남쪽 외부 석제 기단 잔존
	2-2 건-4	벽주식	주구부 방형	504×552	일부 고맥이	북·서벽 아래	할석	벽체하부 시설	남서우 외부 구들?
	2-2 건-5	벽주식 (?)	방형	464×480	굴절형 구들	남동쪽	할석, 판석	난방	북서우 돌출

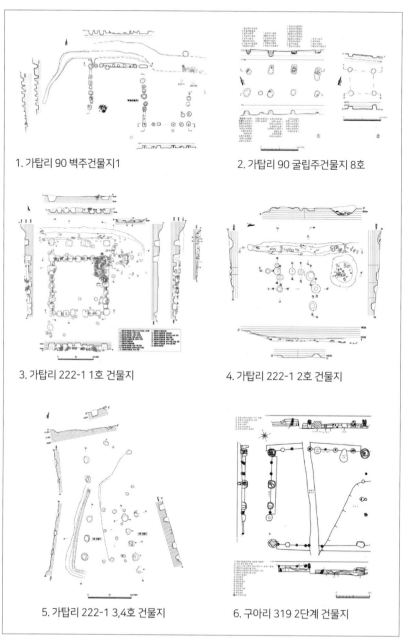

1. 가탑리 90 벽주건물지1

2. 가탑리 90 굴립주건물지 8호

3. 가탑리 222-1 1호 건물지

4. 가탑리 222-1 2호 건물지

5. 가탑리 222-1 3,4호 건물지

6. 구아리 319 2단계 건물지

도 2. 부여지역 굴립주건물지 석재채용 조사사례1(가탑리, 구아리)

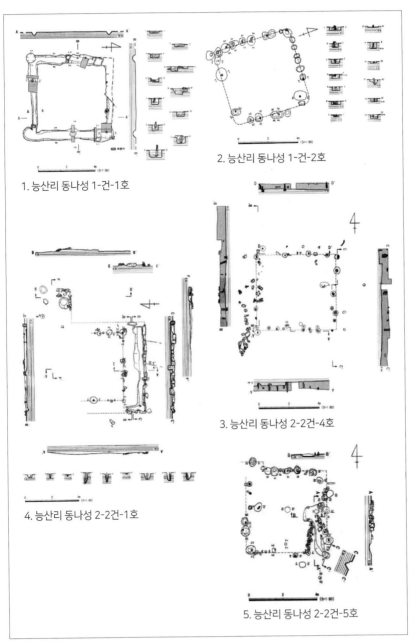

1. 능산리 동나성 1-건-1호

2. 능산리 동나성 1-건-2호

3. 능산리 동나성 2-2건-4호

4. 능산리 동나성 2-2건-1호

5. 능산리 동나성 2-2건-5호

도 3. 부여지역 굴립주건물지 석재채용 조사사례2(능산리)

4) 동남리

동남리에서는 뒤의 쌍북리 다음으로 많은 7동이 확인되었다. 동남리 백제유적(백제문화재연구원·한국농어촌공사 2014), 동남리 172-2번지 유적(忠淸南道歷史文化硏究院·扶餘郡 2007), 동남리 202-1번지 유적(심상육 외 2014), 동남리 522-8번지 유적(백제문화재연구원 2015), 화지산 유적(國立扶餘文化財硏究所 2002) 등의 예가 있다.

구분		건물 유형	평면 형태	규모(cm) 전체/건물	내부 시설	석재 위치	석재 종류	석재 기능	비고
동남 백제	서쪽 중앙 주혈1	고상식	장방형	315×270		남동쪽	할석	초석?, 목주 지지?	
	3굴립주	고상식	방형	300×300		남쪽 주혈	할석	목주 지지	2×2칸
동남 172 -2	나-2호	벽주식	주구부 방형	1,000×1,150 564×572	남쪽 출입구 (?)	서쪽 외부 초석 2매	할석, 판석	초석	성토대지
	나-5호	벽주식	방형	560×530		북쪽 외부	할석, 판석	기단	석축기단
동남 202 -1	1단계 1호	벽주식	방형	960×1,060 590×543	세장방 저탄곽, 남쪽 출입구	모서리, 북·동변	할석	목주 지지	대벽건물지, 돌출형 주주, 동지주, 옹벽상 목주열
	1단계 2호	벽주식	방형	1,360×1,080 580×550	장방형 화덕, 남쪽 출입구	모서리, 동변 주혈	할석	목주 지지	대벽건물지, 돌출형 주주, 동지주, 옹벽상 목주열
	2단계 3호	벽주식	방형	1,210×950 660×610		북서 주구 내	할석, 판석	암거 및 통행로	주구 내외 건널목, 다주식
동남리 522-8 3호		고상식 ?	장방형	520×270	타원형 수혈	북변 주혈	할석	목주 지지	북변 간주
화 지 산	다-4호	벽주식	방형	640×610		북쪽 외부	할석	기단	석축기단
	다-5호	벽주식	장방형	740×950	방형 토광시설	북벽 주혈	할식	목주 지지	

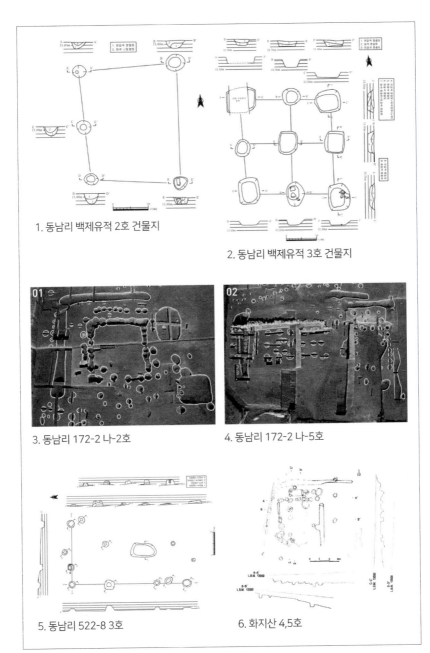

1. 동남리 백제유적 2호 건물지

2. 동남리 백제유적 3호 건물지

3. 동남리 172-2 나-2호

4. 동남리 172-2 나-5호

5. 동남리 522-8 3호

6. 화지산 4,5호

도 4. 부여지역 굴립주건물지 석재채용 조사사례3(동남리1)

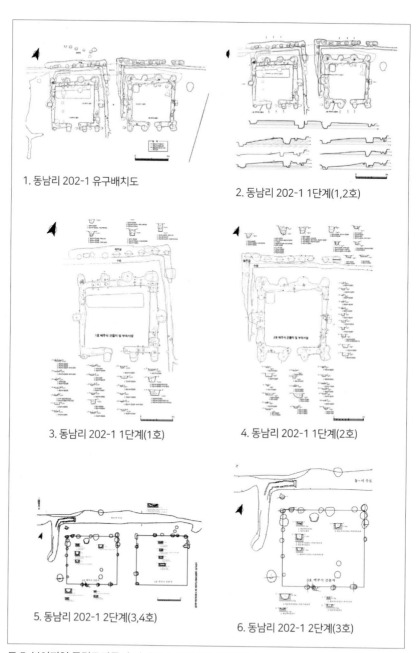

1. 동남리 202-1 유구배치도

2. 동남리 202-1 1단계(1,2호)

3. 동남리 202-1 1단계(1호)

4. 동남리 202-1 1단계(2호)

5. 동남리 202-1 2단계(3,4호)

6. 동남리 202-1 2단계(3호)

도 5. 부여지역 굴립주건물지 석재채용 조사사례4(동남리2)

5) 쌍북리

쌍북리의 경우 부여 읍내에서 가장 많은 유적에서 가장 많은 수량을 차지하고 있다. 쌍북리 184-11번지(심상육 외 2014), 쌍북리 201-4번지(한국문화재재단 2015a), 쌍북리 207-5번지(한국문화재재단 2013), 쌍북리 243-8번지(忠淸南道歷史文化硏究院 2007), 쌍북리 280-5번지(백제문화재연구원 2011), 쌍북리 314-5번지(한국문화재재단 2015b), 쌍북리 389-2번지(한국문화재재단 2017), 쌍북리 713-5번지(최상철·박현경 2017), 쌍북리 북포유적((재)충청문화재연구원 2009) 등의 유적에서 각 1동씩, 쌍북리 두시럭골 유적((재)충청문화재연구원 2008)에서 5동과 쌍북리 북나성VVI(심상육 외 2017)에서 8동 등을 합하면 모두 11개 유적 22동에 달하여 전체의 절반 가까이 차지한다.

구분		건물 유형	평면 형태	규모(cm) 전체/건물	내부 시설	석재			비고
						위치	종류	기능	
쌍북 184-11 2단계 2차		벽주식	방형	(660)×(600) 500×500	굴절구들, 서쪽 출입구	서쪽 중앙 남쪽 중앙	할석	구들, 출입구	기단조성, 부분성토
쌍북 201-4 2호		벽주식 (?)	(장)방형	1,330×(250) 780×(160)	석축기단	동쪽 및 주변	할석	기단	ㄱ자 목책열
쌍북 207-5 2호		벽주식	(장)방형	1,140×(570) 外620×(300) 內540×(240)	내외진주	남동,남서 모서리 및 주변 주혈	판석, 할석	초석, 목주지지	대지/ 기반조성, 부분판축
쌍북 314 - 5	1호	벽주식	방형	760×(565) 566×550	노지, 부분 벽주	북쪽 주혈	할석	목주 지지	
	2호	벽주식	(장)방형	1,414×(336) 516×(50)	기단내 탄화목판	건물 북동 외부	판석	외부지지	주구내 철벽, 목기 등 제의 유물 출토
쌍북 389-2 하층		벽주식	미상	1,120×330 (886)×?	이중초석	중앙동쪽 주혈	판석	초석	대지조성
쌍북 713-5		벽주식	미상	785×(292)	3중 주열(주 적심, 벽가 적심, 목주)	남서모서리 주혈	판석, 할석	초석, 목주 지지	3차 성토, 모서리 벽구 돌출

구분		건물유형	평면형태	규모(cm) 전체/건물	내부시설	석재 위치	석재 종류	석재 기능	비고
쌍북 두시럭골	Ⅰ-6호	벽주식	(장)방형	860×(484) (340)×445	굴절구들, 서쪽주열 고맥이	서변	할석, 판석	구들, 고맥이	5호와 중복
	Ⅰ-8호	벽주식	(장)방형	(380)×460		서쪽 외부	할석	고맥이(?), 담장	7호와 중복
	Ⅰ-13호	벽주식	(장)방형	(690)×(300) (216)×540	벽체 하부시설	전체적	할석, 판석형	벽체하부 시설, 담장	벽체 하부 점토/외단 석렬
	Ⅱ-1호	벽주식	(장)방형	500×480	이중굴절 구들	북/서쪽	할석, 판석형	구들	
	Ⅱ-3호	벽주식	(장)방형	(490)×(100) ?		북쪽 주구 내	할석, 판석	암거 및 통행로	주구 내외 출입시설
쌍북 북나성 ⅤⅥ	Ⅱ-1-2	벽주식	방형	740×810 580×550	남쪽 출입구, 벽구, 주주-간주	서변	판석, 할석	초석, 목주 지지	대벽건물지, 돌출형 주주, 동지주
	Ⅱ-1-8	벽주식	방형	730×790 580×540	3중 주열, 남쪽 출입구	북서 모서리, 남변	판석, 할석	초석, 목주 지지	대벽건물지, 돌출형 주주, 동지주
	Ⅱ-1-9	벽주식	방형	850×880 670×680	3중 주열, 남쪽 출입구	서변 중앙	할석, 판석	초석, 목주 지지	대벽건물지, 돌출형 주주, 동지주
	Ⅱ-1-16	고상식	장방형	(242)×(256) (162)×(168)	서쪽 중앙부 간주	북서모서리	판석형	초석	1×1칸
	Ⅱ-2-1	벽주식	방형	510×510		모서리, 동변 주혈	할석	목주 지지	동쪽 주구
	Ⅱ-2-4	벽주식	방형	572×436		전체적	할석, 판석	초석, 목주 지지	
	Ⅱ-2-6	벽주식	방형	612×506		남동 모서리	할석	초석(?)	
	Ⅱ-2-10	벽주식	방형	600×600		동변중앙, 서변	판석, 할석	초석, 목주 지지	주좌 치석, 비연속 / 돌출형 주주, 동지주 흔적
쌍북 북포 N-Ⅱ-1호		벽주식	장방형?	756×(320)		서/남변	판석, 할석	초석	개/보수

이 중 북나성ⅤⅥ에서 조사된 진출입시설1의 경우 Ⅱ-1단계와 Ⅱ-2단계로 나누어 사용된 굴립주건물지이며, 북쪽 열의 주혈 내에서 목주 아래와 주변에 할석을 사용하였다. 건물 내부 남동쪽 모서리에는 Ⅱ-2단계부

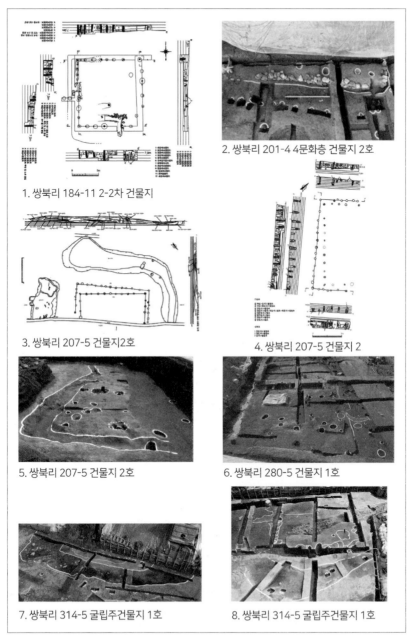

1. 쌍북리 184-11 2-2차 건물지

2. 쌍북리 201-4 4문화층 건물지 2호

3. 쌍북리 207-5 건물지2호

4. 쌍북리 207-5 건물지 2

5. 쌍북리 207-5 건물지 2호

6. 쌍북리 280-5 건물지 1호

7. 쌍북리 314-5 굴립주건물지 1호

8. 쌍북리 314-5 굴립주건물지 1호

도 6. 부여지역 굴립주건물지 석재채용 조사사례5(쌍북리1)

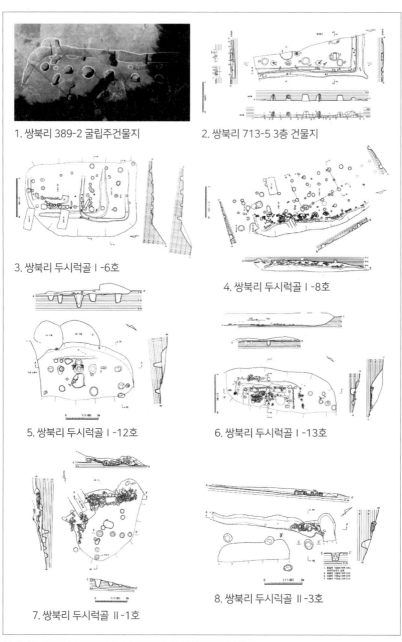

1. 쌍북리 389-2 굴립주건물지

2. 쌍북리 713-5 3층 건물지

3. 쌍북리 두시럭골 I -6호

4. 쌍북리 두시럭골 I -8호

5. 쌍북리 두시럭골 I -12호

6. 쌍북리 두시럭골 I -13호

7. 쌍북리 두시럭골 II -1호

8. 쌍북리 두시럭골 II -3호

도 7. 부여지역 굴립주건물지 석재채용 조사사례6(쌍북리2)

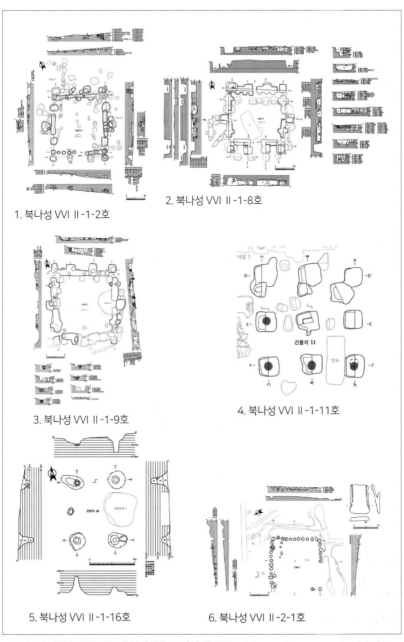

1. 북나성 VVIⅡ-1-2호

2. 북나성 VVIⅡ-1-8호

3. 북나성 VVIⅡ-1-9호

4. 북나성 VVIⅡ-1-11호

5. 북나성 VVIⅡ-1-16호

6. 북나성 VVIⅡ-2-1호

도 8. 부여지역 굴립주건물지 석재채용 조사사례7(쌍북리3)

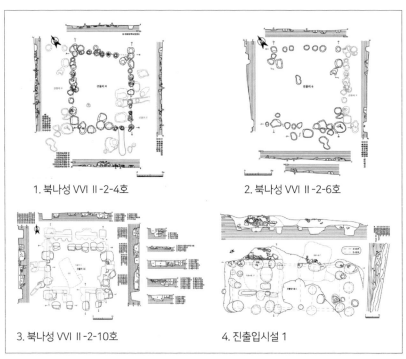

1. 북나성 VVⅠⅡ-2-4호

2. 북나성 VVⅠⅡ-2-6호

3. 북나성 VVⅠⅡ-2-10호

4. 진출입시설 1

도 9. 부여지역 굴립주건물지 석재채용 조사사례8(쌍북리4)

터 노출된 확돌 1개가 놓여 있었으나 반대편에서는 확인되지 않았다. 이 확돌로 인해 이곳에 실제 출입문이 달려 있었음을 추정할 수 있었으며, 확돌의 표면은 평탄하고 매끄럽게 다듬한 상태였으며, 상면 중앙에는 문주석 홈이 마련되어 있었다. 또한 북쪽 부분에는 경사면을 계단식으로 1~2단 절토한 다음 석축형태로 외면을 보강하였다.

6) 정동리

정동리에서는 충청문화재연구원에서 2005년도에 조사한 정동리유적((財)忠淸文化財硏究院·大田地方國土管理廳 2005)에서 석재채용 사례가 확인되었으며, 모두 4동이 해당된다.

구분		건물 유형	평면 형태	규모(cm) 전체/건물	내부 시설	석재			비고
						위치	종류	기능	
정동	1호	벽주식	(장)방형	(820)×(910) (520)×(530)	1×2칸, 이중굴절구들	북서쪽	할석, 판석	구들	
	2호	벽주식	장방형	(870)×(680) 703×317	3×2칸, 점토+할석 고상시설	북쪽	할석	고상	북쪽2칸 고상시설, 내부공간 분할
	3호	벽주식	장방형	(790)×(320) 618×(242)	2×4칸, 이중굴절구들	중앙 동쪽	할석, 판석	구들	증개축, 구들 두줄 고래
	4호	벽주식	미상	(640)×(340) (530)×(250)	이중굴절구들	북서쪽	할석, 판석	구들	구들 두줄 고래, 연도/뚜껑 잔존

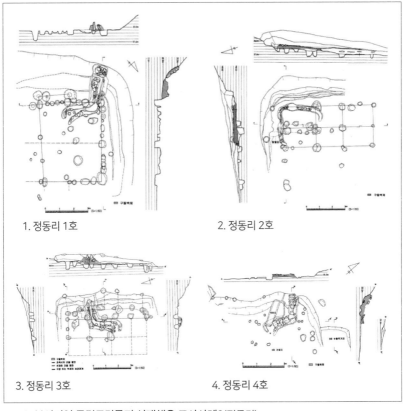

1. 정동리 1호

2. 정동리 2호

3. 정동리 3호

4. 정동리 4호

도 10. 부여지역 굴립주건물지 석재채용 조사사례9(정동리)

3. 석재채용 현황

굴립주건물지에서 확인되는 석재들은 건물지 내부와 외부로 나눌 수 있는데 대부분은 건물지 내부에서 확인되나 일부는 건물지 외부에서도 확인된다.

건물지 내부에서는 주로 굴립주 내부, 기둥과 기둥 사이, 내부시설 등에서 확인된다. 우선 굴립주 내부에는 기둥의 하부나 주변에 석재가 사용되는데 하부 석재는 초석 혹은 초반으로 나뉘며, 기둥 아래에 초(반)석이 없이 바로 적심이 놓이는 경우는 발견되지 않았다. 또한 기둥의 주변에서 확인되는 석재들은 기둥을 세우기 위해 판 주혈 벽면과 기둥 사이의 빈 공간을 메워 기둥을 고정시킬 때 들어가는데 대부분 점토를 이용하지만 부분적으로 작은 할석이 사용되기도 한다. 기둥과 기둥 사이의 석재사용은 주로 벽체의 하부, 출입구 바닥, 벽구 내에서 발견된다. 한편 석재가 내부시설에 사용되는 경우 대부분 구들시설에 한정되고 있으며, 아직까지 노지나 그 외의 시설에서는 석재사용 예가 확인되지 않았다.

반면 건물지 외부의 경우에는 외부지지시설, 기단, 담장시설, 주구내 적석시설, 통행관련시설 등의 형태로 확인되었다.

1) 건물지 내부

⑴ 목주 하부

목주의 하부나 굴립주의 바닥에 초(반)석이나 적심석을 놓은 다음 기둥을 세움으로써 기둥을 받치는 역할을 담당한다. 뒤의 목주 주변의 사용예와 함께 확인 수가 상대적으로 많은 편이다.

구아리 319번지 1호 벽주건물지, 능산리 동나성 1-건-1호, 동 1-건-2호, 동 2-건-5호, 동남리 202-1번지 2호, 쌍북리 207-5번지 2호, 쌍북리 280-5번지 1호, 쌍북리 713-5번지, 쌍북리 북나성VVIⅡ-1-8

호, 동 Ⅱ-1-9호, 동 Ⅱ-1-16호, 쌍북리 389-2번지 하층 등에서 확인되었다.

주혈 내 목주 아래에 석재가 사용될 경우에는 목주를 받치는 기능적인 특수성으로 인해 상면이 편평한 판석형 할석이 주로 사용된다. 석재의 유무는 건물지 상부구조의 하중과 밀접한 관련을 가지는 것으로 생각되므로 이러한 석재채용 이후가 보다 발전된 건물지의 형태라고 생각된다. 그렇다고 모든 굴립주 내부에서 석재가 확인되는 경우는 아직까지 찾아볼 수 없다.

주혈 내부에서 목주의 하부에 석재가 사용되는 위치는 네모난 건물지의 모서리부분이 많다. 건물지의 네 모서리 부분은 건물의 주 기둥 위치와 거의 동일하여 건물의 상부구조를 지탱하는 건물의 기본적인 뼈대를 구성하는 중요 부위이다. 이러한 네 모서리 주 기둥의 존재는 시기적으로 굴립주건물지의 선행 유구이면서 원삼국~삼국시대 마한지역을 중심으로 크게 유행한 사주식 주거지에서 찾아볼 수 있어 수혈주거지의 지상화과정과도 연관되는 일면을 살필 수 있다. 이렇게 방형 건물지 네 모서리의 주 기둥 아래에서 석재가 사용된 예는 쌍북리 207-5번지 2호 건물지(주구부 굴립주건물지) 내·외열, 구아리 319번지 2호 건물지, 능산리 동나성 1-건-2호 등이다. 쌍북리 207-5번지의 2호 건물지는 조사범위의 한정으로 말미암아 건물지의 서쪽 절반 정도까지만 조사되어 노출된 서쪽의 남쪽과 북쪽 모서리에서 방형이나 방형에 가까운 판석형 할석 사용이 확인되었기 때문에 조사구역 외부에 위치한 동쪽의 경우에도 이와 유사할 것으로 추정[1]된다. 구아리 319번지 2호 건물지는 조사구역 내에서 건물의

---

1) 이 207-5번지 2호 건물지의 동쪽에 접해 있는 207-13번지에 대한 소규모 국비지원 시굴조사(한국문화재재단 2019)가 2019년 3월에 이루어지게 되어 재단에서는 조사가 진행될 경우 207-5번지의 건물지 동쪽 일부가 노출될 것으로 기대하였다. 하지만 실제 건물지가 드러난 깊이가 지표 아래 3~4m 정도에 달하여 조

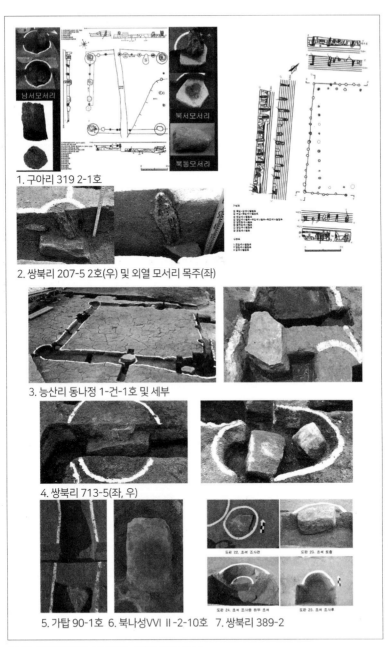

1. 구아리 319 2-1호

2. 쌍북리 207-5 2호(우) 및 외열 모서리 목주(좌)

3. 능산리 동나정 1-건-1호 및 세부

4. 쌍북리 713-5(좌, 우)

5. 가탑 90-1호 6. 북나성VVI Ⅱ-2-10호 7. 쌍북리 389-2

도 11. 건물지 내부 석재채용 유형1(목주 하부)

전체범위가 드러나 네 모서리의 축조양상을 확인할 수 있었으며, 북쪽의 양쪽 모서리에서 석재가 확인되었다. 또한 남서모서리에는 석재 대신에 전이 사용되었는데 전 위에 기둥 크기와 비슷한 얇은 판상 석재가 놓여있어 초석의 역할을 하고 전은 초반 역할을 했음을 알 수 있다. 이러한 모서리의 석재사용은 쌍북리 713-5번지 3문화층 건물지에서도 주 기둥 역할을 잘 살필 수 있다. 즉, 보고서에는 '대지조성층 상면에는 중심기둥이 세워진 주 적심과 벽체에 인접하여 시설된 벽가적심,2) 벽가적심 사이의 주공, 벽체 기초시설인 구(벽구), 배수로 등이 확인되었다'라고 기술(최상철·박현경 2017)되어 있는데 중심기둥이 세워진 주 적심이 굴립주 내에 장방형의 판석형 할석 2매로써 초석역할을 하도록 시설한 것으로 판단된다. 이 굴립주와 연결되는 남쪽과 서쪽 변에는 적심토 위에 기둥을 세워 건물의 기본적인 뼈대를 구성했던 것으로 판단된다. 한편, 중심 주열과 벽구 사이에 추가로 존재하는 벽가주열에는 적심토(주주)-굴립주(간주)의 형태로 노출되어 특이한 건물구조라고 생각되지만 정확한 가구구조를 추정하기가 쉽지 않다.

굴립주건물지에서는 모서리 외에 각 변에서도 목주 아래에 석재가 사

사과정에 벽면붕괴 등 안전사고의 위험성이 매우 높았기 때문에 발굴현장 안전수칙에 의거하여 벽면에 안전경사도를 두고 조사를 진행할 수밖에 없어 굴립주건물지가 조성된 문화층만 확인하였을 뿐 굴립주건물지의 주구 등 직접적인 흔적은 확인할 수 없었다.

2) 이 건물지의 내부에 배치된 3개의 기둥 열 중 가장 바깥쪽인 벽체 가까이에 위치한 적심을 말한다. 이 벽가적심은 고상식을 제외한 대다수의 굴립주건물지가 벽체 내에 기둥이 들어 있어 벽주건물지로 불리는데 이 713-5번지 3문화층의 건물지는 가장자리에 벽구를 가진 벽체가 따로 있으면서 내부에 기둥이 배치된 형태이다. 기둥 아래에는 굴립주 외에도 주혈을 파고 내부에 흙으로 다져넣은 적심토가 확인되었다. 이 적심토는 7세기경부터 등장하는 것으로 알려져 있어 굴립주건물지 중에서도 비교적 늦은 시기의 형태를 보여주는 사례라고 생각된다.

용되었으며, 가탑리 90번지 1호 벽주건물지와 능산리 동나성 1-건-1호, 동남리 202-1번지 2호, 쌍북리 207-5번지 2호 건물지, 쌍북리 389-2번지, 쌍북리 북나성VVII-2-4호 등에서 확인되었다. 우선 가탑리 90번지 1호 벽주건물지의 경우에는 서쪽에 위치한 좌실의 북벽 중앙부에 3개의 초석이 연이어 확인되었다. 또한 능산리 동나성 1-건-1호의 경우에는 비교적 큰 편에 속하는 판석형 할석을 주혈 내부에 배치하였는데 변에 위치한 초석은 최초 건물 축조당시의 것이 아니라 건물 사용 중에 기둥을 부분적으로 보수하면서 추가로 설치한 것이었다. 이 건물지에 사용된 초석은 동일한 레벨로 놓여 있지 않고 석재의 높이차가 존재하는데 이는 초석 위에 놓인 기둥의 길이를 조정하여 건물의 상부구조를 완성한 덤벙주초의 특징으로 생각된다. 이렇게 초석의 높이차는 쌍북리 207-5번지 외열 북서쪽 모서리와 그 서쪽 목주 아래에서도 확인된다. 동남리 202-1번지 2호의 북동쪽 모서리의 서쪽 주혈 내에서는 기둥 아래를 판석 대신에 할석들을 배치하여 일반적인 사례와는 상이하다. 북나성VVII-2-4호의 동벽에는 장방형의 석재 상면을 평탄하게 치석하고 기둥자리를 오목하게 다듬은 석재가 확인되었다.

쌍북리 389-2번지 하부의 1문화층 주구부건물지의 동쪽에서 세 번째 굴립주는 판석이 상하 이중으로 사용된 예로서 기둥을 부분적으로 보수한 흔적을 보여준다. 즉, 다른 굴립주와 마찬가지로 대지조성토에 조성한 굴립주의 바닥에 판석형 할석을 놓고 기둥을 세우고 빈공간을 점토로써 매우고 사용하다가 기둥이 부식되는 등 기능이 상실한 이후 주혈을 되파지 않고 초석을 놓고 기둥을 설치하였던 것으로 판단된다. 사용된 석재는 상면이 매끄럽지는 않지만 할석의 외면을 거칠게 떼어내고 손질하여 판석으로 이용한 것으로 추정된다.

(2) 목주 주변(주혈 내)

주혈 내에 설치된 기둥을 측면에서 지지하고 보강해주는 역할을 담당하며, 점토 외에 할석이나 천석 등 작은 석제(편)를 이용하였다.

가탑리 90번지, 구아리 319번지 1호 벽주건물지, 동남리 백제유적 2호 굴립주, 동 3호 굴립주, 동남리 202-1번지 1호 및 2호, 동남리 522-8번지, 쌍북리 389-2번지, 쌍북리 북나성VVIⅡ-1-2호, 동 Ⅱ-1-8호, 동 Ⅱ-1-9호, 동 Ⅱ-2-1호, 동 Ⅱ-2-4호, 동 Ⅱ-2-6호, 동 Ⅱ-2-10호

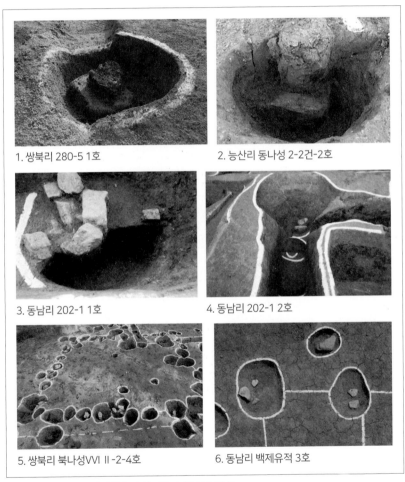

1. 쌍북리 280-5 1호

2. 능산리 동나성 2-2건-2호

3. 동남리 202-1 1호

4. 동남리 202-1 2호

5. 쌍북리 북나성VVIⅡ-2-4호

6. 동남리 백제유적 3호

도 12. 건물지 내부 석재채용 유형2(목주 하부 및 주변)

등에서 확인되었다.

목주 주변에서 발견된 석재들은 동남리 202-1번지 1·2호 및 쌍북리 북나성VVIⅡ-2-4호의 예와 같이 다수의 주혈들 내에서 작은 할석들이 포함된 형태가 많다. 게 중에는 구아리 319번지 1호 벽주건물지 출입구의 서쪽 주혈처럼 목주 하부에 크고 작은 판석 2매가 놓여 있어 목주를 지탱하는 역할을 한 것으로 판단되나 목주의 하단 중앙부가 뾰족하게 다듬어져 있고 판석들이 중앙부에서 가장자리 쪽으로 약간 벗어나 있어 목주를 하부에서 받쳐주는 역할뿐만 아니라 측(사)면에서 목주를 고정시켜주는 역할을 겸하였던 것으로 추정된다. 이와 유사한 형태의 석재 사용은 위에서 기술한 쌍북리 713-5번지의 석재가 사용된 주혈 내에서도 볼 수 있다. 또한 동남리 202-1번지 1호의 북서모서리 주혈 내에는 기둥을 받치는 방형의 석재와 작은 할석들이 채워져 있었는데 방형 석재는 초석으로, 소할석은 목주를 고정시키는 역할을 했던 것으로 추정된다.

(3) 벽체 하부

기둥과 기둥 사이의 벽체 하부에 일종의 기초로써 시설된다. 벽체는 보통 점토 및 점토+목재로 되어 있는 경우가 많고 석재가 함께 사용된 경우는 극히 드물고 사용 위치도 매우 한정적이다.

가탑리 222-1번지, 능산리 동나성 2-2건-1호, 쌍북리 두시럭골Ⅰ-6호, 동Ⅰ-13호, 정동리 2호, 쌍북리 184-11번지 등에서 확인되었다.

굴립주건물지 내에서 벽체 하부에 석재가 사용된 전형적인 사례는 가탑리 222-1번지 1호 건물지이다. 이 건물지는 다주식의 지상식 벽주건물지로서 남쪽 중앙부에 마련한 출입구를 제외한 모든 벽면 하부를 기둥열에 맞추어 일자형으로 홈을 파고 작은 할석으로 채워 고맥이시설을 하였으며, 그 상부에 벽체가 세워졌던 것으로 판단된다. 쌍북리 두시럭골Ⅰ-6호에서도 부분적이지만 서쪽 주열의 북쪽에 할석을 사용하여 고맥이

1. 가탑리 222-1

2. 쌍봉리 두시럭골 I -6호

3. 쌍봉리 두시럭골 I -13호

4. 능산리 동나성 2-2건-1호

5. 정동리 2호

6. 쌍북리 184-11 2-2차

도 13. 건물지 내부 석재채용 유형3(벽체 하부)

시설[3]을 하였으며, 능산리 동나성 2-2건-1호(남쪽 열) 및 동 2-2건-4호

---

3) 이 유적에서는 1-7호의 경우 건물지의 규모가 8호의 남동쪽에 위치한 것으로 표
시(충청문화재연구원 2008: 62 도면 32)되어 있으나 서쪽 열을 북쪽으로 연장해
가면 8호 너머에 건물지의 끝부분과 동쪽 변으로 추정되는 주혈들이 몇 개 확인

(북·서쪽 열)의 경우에도 작은 할석들이 확인되었다. 이와 유사하지만 쌍북리 두시럭골 I −13호에서는 건물의 서쪽 변과 북쪽 변에 한해 벽체 하부의 바깥쪽 끝부분에 할석으로 1열의 석렬을 돌렸다. 또한 정동리 2호의 경우에는 정면 3칸, 측면 2칸의 평면구조 중 북쪽 2칸에 말각방형에 가까운 형태로 할석을 깔아 고맥이시설을 한 것으로 판단되나 잔존상태가 불량하여 북쪽과 동쪽 중심으로 남아 있다. 보고자는 이 공간이 주 생활공간이고 동쪽 칸의 바닥은 울퉁불퉁하여 생활하기가 어려운 반면, 중앙부 서쪽은 침상이 있었을 것이라고 추정하면서 중앙부와 남쪽의 경우에는 부속공간 혹은 보조공간으로 해석(충청문화재연구원 2009: 78)하기도 하였다.

한편 쌍북리 184−11번지의 2단계 유구인 굴립주건물지의 서쪽에 마련된 출입구의 바닥 내외에는 판석이 1열씩 깔려 있어 문지방 혹은 문턱으로 석재가 사용되었고 능산리 동나성 2−2건−1호의 남쪽 중앙부 출입구 바닥에도 할석을 이용한 석재가 확인되었다.

(4) 구들시설

굴립주건물지의 내부시설로서 가장 많은 수를 차지하는 것이 구들시설이다. 구들은 보통 출입구가 마련된 경우 입구에서 먼 벽면에 설치되는 경우(정훈진 2013)가 많다. 이는 배연의 용이성과 높은 열효율의 유지라는 구들 자체의 기능적인 측면뿐만 아니라 건물지 내부에서 구들이 차지하는 면적을 최소화하여 공간 활용을 극대화하려는 측면에서 이해될 수 있다 (충청문화재연구원 2009: 120). 이 구들시설은 생활면 위에 조성하는 시설물이므로 구들을 포함하여 이러한 내부시설이 설치된 굴립주건물지는 생활면을 지면에 두는 지면식 건물지임을 입증해주는 직접적인 물증자료가 되

된다. 또한 북쪽 끝부분 근처에는 주열과 거의 일직선상에 장방형 혹은 타원형 할석들이 고맥이시설처럼 남아 있는 것을 볼 수 있는데 이 부분이 북서쪽 모서리였다고 생각된다.

고 있다.

부여지역에서 확인된 구들시설에는 그 구축 재료로 석재가 사용되었으며, 설치된 구들의 형태는 ㄱ자형으로 굴절된 형태가 대다수이다.

가탑리 222-1번지, 능산리 동나성 2-2건-1호, 동 2-2건-5호, 쌍북리 184-11번지, 쌍북리 243-8번지, 쌍북리 두시럭골Ⅰ-6호, 동 Ⅱ-1호, 정동리 1호, 동 3호, 동 4호 등에서 확인되었다.

구들시설은 아궁이와 연소부 및 연도부로 나뉘며, 아궁이는 주로 건물지의 중앙부에 가까운 쪽에 위치하고 연도부는 그 반대쪽에 배치되어 있다. 굴립주건물지에서 확인되는 구들은 평면형태상 가운데서 꺾여 있기 때문에 일직선이 아니라 굴절식으로 구별하여 부르고 있다. 이러한 굴절식은 굴절 회수에 따라 한번만 꺾인 일반적인 형태와 아궁이쪽에서 한번 더 꺾인 형태로 구분된다. 수적으로는 전자가 다수를 차지하여 일반적인 굴절형으로 통칭되기도 한다. 후자는 이중굴절형으로 불리는데 아궁이가 연소부와 일직선이 아니라 꺾여 있어 아궁이 쪽으로의 열 손실을 한층 줄이는 효과가 있는 것으로 생각된다. 이중굴절형은 정동리 1·3·4호에서 확인되었으며, 연소부에서 중앙의 굴절부위까지 2줄의 고래로 만들어져 있어 외줄고래보다 발전된 형태로 판단된다. 또한 굴절방향도 일정하지 않고 아궁이 혹은 연소부 앞에서 바라보았을 때 꺾인 방향이 왼쪽인 것과 오른쪽인 것으로 구분할 수 있다. 굴절방향은 오른쪽이 다수를 차지하나 아직까지 굴절방향이 발전단계상 변화흐름이나 편년기준이 되는 등의 정형성은 뚜렷하지 않다.

아궁이는 구들의 앞쪽 입구부에 해당하며, 양쪽 측면에는 판석(형 활석)을 세워 ㅁ자형으로 만들었다. 잔존상태가 그다지 양호하지 않아 아궁이의 위쪽에 위치한 봇돌은 잔존하는 경우가 많지 않다. 아궁이의 바닥에는 고운 점토를 까는 경우도 있고 별도의 시설을 하지 않고 생활면 그대로 이용하기도 한다. 부분적으로 정동리 1·3·4호와 같이 생활면을 오목하게 굴착하여 바닥을 의도적으로 생활면보다 낮게 하는 경우도 있는데 연소부

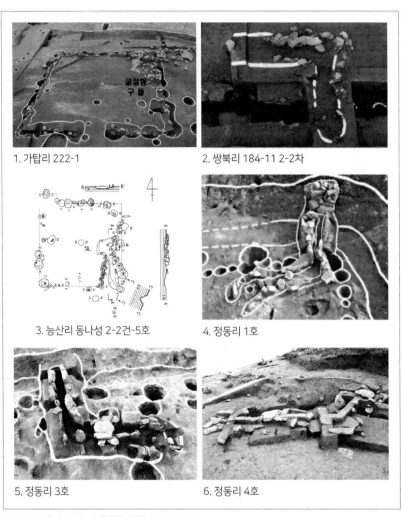

1. 가탑리 222-1

2. 쌍북리 184-11 2-2차

3. 능산리 동나성 2-2건-5호

4. 정동리 1호

5. 정동리 3호

6. 정동리 4호

도 14. 건물지 내부 석재채용 유형4(구들시설)

는 생활면과 같은 높이로 하되, 아궁이는 낮추고 연도부는 굴뚝을 향해 생활면보다 한단 높게 함으로써 결국에는 연기가 쉽게 배출되게끔 기능적으로 조성하였다.

아궁이 안쪽에 위치한 연소부는 땔감을 넣어 불을 지피는 공간으로 다른 부위보다 폭이 약간 넓다. 연소부 상부에는 보통 솥과 같은 조리용 그릇을 올려놓으며, 바닥에는 조리용기의 바닥을 받치는 지각이 사용되기도 한다. 연소부 내에 지각이 남아 있는 경우는 정동리 1·4호 등이다.

연도부는 대부분 고래가 한 줄인 외구들 혹은 쪽구들의 형태를 띠지만 정동리 3·4호의 경우처럼 연소부~굴절부위 사이에는 두줄고래로 이루어져 있다. 덮개돌인 구들장이 남아 있는 경우는 정동리 3호와 4호 등이다.

2) 건물지 외부

(1) 외부지지시설

건물지 벽면에 인접한 외부에 추가로 설치된 초석 등의 시설로서 동남리 172-2번지 나-2호와 쌍북리 314-5번지 2호 등에서 확인된 예가 있다.

동남리 172-2번지 나-2호의 건물지 외부에서 확인된 석재는 건물지의 서벽과 나란하게 이중으로 설치된 목주열 내에 남북으로 1개씩 초석이

1. 쌍북리 314-5 2호   2. 동남리 172-2 나2호

도 15. 건물지 외부 석재채용 유형1(외부지지시설)

놓여 있었다. 이러한 건물 외부의 이중 목주열은 서쪽 외에도 북쪽과 동쪽의 남쪽에도 설치되어 있었지만 초석은 서쪽에서만 확인되었다. 보고서에는 '서벽에서 약 60cm의 간격을 두고 3기의 주공과 2기의 초석이 남북방향으로 열(G-G')을 이루고 있다. 초석은 벽주건물 서벽의 범위와 맞추어진 듯 배치되어 있었는데, 서벽 중앙부에서 두 초석이 일정한 간격을 두고 놓여 있다. 초석 사이 가운데에는 두 기의 주공이 연접된 상태로 확인된다. 초석은 폭 약 40cm, 두께 약 20cm의 규모로, 상면이 편평한 자연석을 이용하였다. 두 초석의 간격은 약 260cm이다. 두 초석 모두 굴광선이 확인되지 않았는데, 이로 미루어 성토대지가 마련되는 과정과 동시에 초석이 시설되었을 것으로 추정된다(忠淸南道歷史文化硏究院·扶餘郡 2007:48)'고 하였으며, 외벽을 따라 기둥들이 빼곡히 박혀있는데 주주 없이 간주에 해당하는 기둥들만 1줄 돌아가면서 벽체를 구성한다는 점에서 서벽 가까이에 설치된 2개의 초석이 주주가 될 수 있을 모르겠다는 추측(忠淸南道歷史文化硏究院·扶餘郡 2007:155, 각주 65)을 하고 있다.

쌍북리 314-5번지 2호 건물지는 소규모 국비지원 발굴조사의 특성상 네 벽면 중 북쪽을 중심으로만 노출되었는데 북서모서리에서 북쪽 외부로 약간 이격되어 마름모꼴에 가까운 판석형 할석 1매가 놓여 있었다. 보고서에는 '목주열의 서쪽 끝에 인접하여 40×30×16cm 크기의 대형 할석이 놓여 있는데, 상면을 판판하게 다듬고 그 둘레를 돌아가며 치석을 한 흔적이 보이는 등 건물지와 연관성이 있을 것으로 추정된다'고 기술(한국문화재재단 2015: 243)한 점으로 보아 기본적인 표면 다듬기를 실시한 것으로 판단된다.

(2) 기단

위에서 살펴보았던 건물지 내부의 벽체 외단에 설치했던 석렬이 건물과 분리되어 외부에 설치된 것으로 건물 외벽 부근이나 기단토 끝부분에서 확인되었다. 석렬은 면을 외부로 맞춘 상태로 조성되었다.

1. 능산리 동나성 2-2건-1호

2. 쌍북리 201-4 2호

도 16. 건물지 외부 석재채용 유형2(기단)

　능산리 동나성 2-2건-1호, 동남리 172-2번지 나-5호, 쌍북리 201-4번지 2호, 쌍북리 두시럭골 Ⅱ-5호, 화지산 등에서 사례가 있다.

　능산리 동나성 2-2건-1호는 잔존상태가 양호하지는 않지만 건물 외벽을 구성하는 남쪽 벽주 외부에 일정간격을 두고 기단을 조성하였다. 남쪽 기단은 안쪽에 기단과 나란하게 굴착한 구의 바깥쪽 어깨선에 맞추어 판석형 할석을 세워 만들었다. 이 남쪽기단은 동쪽과 서쪽의 기단에 비해 건물 외벽과의 거리가 상대적으로 멀어 출입구가 위치하였을 가능성이 많은 곳이다.

쌍북리 201-4번지 2호 건물지에서는 건물지 외벽 외부에 할석을 이용하여 축조한 기단석렬이 확인되었다. 석렬은 성토된 토축 기단 위 건물지 외벽에서 약간 떨어진 가장자리를 되파서 판석형의 자연석과 할석을 이용하여 쌓아 올렸는데 발굴당시 최고 5단까지 남아 있었다. 기단은 외부에서 바라보았을 때 축조수법이 그다지 정교하거나 치밀하지 않아 다소 엉성하게 보일지는 모르겠지만 노출된 북쪽 기단과 북서모서리 부근이 기단 내부의 토압 때문에 밖으로 약간 밀린 듯한 정도일 뿐 조사당시까지 크게 교란되지 않은 채 대체로 양호하게 남아 있을 정도로 견고하게 축조했음을 알 수 있다.

(3) 통행관련시설

주구 내부에 암거형태로 설치하여 배수가능은 그대로 유지하되 주구를 넘어 다닐 수 있는 건널목으로 사용되었다.

이 통행관련 시설은 동남리 202-1번지 2단계 건물지의 북쪽 외부에 돌린 주구 중 북서쪽에 치우친 위치에서 확인되었으며, 잔존길이는 170cm이다. 암거 석축은 수로 진행방향에 맞게 동-서향으로 구축되었는데 너비 40cm 정도의 판석을 수로의 남북 양쪽에 4매씩 세운 후 덮개돌을 덮은 형태이다. 덮개돌은 조사당시 1매만 남아 있었다. 보고자는 양 판석 사이로 물이 흐를 수 있도록 만들어 일종의 암거식 수로로 이용할 수 있는 부분으로 북측에서 건물로 이동하기 위해 징검다리 역할을 했던 것으로 추정된다(심상육·이명호·이미현 2014:32)고 하였다.

두시럭골 Ⅱ-3호의 경우에는 건물지 외부 북쪽과 서쪽에 ㄱ자형으로 주구가 조성되어 있었는데 이 중 서쪽의 주구내 북쪽에 치우쳐 판석형 할석을 길이 150cm 정도 가로로 깔고 일부는 세운 장방형에 가까운 석축시설이다. 건물지에서 볼 때 경사면 위쪽의 주구 내에 시설되어 있는 점에

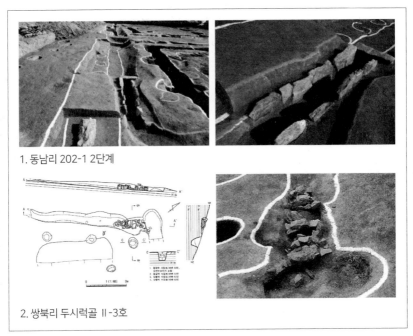

1. 동남리 202-1 2단계

2. 쌍북리 두시럭골 II-3호

도 17. 건물지 외부 석재채용 유형3(통행관련시설)

서 위의 동남리 202-1번지 2단계 유구의 주구 북서쪽에서 확인된 석축
유구와 유사한 통행시설의 하부구조가 남아 있는 것으로 생각된다. 하지
만 건물지와 주구 너머의 경사면 위쪽과는 엄연한 레벨 차이가 존재하기
는 하더라도 잔존범위와 평면형태를 고려하여 통행과 관련된 시설로 분류
하였다.

(4) 담장(축대)시설

경사면을 ㄴ자형으로 절토하고 건물지를 축조하는 과정에서 조성한 평
탄대지 위의 건물지 외부 경사부 자락에 설치한 것으로 석축의 축대 혹은
담장시설이다. 현재까지 쌍북리 두시럭골 I -8호, 동 I -13호 등에서 확

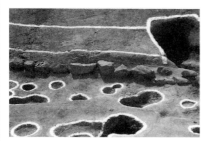

| 1. 쌍북리 두시럭골 Ⅰ-8호 | 2. 쌍북리 두시럭골 Ⅰ-13호 |

도 18. 건물지 외부 석재채용 유형4(담장시설)

인되었다.

석축에 사용된 석재의 면이 건물지 내부에 맞추어져 있어 건물지 외부에 면을 맞춘 기단석렬과는 상반된 방향을 보인다. 특히 석축이 북쪽의 경사면 하단을 곡면으로 굴착한 다음 시설되었고 석재 바닥이 기단부에 박혀 있는 것으로 보아 경사면 위쪽에서 내려오는 토사 혹은 빗물 등의 건물 내부로의 유입을 방지할 목적으로 기능하였을 가능성이 많다. 자연경사면을 이용하여 건축물을 조성할 경우에 종종 확인되는 시설물이라 할 수 있다.

(5) 기타시설

주구 내의 집석 시설로서 쌍북리 두시럭골 Ⅱ-3호, 가탑리 222-1번지 2호 건물지에서 확인되었다.

가탑리 222-1번지 2호의 경우에는 경사면 위쪽인 서쪽에 만들어진 주구 내에 전체적으로 흩어진 상태로 확인되었다. 할석들의 위치가 주구 바닥괴는 이느 징도 높이로 떠 있는 상태여서 일정한 구조물의 일부일 가능성은 희박하고 폐기 등의 과정에 외부에서 유입되었을 가능성이 많으나 양이 적지 않아 단정할 수는 없다.

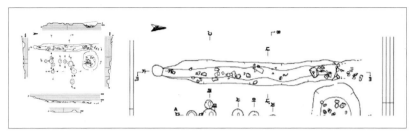

도 19. 가탑리 222-1 2호 건물지 외부 석재채용5(기타)

동남리 202-1번지 1단계 1호의 ㄱ자형 수로 내에서 확인된 작은 할석 몇 개는 집석으로 볼 수는 없고 외부에서 유입된 것으로 추정된다.

4. 석재활용 방법

굴립주건물지 축조에 사용된 석재들은 대부분을 직접 실견하지 않아 정확한 표면상태를 언급하기가 쉽지는 않지만 직접 조사했던 유적이나 부분적으로 각종 회의 및 현장답사 등을 통해 실견할 기회가 있었던 기억을 되살리는 동시에 발굴보고서의 실측도면이나 사진을 통한 간접적인 표면관측에 의존할 수밖에 없었다. 따라서 본고의 석재표현 내용이 실물과 100% 동일할 수는 없으며, 때로는 개인적인 식견에 따라 부분적으로 왜곡될 가능성도 배제할 수는 없겠지만 나름대로 객관성을 최대한 유지하려고 노력했음을 미리 밝혀둔다.

석재는 가공여부에 따라 자연석과 가공석으로 구분할 수 있는데 부여 읍내에서 확인된 석재는 대부분이 인공적인 손질을 가하지 않은 자연석에 해당하며, 자연석, 즉 괴석(塊石) 가운데서도 판석이나 판석에 가깝거나 삼각형의 돌을 사용하였다. 자연석에는 작은 괴석과 천석을 주로 사용하였으며, 자연할석도 많다. 이에 비해 가공석은 초석이나 기단 혹은 구들 등

특별한 형태나 면을 필요로 하는 경우에 사용하였으며, 측면 또는 상면을 가공하였다. 석재의 가공은 초보적인 단계로서 원하는 형태를 만들기 위해 전체적으로 큼지막하게 다듬는 것에서부터 상면을 매끄럽게 만들고 표면에 인위적인 요철을 주기 위한 다듬기까지 다양한 형태로 확인되었다.

또한 석재는 원석의 재질이 대부분 화강암이며, 부분적으로 변성암이나 셰일도 포함되어 있다. 이러한 석재는 원석의 산지가 어디인지에 따라 품질의 차이가 발생할 수도 있다. 부여읍내에서 가장 가까운 산지는 현재 석성면소재지 부근으로 알려져 있으며, 좀 더 멀게는 익산의 황등이나 함열 등지가 유력한 정도이다. 석재는 모암의 어느 부위에서 채취했느냐에 따라 품질과 형태가 좌우될 수 있다.

국립주건물지 내에서 확인된 석재에 대해서 이러한 여러 가지 다양한 변수를 고려하여 석재의 활용적인 측면을 접근하거나 다루어야 보다 정확한 정보를 얻을 수 있겠지만 애석하게도 사용된 석재는 조사당시 일반적으로 수습되는 유물이 아니라 유구의 일부분이므로 발굴조사가 완료된 이후 현재시점에서 직접 눈으로 확인할 수 있는 대상은 발굴보고서의 내용과 실측도면 및 촬영된 사진 밖에는 없다. 이에 본고에서는 발굴조사 보고서에 실린 자료에 의거하여 표면적인 형태나 가공방법 등의 특징을 최대한 추출하려고 노력하였고 추출된 자료를 기왕의 연구 성과와 비교하여 검토하는 방법으로 논지를 전개하였다. 여기서는 석재의 가공에 대한 이론 및 재현을 토대로 하여 실제 유적에서 나온 석재들이 어떠한 의미를 지니고 있는지 살펴보았다.

1) 석재 가공방법

석재의 가공방법에 대해서는 먼저 이해를 돕기 위해 한국의 성곽(손영식 2009: 359~363)에 실린 내용을 바탕으로 살펴보았다.

석재의 가공에는 혹두기가공 → 정다듬 → 도드락다듬 → 잔다듬 → 면

갈기 등의 순으로 표면이 정밀해진다.

(1) 혹두기 가공

처음 돌산에서 원석을 쐐기를 이용하여 필요한 크기로 쪼갠 다음 돌의 표면을 혹이 있는 모양으로 다듬는 기법이다. 혹두기란 돌을 가른 다음 거친 돌 면을 대강 다듬은 상태의 석재 표면으로 큰 혹두기와 잔 혹두기로 구분되기도 한다. 이 때 혹두기공정에는 날매를 사용한다. 날매는 망치의 한쪽이 직사각형의 면으로 되어 있고 중앙 면은 조금 들어가 있는 도구이다. 날매는 망치와 같이 사용하여 직선으로 떼어낼 때와 부분적으로 많은 양을 떼어낼 때 많이 사용하는 도구이다. 날매는 왼손에 잡고 오른손으로 망치를 잡고 내려치면서 사용한다.

(2) 정다듬

혹두기 과정을 거친 돌면을 정으로 쪼아 편평하게 다듬는 방법이다. 표면의 가공기법 중 가장 전통적인 방법으로 표면을 두들겨서 표면에 들어 있는 돌출된 혹을 따내어 일정한 거칠기의 표면을 마련하기 위한 단계의 다듬이다. 정으로 표면을 다듬질할 때에 먼저 대각선으로 정다듬하고 이어서 가로, 세로 변으로 정다듬을 한다. 그리고 나머지 공간을 정으로 다듬질을 한다.

| 날매(날면) | 날매(측면) | 혹두기 작업과정 |

도 20. 석재 가공단계-혹두기 가공

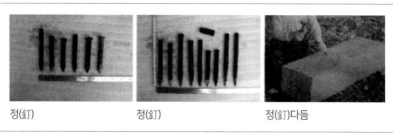

| 정(釘) | 정(釘) | 정(釘)다듬 |

도 21. 석재 가공단계-정다듬

정다듬에는 거친정다듬과 고운정다듬 등 2가지 방법으로 구분하는 경우도 있고 일부는 거친정, 중간정, 고운정으로 3종으로 구분하기도 한다. 또 줄지어 쪼는 줄정다듬도 있다.

거친정다듬이란 큰 정을 사용하여 사방 10㎜방안에 10~40번 정도의 정다듬이 가해지는 것을 말한다. 고운정다듬이란 10㎜방안에 적어도 40~70번 정도의 정다듬이 이루어지는 과정이다.

(3) 도드락다듬

고운정다듬이 끝난 부재를 돌기가 있는 도드락망치를 사용하여 표면을 좀 더 평탄하게 다듬질을 하는 것이다. 도드락망치는 양면에 가로세로로

| 도드락망치(날면) | 도드락망치(측면) | 도드락다듬 |

도 22. 석재 가공단계-도드락다듬

나뉘어 일정한 크기의 돌기가 나 있는 도구이다. 도드락다듬에 사용하는 망치의 종류에 따라 거친 도드락다듬과 중간 도드락다듬, 그리고 고운 도드락다듬이 있다. 거친 도드락다듬은 16눈 망치를 사용하여 다듬는 방법으로 망치 면에 있는 눈이 가로세로 각각 4개씩 16개의 돌기가 있다. 중간 도드락다듬은 망치 면에 있는 눈이 가로, 세로 6개씩 36개로 이루어진 망치를 사용하여 보통 면으로 다듬는 것을 말한다. 고운 도드락다듬은 중간 도드락망치로 여러 번 두드리거나 가로 세로 8개씩 64눈, 또는 10개씩 100눈의 망치로 두드려서 다듬기도 한다.

(4) 잔다듬

돌면을 정다듬, 도드락다듬을 한 위에 날망치로 곱게 쪼아 표면을 더욱 평탄하면서 균일하게 다듬하는 방법이다. 날망치는 날이 넓적하며 자귀처럼 생기고 망치 양쪽 끝에 날이 있어 고운 도드락 다음에 다듬는 망치이다. 날망치작업을 잔다듬이라 하는데 날망치 형태는 작업공정에 따라 넓은 것 좁은 것, 둥근 것이 있고 날이 도드락망치처럼 톱의 형태로 되어 있는 것도 있다. 날망치를 잡을 때에는 왼손을 자루 끝에 잡고 오른손은 자루 앞을 잡고 다듬을 한다. 날망치 자국이 모서리 날에 접하는 선까지 잔다듬을 하는데 망치 날이 다듬을 평면보다 들어가거나 경사지게 다듬을

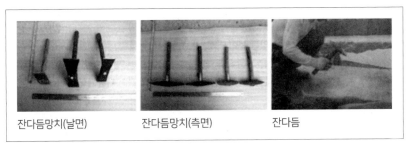

| 잔다듬망치(날면) | 잔다듬망치(측면) | 잔다듬 |

도 23. 석재 가공단계-잔다듬

하면 안되고 다듬을 평면과 같이 일치되어야 한다. 몸을 돌리면서 네 모서리가 파손되지 않고 깨끗하게 잔다듬을 한다. 이 때 날망치가 좌우로 움직이지 않게 날망치 자국이 다듬을 면과 일치되게 하여야 한다. 잔다듬에는 날 망치질을 한 간격에 따라서 거친 잔다듬과 중간 잔다듬 그리고 고운 잔다듬방법이 있다. 거친 잔다듬은 날망치의 날 간격이 5~6㎜를 두고 망치질을 하는 것이고 중간 잔다듬은 날망치의 날 간격이 3~4㎜를 두고 망치질을 하고, 고운 잔다듬은 날망치의 날 간격이 1.5~2㎜를 두고 망치질을 하는 것을 말한다.

(5) 면(面) 갈기

잔다듬한 돌의 표면을 숫돌이나 연마제를 사용하여 표면 갈기를 한다. 광내기를 할 경우에는 석재 면을 청소하고 광내기 가루를 헝겊 등에 묻혀 문질러서 광을 낸다. 물갈기로 마련한 석재는 주로 묘비나 상석 등 특수하게 刻字하는 구조물이나 조형물에 주로 사용하였다.

이러한 석재의 이론적인 가공방법을 좀 더 자세하게 이해하기 위해 공주소재 금강조각연구소 윤태중 소장으로부터 가공도구를 포함한 방법에 대한 전반적인 설명과 임시재현을 구한바 관련사진은 〈도 25〉와 같다.

| 비석 | 상석 | 특수구조물 |

도 24. 석재 가공단계-면 갈기

도 25. 석재가공 재현사진(금강조각연구소 윤태중 소장 시연)

2) 유적에서의 석재채용과 가공

실제 백제 사비기 유적의 굴립주건물지에서 사용된 석재는 뒤쪽의 표와 같이 자연석에서부터 잔다듬을 가한 석재까지 확인되지만 대다수는 비가공석과 혹두기 가공석인데 전자가 보다 많다.

(1) 비가공석

비가공석은 인위적으로 가공하지 않은 자연석이나 자연적으로 깨진 할석을 말하며, 유적 주변에서 쉽게 구할 수 있는 것들이다. 이러한 비가공석은 굴립주건물지에서 주혈 내 목주 주변이나 벽체 하부의 고맥이시설, 주구 내 집석 등에서 확인된다.

(2) 혹두기가공 석재

가공한 석재의 경우에도 극소수를 제외한 나머지 대부분은 필요한 형태로 만들기 위해 혹두기 다듬기로 측면을 크게 떼어 내거나 불필요한 부분을 거칠게 제거한 정도였다. 즉, 기능에 맞게 석재를 활용한 면모를 엿볼 수 있다. 이러한 혹두기다듬은 초석과 기단, 구들시설, 통행관련시설 등에서 주로 보인다. 초석의 경우에는 목주 하부에 사용된 구아리 319번지, 능산리 동나성 1-건-1호 및 2-2건-5호, 쌍북리 207-5번지, 쌍북리 389-2번지 등과 건물외벽 밖에서 사용된 동남리 172-2번지와 쌍북리 314-5번지의 사례에서 볼 수 있듯이 평면상 방형이나 방형에 가까운 형태 혹은 장방형을 이루고 있고 초석 자체의 두께도 크게 차이가 나지 않도록 조정하였다. 일례로 쌍북리 389-2번지의 초석의 경우 상하 이중으로 초석이 설치된 것으로 조사되었으며, 확인된 초석의 경우 판석형태를 띠고 상면이 매끄럽지는 않지만 활석의 외면을 거칠게 떼어내고 손질하여 판석으로 이용한 것으로 추정하였다. 이렇게 초석의 경우 기둥이 놓이는 상면을 평탄하게 다듬은 흔적이 확인되며, 위와 같이 물론 표면처리가 정교하지는 않으나 육안으로도 편평한 것처럼 보인다. 이는 석재 가공 이전에 미리 판재로 다루기 쉬운 돌을 선택한 다음 가공하여 건물지에 활용하였을 가능성도 있다.

또한 기단과 통행관련시설은 기능적인 측면뿐만 아니라 육안으로 보기에도 가지런하게 보이게 하는 일종의 장식적인 측면도 고려하였을 것으로 생각된다. 우선 기단의 경우 능산리 동나성 2-2건-1호의 남쪽에 비교적 양호하게 남아 있는 기단석은 길이가 일정하지는 않지만 평탄대지상의 기단 끝부분에 설치하기 위해 대부분의 기단석을 전체적으로 평탄면을 가지는 납작한 판석의 형태로 다듬어 사용하였다. 이에 비해 쌍북리 201-4번지의 기단석은 위로 돌출된 성토대지상 기단부의 끝부분에 동나성의 것보다는 크기가 작고 방형에 가까운 판석형 할석이 기단석으로 사용되었으며, 부분적으로 자연석을 함께 사용하기도 하였다. 동남리 202-1번지 2단계의 주구 북서쪽에서 노출된 통행관련시설의 경우에도 동나성 2-2건-1호의 기단석과 마찬가지로 주구 내에 암거의 형태로 설치하기 위해 측면의 벽석이 면이 크고 길이가 긴 판석의 형태로 다듬었으며, 상부교란으로 결실된 뚜껑돌 역시 이와 비슷한 판석형태의 석재였을 가능성이 많다.

구들시설의 경우에도 아궁이와 고래의 측벽, 구들장, 연도벽석에 세우기 위한 석재를 혹두기다듬으로 가공한 판석을 사용하였다. 구들에서 확인된 판석들은 위의 기단이나 통행관련시설에 사용된 석재보다는 가공기법이 약간 덜 치밀하다는 느낌이 들기도 한다.

(3) 정다듬~잔다듬 석재

가공석재 중 정다듬이나 도드락다듬 혹은 잔다듬의 수법으로 표면을 처리한 사례도 확인되는데 그 수는 극히 적다. 정다듬을 가한 석재는 구아리 319번지 모서리 초석에서 찾을 수 있다. 측면을 혹두기로 면을 떼어낸 다음 상면을 정다듬이나 도드락다듬으로 처리하여 보다 매끄러운 면을 확보하였다. 육안으로 보기에도 위의 혹두기다듬을 가한 석재들과는 차이가 난다. 쌍북리 북나성VVIⅡ-2-10호의 경우 동벽에 위치한 주혈 내부에서 초석(심상육 외 2017: 325 도면 103-③)이 확인되었는데 말각장방형으로 혹두기다듬을 가한 상면 중앙부에 크기로 오목하게 잔다듬하여 목주를 시설했던 것으로 생각된다. 초석의 이러한 가공수법은 유적 서쪽 진출입시설1의 중앙통로부 남쪽 칸 내부에서 확인된 확돌에서도 찾아볼 수 있다. 즉, 확돌의 상면에는 지름 11.2cm, 깊이 9.8cm의 홈이 파여져 있고 그 내부에는 4줄 정도의 나선형 흔적이 남아 있을 정도로 표면을 정교하게 다듬었다는 사실이다. 이 확돌이 문지공석으로 사용되었던 돌절구 등으로 사용되었던 간에 표면처리기법이 다른 석재들과는 확연히 구별되는 특징을 보이는 점에 주목할 수밖에 없다. 더군다나 진출입시설1이 사비기 후기인 Ⅱ-1단계에 처음 축조되어 사비기 말인 Ⅱ-2단계에까지 사용되었던 것으로 보고자는 판단하고 있는데 이 확돌은 Ⅱ-2단계 조사시에 이미 노출되었던 것이다. 즉 사비기 말경에는 굴립주건물지에도 절터나 중요건물지 등에서 보이는 것처럼 한정적이지만 표면을 매끄럽거나 정교하게 다듬은 석재를 사용했다고 볼 수 있다.

구분		무가공 (자연석)	혹두기 가공	정다듬		도드락 다듬	잔다듬	면 갈기	비고
				거친	고운				
건물 내부	목주 하부	○	○	○		○	○		도드락다듬은 구아리319 2호, 잔다듬은 북나성VVI Ⅱ-2-10호
	목주 주변	○	○						
	벽체 하부	○	○	○					
	출입구	○	○						
	구들	○	○	○					
건물 외부	외부지지		○						
	기단부	○	○						
	통행관련	○	○						
	담장	○	○						
	주구	○	○						

5. 석재채용 건물지 분석

1) 용어문제

지금까지 백제 사비기 굴립주건물지에 대해서는 여러 연구자들이 주제로 삼아 학위논문이나 개인연구논문으로 발표하였다. 굴립주건물지, 벽주건물지, 대벽건물지, 주구부건물지, 주구부 굴립주건물지, 지상(식)건물지, 고상(식)건물지 혹은 가옥 등의 명칭으로 연구대상이 되어온 게 사실이다.

부여지역 굴립주건물지 역시 생활면의 위치에 따라 지면식, 지면에 근접한 지상식, 고상식 등으로 구분하고 이를 지상식건물지로 통칭하여 사용하는 경우가 많다. 이 지상식건물지의 용어는 이전부터 존재하였던 지하식의 수혈주거지에서 상면이 점차 지상으로 올라오는 건물지의 지상화과정과도 밀접한 관련성을 가진다. 한편 건물지라는 구조적인 측면에서보면 건물 내부에 상부구조를 지탱하는 기둥이 별도로 분리되지 않고 촘촘한 기둥과 벽체가 결합되어 기능하는 벽주(식)건물지와 상부구조를 지탱하는 주주로만 이루어진 고상식건물지(고상가옥)로 나눌 수 있다. 최근들어 전자는 동지주의 유무에 따라 다시 동지주건물지와 벽주건물지로 세분되기도 하고 후자는 벽주건물지에 대항하는 용어로서 좁은 의미의 굴립주건물지란 명칭으로 사용하기도 한다.

본고에서 검토대상으로 삼은 굴립주건물지는 정동리 유적 건물지처럼 평면구조상 단칸이 아니라 1×2칸, 2×3칸, 2×4칸의 형태가 포함되어있어 이 모두를 벽주건물지라고 통칭하기에는 다소 모순이 없지 않다. 하지만 본고에서는 굴립주건물지 중에서도 석재를 채용한 건물지를 분석대상으로 삼고 있으므로 벽주식과 고상식, 단칸과 다칸 여하에 관계 없이 석재가 사용된 모든 굴립주건물지가 분석대상임을 말해둔다.

2) 연구사

굴립주건물지의 시간적 범위는 백제 웅진~사비기이며, 공간적 범위는 사비도성 내부지역을 중심으로 한 부여읍내이나 읍내와 인접한 정동리유적도 함께 검토하고자 하며, 연구사 역시 공주 정지산유적의 발굴을 계기로 하여 굴립주건물에 대한 관심이 촉발된 이상 지금까지의 연구현황[4]을 개략적으로나마 연대순으로, 포괄적으로 다루고자 한다.

국내에서 벽주건물지의 연구가 부각된 것은 1996년 국립공주박물관의 공주 정지산유적에서 조사된 건물지가 일본의 「대벽건물(大壁建物)」과의 유사성이 알려지면서부터이다. 당시 발굴조사에 직접 참여했던 이한상(1998)은 정지산유적이 매우 중요한 웅진기 국가시설물이며, 무령왕릉 출토 지석의 매지권(買地券) 내용을 근거로 왕실의 제사유적일 가능성이 많다고 추정하였다. 또한 토기류와 와전류[5]의 분석을 통해 정지산유적이 크게 웅진천도 이전의 Ⅰ기(능선 전체에 걸친 수혈주거지+저장공 운영 취락), 웅진천도 이후의 Ⅱ기(정상부 평탄화 후 와건물지·벽주건물지 축조), 그리고 7세기 초 고분 축조이전의 Ⅲ기 등의 과정을 거쳐 형성되었으며, 이 중 벽주건물지는 Ⅱ기인 6세기 전반~중반에 축조된 것으로 보았다.

이병호(2001)는 사비도성 내외 기와건물의 변화과정을 연구하면서 사비천도와 관련하여 나성 내부에 만들어진 건물지 중 소수의 기와건물과 고상가옥 및 벽주건물을 귀족의 저택으로 보았다. 또한 정지산유적의 발굴로 인해 1992년 조사한 공산성 건물지가 주목을 받게 되자 이남석(2001)은 공산성 내 추정 왕궁지로서 쌍수정 앞 광장을 지목하고 여기서 확인된 벽주건물을 갑작스레 이루어진 백제의 남천과 왕궁조성 과정에서 축조된 백제의 왕실 건물로 보았다.

이후 靑柳泰介(2002)는 대벽건물, 즉 벽주건물지에 대해 한국과 일본의 조사사례를 비교 및 검토하여 일본에서는 5세기대~8세기 전반대에 걸친

---

4) 이 연구사는 김진환의 석사논문(金震桓 2013)을 비롯하여 여러 연구자의 관련 논문을 참조하였음을 알려둔다.

5) 출토 토기의 제작 및 정면 기법, 사격자문 전을 통해 본 백제 전의 제작 상한, 연화문와당의 연관과 중방의 형태가 武寧王陵 塼, 宋山里6號墳 '梁官瓦爲師矣'銘塼의 蓮花紋과 유사함을 들어 Ⅱ기의 시작을 6세기 초로 보았다.

연대를 보이고 축조집단과 건물지의 계보를 어떤 식으로든 한반도계로 상정해 왔다는 경향을 소개하면서 국내의 사례가 아직은 소수이지만 5세기 후반~7세기대 충청남도에 한정되어 조사되었으나 보다 광범위하게 보고될 가능성도 지적하였다. 벽주건물지를 한국과 일본에서의 실제 조사사례를 지역별로 들고 이를 A, B, C 등 모두 세 가지로 유형화하였다. A류는 구 안팎으로 주주가 돌출되면서 주주가 이중으로 배치되고 간주가 구별되며 동지주가 있는 형태(5세기 전반~6세기 전반), B류는 주주와 간주가 구별되고 1열을 띠고 모서리와 중앙부의 주주가 다른 주주보다 크고 깊은 1형과 동일한 2형으로 설정(6세기 후반~7세기 전반 및 8세기), C류는 B류와 비슷하나 주주와 간주의 특별한 구별이 없는 유형(6세기 후반~7세기 전반)으로 구분하였다. 사례 검토결과 유형별 이행은 A→B→C의 순임이 밝혀졌다. 따라서 이러한 건물은 처음부터 대벽구조가 아니었고 주주와 간주에 의해 튼튼한 토벽구조를 지닌 것으로부터 점차 간략한 구축방법을 모색한 결과 대형화되었다고 주장하였다. 또한 취락 내에서는 대벽건물이 중심적인 위치를 차지하는 경우가 많고 그 성격도 다양하다는 사실을 알 수 있었다고 하였다. 그리고 벽주건물지의 성격과 등장배경 및 일본과의 (편년)관계 등의 문제점과 함께 향후 풀어야 할 과제 등도 언급하였다. 이러한 연구는 후에 다수의 연구자가 대벽·벽주건물지를 보다 다양하고 발전적으로 연구하는데 중요한 실마리를 제공하였다.

이형원(2003)은 사비도성 군수리 지점의 발굴조사를 통해 벽주건물과 지상건물의 성격을 고찰하였다. 기존의 굴립주건물지를 지상건물로 대체하자고 제안하고 생활면을 기준으로 평지건물지와 고상건물지로 분류하였다. 군수리 지점의 경우 도로유구와 건물지군 및 수전의 상호 중복관계를 통해 모두 4단계의 시기로 구분하고 벽주건물지, 지상건물지, 공방지, 매납유구 등이 들어서는 2단계에 벽주건물의 좌우 중심선이 건물군 전체 플랜의 구획중축선이며, 사비도성 내부의 최소단위구획으로 상정하였다. 또한 출입구 부근 출토유물(철제아궁이틀과 연통) 및 인근의 동지주 지상건물지 사례를 들어 주거용으로 판단하였고 사용계층은 벼루·열쇠 등의 중요유물 출토와 공방의 존재에 주안점을 두고 유력 일반민(土庶)의 거주지로 추정하였다.

류기정(2003)은 부여 정동리유적 조사에서 다수 확인된 백제 건물지를 통해 축조방법과 취사난방시설인 구들시설을 중심으로 지상화의 과정을 분석하고자 하였다. 건물지의 축조방법은 기단의 유형과 기둥·벽체-지붕에 대한 속성으로 파악하였는데 기단은 자연기단과 가공기단으로 구분하였다. 기둥과 벽체는 기둥의 축조방식에 따라 벽체에 영향을 미치며 이를 통해 지붕형태를 추정하였다. 취사난방시설은 기능상 기존의 취사중심에서 새로이 난방이 추가되는 방향으로 확대된 결과 할석과 판석을 이용하여 구들시설(구들·굴뚝·연가)이 축조되었으며, 이러한 변화요인은 고구려와의 문화접촉에 두었다. 또한 정동리유적의 지상건물지가 벽주건물지와 같은 유형이면서 기둥-벽체 결구수법의 유사성만큼 변천과정도 이와 동일하고 구만 부분적으로 설치한 벽주건물지는 축조기법이 퇴화한 것이라고 추정하였다.

김승옥(2004)은 금강유역 원삼국 삼국시대 주거와 건물의 분포 및 형식분류를 시도하고 취락의 시공간적 발전과정을 연구하였다. 금강유역의 수혈주거지는 주공배치(사주식, 비사주식, 벽주식) 및 평면형태(원형, 방형)에 의거하여 사주식 방형주거, 비사주식 방형주거, 비사주식 원형주거, 벽주식 방형주거, 벽주식 원형주거 등으로 형식분류 하였고 지상건물은 벽주건물과 고상건물로 구분하였다. 이 중 벽주식 방형주거와 벽주건물은 백제계로, 사주식과 비사주식의 방형주거는 삼국시대에까지 유행한 것으로 보았다. 또한 벽주건물은 시원이 몽촌토성과 풍납토성의 육각형 주거지에 있으며, 이를 벽주식 주거지로 부르자고 주장하였다. 이러한 외래기원의 벽주식 주거요소는 재지계의 방형요소와 결합하여 벽주식 방형(수혈)건물지 발생으로 이어졌으며, 벽주건물이 벽주식 육각형주거(한성기 초) → 벽주식 방형주거(한성기 중후반) → 벽주건물Ⅰ류(한성기 말~웅진기 초) → 벽주건물Ⅱ류(웅진기 이후)의 순서로 발전한다고 보았다. 한편 주거와 건물이 축조된 취락은 모두 5개의 단계[6]로 나누고 개별 분포권에 따라 전개과정과 성격을 전개하였다. 금강유역의 경우에는 Ⅱ단계부터 확인되는데 마한계 취락이 소멸되는 Ⅳ단계인 4세기 후엽~5세기 중·후엽에는 비사주식 방형주거로 통일되며, 마지막의 Ⅴ단계, 즉 5세기 후엽 이후에 비사주식 방형주거와 벽주건물이 유행한 것으로 보았다.

이에 대해 소재윤(2004)은 와건물지의 지상화과정에 대한 연구에서 공주 공산성이 한성기 말부터 이미 백제의 중요한 거점이었고 이 지역의 재지적인 상위계층이 수혈주거지에서 지상화된 형태의 벽주건물을 사용하였으며, 천도 후 재사용과정에서 지붕에 기와를 올린 것으로 보았다. 와건물지를 굴립주건물지와 초석건물지로 나누고 굴립주건물지를 와건물지의 지상화과정의 과도기 형태로 보았다. 굴립주건물지는 주공배치와 생활면의 위치에 따라 고상식과 벽주식으로 분류하였는데 벽주식을 와건물지의 시원형으로 생각하였으며, 주공배치에 따라 모두 5가지로 세분하였다. 즉, Ⅰ형식(벽에 구와 기둥시설), Ⅱ형식(구 안팎에 돌출기둥 시설), Ⅲ형식(Ⅰ형식의 외부에 또 다른 벽체시설), Ⅳ형식(Ⅲ형식에 내부에도 기둥 시설), Ⅴ형식(외곽에 구 없이 기둥시설) 등이다. 그는 벽주식 건물지가 와건물지의 전개단계상 웅진기에 해당하는 Ⅰ기(5세기 후반~500년 전후)에서 백제멸망기인 Ⅲ기(6세기 중반~7세기 중후반)까지 존속한다고 보았다.

류기정(2005)은 부여 정동리 유적의 사비기 지상건물지를 구조적으로 유사함을 근거로 벽주건물로 보고 이러한 벽주건물은 초현기부터 정형화된 형태로 출발하고 건축기법상 효용성으로 인해 사비기에도 전승되어 거

---

6) Ⅰ단계(기원전 100년~기원후 50년), Ⅱ단계(기원후 1세기 중엽~2세기 말엽), Ⅲ단계(3세기 초엽~4세기 중후엽), Ⅳ단계(3세기 초엽~4세기 중후엽), Ⅴ단계(4세기 중후반~5세기 중후반)

주용 가옥으로 축조되며, 상부구조의 결구수법이 발전하게 되어 구를 별도로 설치하지 않는 방향으로 변화되어 사비기 말을 기점으로 소멸된다고 보았다. 그리고 구의 유무가 벽주건물을 판별하는 절대적인 기준이 아니며 변화과정에서 발생한 하나의 형식이라는 점을 강조하였다.

우재병(2005)은 일본열도 내에서 조사된 벽주건물과 관련하여 5~6세기경 왜의 한반도 여러 나라에 대한 교역루트의 다원화 과정에서 왜정권의 철기생산에 관여한 한반도계 도래인(渡來人)에 의해 취사·난방문화가 본격적으로 수용되고 더불어 부뚜막과 연도시설을 갖춘 대벽건물 등이 긴끼(近畿)지방을 중심으로 일본열도에 보급 및 확산되었다고 추정하였다. 또한 권오영은 벽주건물이 일본열도에 전해지는 경로 및 백제계 이주민의 일본열도 정착방식의 다양한 모습을 조감하기 위해 일본의 기나이(畿內)와 그 외곽의 대표적인 벽주건물 검출 유적을 선정하여 백제와의 관련성을 갖는 요소들(씨족, 고분, 가옥 및 기타 유물)을 백제지역과 비교한 결과 이들이 정착한 지역의 물질문화 환경에 영향을 받아 다양한 형태의 물질문화를 만들어 나갔다고 추정하였다.

이후 권오영·이형원(2006)은 삼국시대 벽주건물에 대해 종합적이고 본격적인 연구를 실시하였다. 우선 벽주건물의 구조에 대해 외형과 내부시설 및 부속시설로 나누어 살폈으며, 시공간적인 분포양상을 통해 범위를 공주·부여·익산 등 백제지역과 이외지역(고령)을 대상으로 검토하였다. 확대하였다. 그리고 기존편년에 구의 유무를 더해 3기로 형식분류 하였다. 즉, Ⅰ류는 구가 없는 형태로 조밀한 1주열(柱列)을 가진 형식이고 Ⅱ류는 구가 있는 형태로서 주주공의 돌출여부에 따라 다시 세분된다. 즉, ⅡA류는 주주공이 구 안팎으로 돌출하며, 동지주를 갖는 예가 많은데 2~3중의 주열로 구성된 ⅡA1류와 주열이 1열인 ⅡA2류로 다시 나누어진다. ⅡB류는 주주공이 구 안팎으로 돌출하지 않으며, 동지주를 갖는 예는 적다. 이러한 분류는 이후 여러 연구자에 의해 영향을 받는다. 벽주건물지의 편년은 한성기-웅진기-사비기[7]로 나누어 살펴보았다. 벽주건물지의 출현시점을 한성기의 수혈주거지가 점차 지상화하는 과정에서 자연발생적으로 출현한 것으로 보고 한성기 육각형 수혈주거지에서 한성 말~웅진 초의 5세기 후반대에 구가 없는 장방형의 Ⅰ류 벽주건물로 이행되고 바로 Ⅱ류(전형 벽주건물)가 등장한 것으로 보았다. 큰 틀에서 보면, 육각형의 벽주건물에서 방형의 벽주건물로 바뀌면서 벽체의 견고성과 함께 생활면의 지상화(수혈주거→평지주거)가 진행된 것으로 이해하였다. 웅진기에는 정지산에서 볼 수 있듯이 ⅡA류가 주류였으며, 사비기에 들어와서는 부여 군수리와 익산 신동리 등 ⅡB류가 성행하는 것은 분명하나 공주 안영리나 부여 화지산과 같은 ⅡA류와 부여 정동리 같은 Ⅰ류 역시 계속해서 존속하였다고 보았다. 또한 벽주건물의 성격, 취락경관, 계층성과 한일 간의 벽주건물에서 출토되는 특징적인 4가지 요소(온돌, U자형 아궁이장식, 연통형토제품, 세승문타날 경질호)를 검토하였다. 말미에는 벽주건물의 개념문제(벽구 존재, 수혈주거지 및 고상식 건물과의 변별), 출현문제(시기, 지역, 계기), 변천양상(방형과 장방형, 웅진기와 사비기), 화덕·부뚜막·온돌, 구조문제(지붕, 벽체, 주거상면, 온돌, 벽구), 기능과 계층성(빈전, 사비도성 구획, 산성), 그리고 대외교류문제(대가야 및 왜) 등을 향후의 과제로 삼았다.

마원영(2008)은 웅진·사비기의 백제 건물지를 유형에 따라 수혈건물지, 굴립주건물지, 초석건물지로 분류하고 각 유형별로 건물지의 구조 및 변화양상을 연구하였다. 분류기준은 주공배치형식, 기단축조방식, 내부시설 등이며, 이를 특수건물지와 일반건물지로 구분한 다음 각각의 건물을 웅진기와 사비기로 나누어 구조적 변화양상을 살폈다. 특히 굴립주건물지는 다시 평지건물, 고상건물, 벽주건물 등으로 세분하였다. 시기적으로는

---

7)   백제 한성기(3세기 중후반~475년), 백제 웅진기(475~538년), 사비기(538~660년)로 나누고 대체적인 흐름은 육각형주거지에서 방형의 벽주건물로 바뀌면서 벽체의 견고성, 생활면의 지상화로 진행된 것으로 이해된다.

건물지의 변화단계를 웅진Ⅰ·Ⅱ기(5세기 후반이 분기점) 및 사비Ⅰ~Ⅲ기(6세기 중반과 후반이 분기점) 등 총 5단계로 구분하였다. 벽주건물은 웅진Ⅰ기에서부터 확인되는데 사비Ⅱ기에는 공주지역에서 벽주건물지가 주거용으로 사용된 것으로 파악하였다. 이러한 변화양상을 통해 벽주건물의 등장을 지하의 생활면이 지상화하는 과정의 한 유형으로 보고 이러한 양상은 '수혈주거지-굴립주건물지-초석건물지'로 점진적인 변화를 거쳐 이루어진 것으로 보았다.

이건일(2008)은 석사학위논문에서 호서지방을 중심으로 백제 주거지의 지상화단계를 연구하였다. 수혈주거지와 벽주건물 및 고상건물지에 대해 호서지방을 중심으로 백제 주거지의 속성검토와 형식분류를 실시한 다음 그 변천양상을 살펴보고 변천과정을 검토하였다. 수혈주거지는 견고한 벽체의 형성과 난방시설의 발달에 따른 지상화를 계기로 지상식 주거지의 등장을 가져오게 된 것으로 보고 벽주건물과 고상건물에 대해서는 재검토를 통하여 벽주건물의 경우 정동리 유적에서처럼 구 시설에 주공이 없는 형태는 세부적으로 분류할 필요가 있다고 판단하였다. 고상건물은 격자형의 내주가 확인되는 것이 정동리 벽주건물에서도 확인되기 때문에 생활면이 얕은 형태의 고상식 주거지가 존재할 가능성이 있음을 판단하였다.

조선영(2008)은 백제시대 벽주건물지의 구조를 분석하면서 새로운 유형으로 분류하였다. 벽주건물의 특징을 세분화하여 분석하였고 기존에 기둥을 중심으로 한 분류 유형에서 구의 유무와 더불어 출입시설까지 추가한 분류안을 제시하였다. 또한 일본 내 벽주건물지 현황을 제시하며 한반도내 벽주건물지의 시공적 변화 및 전개 양상을 연구하였다. 발전단계별로는 한성기 말~웅진천도 전후인 Ⅰ기(5세기 중후반~후반), 웅진기인 Ⅱ기(5세기 후반~6세기 전반), 그리고 사비기의 Ⅲ기(6세기 중반~7세기 중반) 등 3기로 나누고 각각의 시기를 출현기-보급기-확산기로 파악하였다.

김헌(2011)은 한반도에서 확인되는 벽주건물을 평면적 구조형태와 특징을 기준으로 세분하여 다주주건물을 중심으로 분류함으로써 건물의 유형을 이해하기 쉬운 명칭으로 구체화시켰다. 형식분류는 靑柳泰介(2002)의 분류를 근간으로 하여 보다 발전적으로 전개하였으며, 주주와 간주의 구별이 없고 기둥이 촘촘히 설치된 지상식건물을 새롭게 다주주건물이라 명명하고 세부적으로 분류한 다음 벽주건물지와의 연관성에 대해 연구하였다. 벽주건물지는 기둥의 기능과 배치를 중심으로 동지주건물, 주주건물, 다주주건물로 분류하였고 이 중 다주주건물은 기둥 하부의 석재개입 여부에 따라 굴립주식과 초석식[8]으로 재분류하였다. 그리고 주변국 사례를 일본뿐만 아니라 중국과 러시아로까지 범위를 확대하여 비교, 검토하였다. 이와 같은 분류로 인해 벽주건물지는 초석건물지를 포함하여 그 의미가 확대되었다. 한편, 굴립주식 다주주건물의 경우 공주 정지산유적과 같이 웅진기인 5세기 후반에 출현하여 사비기를 거쳐 백제 멸망과 함께 소멸되었던 것으로 추정하였으며, 사비천도 이후 이러한 건물이 수적으로 증가했다고 보았다.

　김진환(2013)은 국내 경기권, 충청권, 전라권 등 3개 지역으로 권역화하고 벽주건물지에 대해 지형적 구조(입지환경), 평면형태 및 규모, 구 시설 및 주공, 내부시설 등을 기준으로 분류 및 분석하였다. 초기형태는 한성~웅진기 3개 지역에서 모두 확인되며, 동지주와 주주를 설치하여 비교적 큰 규모의 형태를 목적으로 건축하였다고 보았다. 또한 사비기에 이르면 규모가 소형화하고 그 기능이 보다 확대되어 난방용 구들을 통해 생활용이나 보편화된 건물로서 사용된다고 하였다. 종합하면 벽주건물은 한성기~사비기의 백제사회 전반에 걸쳐 당시 사회와 더불어 지속적인 변화과정을 겪어 왔다고 보았다.

　이상과 같이 지금까지 벽주건물 연구는 자료의 한계와 출토유물의 부

---

8)　이 초석식이 본고에서 필자가 석재채용 위치 혹은 방법에 따라 분류했던 속성 중 목주하부(초석)에 해당한다고 할 수 있다.

재 등에도 불구하고 상당히 활발하게 연구가 진행되어 왔으며, 지역적으로도 경기도에서 충청도를 거쳐 전라남도에 이르기까지 광범한 분포양상을 보인다. 시기적으로는 사비기에 가장 다양한 형태의 건물이 축조되고 가장 포괄적으로 사용되기에 이르렀으나 백제멸망과 더불어 크게 쇠퇴하였음을 알 수 있었다.

이러한 양상은 발굴조사 보고서에도 거의 동일하게 보고되어 있으며, 유적의 층위양상과 출토유물의 분석을 통해 건물지의 시기적 편년이나 유적의 성격 규명을 시도하였다. 이미 주지의 사실이지만 부여읍내 혹은 인근지역에서 조사된 건물지의 경우 대부분 사비기에 조성되었으나 동남리 202-1번지 1단계의 유구와 같이 공주 정지산 유적과 비슷한 웅진기에 축조된 사례도 존재하고 있다. 또한 쌍북리 북나성VVIⅡ단계 유구처럼 백제 멸망기에 가까운 7세기 전반~중반에 해당하는 유적도 존재하는 반면, 백제 멸망 이후의 사례는 아직 보고되지 않아 백제의 국운과 함께 소멸된 것으로 보는 견해가 있지만 삼국통일 이후 통일신라시대의 유적이 부여, 즉 사비도성 내에서도 확인되는 것으로 보아 앞으로 통일신라시대의 굴립주건물지가 조사될 가능성은 많다고 생각된다.

3) 건물지 편년

위에서 개략적으로 살펴본 것과 같이 부여지역의 굴립주건물지는 대부분 사비기, 즉 538년부터 백제가 멸망한 해인 660년까지의 123년 동안 조성되고 사용되었다. 물론 사비천도 이전 시기에도 동남리 202-1번지 1단계 건물지 1, 2호처럼 굴립주건물지는 벽주건물지의 형태로 확인되었고 일반 주거용 건물지가 아니라 국가규모의 행사를 거행하는 건물지로서 존재하였다.

지금까지 연구되어 알려진 부여지역의 굴립주건물지의 편년은 크게 네 부류로 나눌 수 있으며, 사비천도 이전시기-사비1기-사비2기-사비3기 등으로 구분할 수 있다.

6. 석재활용과 변화

굴립주건물지 내에 석재가 어디에, 어떻게 채용되는가에 대한 질문은 석재가 채용된 굴립주건물지에 대한 시기문제와 직결되어 답해야 한다. 또한 석재채용의 형태나 양식이 시간에 따라 어떠한 변화를 보이는가에 대해서도 동일한 맥락에 의해서 해석할 수밖에 없다.

이에 여기서는 앞 장에서 살펴본 굴립주건물지의 연구 성과, 특히 편년기준에 의거하여 석재채용 건물지의 시간적 변화양상 혹은 변화흐름을 1기(출현기)-2기(발전기)-3기(전성기)-4기(쇠퇴기) 등 모두 4기로 나누어 보다 구체적으로 살펴보기로 한다.

1) 1기(출현기)

건물지 양상 : 지상식 건물지, 동지주건물지, 벽주 혹은 대벽건물지, 2~3중의 주열 배치, 내외로 돌출된 네 모서리 주주와 가운데 주주, 네 벽면 벽구 조성, 출입구 마련, 배수로 조성, 완만한 구릉의 사면에 위치, 국가단위 규모의 시설에 해당, 정지산 유적과의 밀접한 관련성, 6세기 초~전반(웅진기 후반~사비1기)

해당 유적 : 동남리 202-1번지 1단계 건물지(1,2호), 화지산 4,5호(개) (소재윤 2004), 쌍북리 북나성 ⅤⅥⅡ-8·9호

석재활용 부위 : 네 모서리 주혈 내부의 주주 하부 및 주변

석재활용 재료 : 비가공석, 장방형 혹은 삼각형 판석이나 할석

동남리 202-1번지 1단계 건물지에서는 공주 정지산(국립공주박물관 1998)과 공산성 건물지(공주대학교 박물관 2002)와 거의 유사한 건물지가 축

조되었다. 뒤의 2단계와 질정부분 겹치는 쌍북리 북나성VVIⅡ-1단계 건물지인 8호와 9호는 공주 정지산 유적과 입지 및 성격이 유사한 것으로 보아 사비천도 이후 공주 정지산 유적의 기능을 수행했을 가능성이 많다. 이 1기의 건물지들은 대부분 특수건물지로서 대벽건물지 혹은 벽주건물지에 해당하며, 건물지 내 사용된 석재는 주주 내 주혈 하부와 주변에 국한되어 확인되었다. 석재가 건물의 기본적인 뼈대에 해당하는 주주를 중심으로 사용된 양상을 보인다. 특히 초석으로 사용된 것으로 추정되는 석재의 경우에도 뒤의 3기에 보이는 방형의 판석형 할석이 아니라 장방형이나 장방형에 가까운 석재를 이용하여 기둥을 받치는 역할을 하였다. 한편 주혈 내 기둥 주변에도 작은 크기의 할석이나 자연석을 부분적으로 사용하여 기둥을 측면에서 고정하거나 보강하는 기능을 수행한 것으로 판단된다.

2) 2기(발전기)

건물지 양상 : 지상식 건물지, 일부 동지주건물지 및 주주건물지, 벽주 혹은 대벽건물지, 2열의 주열 배치, 외부로 돌출된 네 모서리 주주와 가운데 주주, 네 벽면 혹은 부분 단절된 벽구 조성, 출입구 마련, 구릉 정상부 평탄대지 및 완만한 구릉의 사면에 위치, 국가단위 규모의 시설 및 관청건물에 해당, 6세기 중반 전후(사비 2기)

해당 유적 : 쌍북리 북나성VVIⅡ-1-2·16호, 동남리사지, 송학리

석재활용 부위 : 네 모서리 주혈 내부의 주주 하부 및 주변

석재활용 재료 : 비가공석, 장방형 혹은 삼각형 판석이나 할석

이 2기는 사비천도 이후 시기로서 1기의 동지주건물지가 쌍북리 북나성VVIⅡ-1단계 유구들에 의해 이어지고 있는데 양자는 입지와 건물지의 구조 및 유적의 성격이 유지되어 2기에도 국가시설에 해당하는 특수한 건

물지였을 것으로 판단된다.

석재는 전시기인 1기와 큰 차이가 없으며, 주주가 위치한 주혈 내 기둥 아래 혹은 주변에 국한되어 사용되고 있다. 석재의 종류도 크기가 작은 가공되지 않은 자연석이 많고 할석재도 가공석의 경우 가장 간단한 다듬기인 혹두기 가공 정도에 그치고 있다. 석재의 형태는 (장)방형 혹은 삼각형 등이 대부분이며, 기둥 아래에 놓아 전면이 초석을 받치는 정도의 할석은 확인되지 않았다. 다만, 고상식 건물지인 쌍북리 북나성VVⅡ-1-16호의 경우에는 북서쪽 모서리의 주혈 바닥에서 초석으로 사용된 방형의 판상 석재가 놓여 있었다. 이러한 초석은 1기와 2기의 동지주건물지에서는 확인되지 않았던 것으로 2기에 들어와서 방형 초석이 부분적으로 사용되기 시작했음을 보여주는 자료라고 생각된다.

3) 3기(전성기)

건물지 양상 : 지상식 건물지, 주주 및 다주주 건물지, 벽주 혹은 대벽건물지, 1열의 주열 배치, 주주와 간주 외부 비돌출, 벽면 일부 벽구 조성, 출입구 마련, 외부에 주구 설치, 완만한 구릉 사면 외에 저지대 평탄지로도 확대, 도성의 특수목적 관청이나 중요시설에 해당, 6세기 후반~7세기 초(사비3기 전반)

해당 유적 : 가탑리 90번지, 가탑리 222-1번지, 구아리 319번지, 능산리 동나성 내외부, 동남리 172-2번지 나2호, 동남리 202-1번지 2단계, 쌍북리 184-11번지, 쌍북리 201-4번지, 쌍북리 207-5번지, 쌍북리 243-8번지, 쌍북리 280-5번지, 쌍북리 314-5번지, 쌍북리 389-2번지, 쌍북리 713-5번지, 쌍북리 두시럭골, 쌍북리 북포N-Ⅲ-1호, 정동리, 화지산 4, 5호(개)

석재활용 부위 : 내부-벽주 주혈 내부의 주주 하부 및 주변, 벽체 하부, 출입구, 구들

　　　　　　외부-기단, 외부지지시설, 통행관련시설, 담장, 주구
　　　　　　내 집석

　석재활용 재료 : 비가공석, 장방형 혹은 삼각형 판석이나 할석

　이 3기에는 여러 가지 다양한 형태로 석재가 건물지 내에 채용되며, 가장 많은 조사사례를 보이는 등 석재채용의 가장 전성기에 해당함을 알 수 있다.

　건물지 내부와 외부에 이르기까지 굴립주건물지 내에서 석재가 채용된 거의 모든 사례를 이 3기에서 확인할 수 있다. 특히 네 모서리에 위치한 주주의 아래에 기둥보다 큰 방형 혹은 장방형의 초석을 배치한 사례가 자주 보인다. 비록 웅진기인 공주 정지산 건물지들에서 초석이 부분적으로 사용되기는 하였지만 부여지역에서는 정지산 유적과 동일시기인 1기 및 2기의 건물지들에는 거의 보이지 않았으나 3기에 와서 사례가 급증하여 하나의 표지적인 특징으로 자리매김한 것으로 생각되며, 주주의 초석배치는 건물의 지붕 및 상부구조의 하중을 십분 고려한 고도로 발달된 건축구조상 조치로 판단된다. 한편, 쌍북리 713-5번지의 경우에는 중심주열과 벽가적심으로 주혈 내에 부분적으로 초석이 설치되었지만 굴립주 외에 적심토가 병행하여 사용되는 특징을 보여준다. 보통 부여지역에서는 적심토가 7세기 이후에 나타나는 적심의 한 형태로 알려져 있어 이러한 굴립주-적심토 병행은 건물지의 조성 시기가 빨라도 7세기 이후로 추정하는 기준이 된다.

　건물지의 내부시설로서 쌍북리 184-11번지와 가탑리 222-1번지 및 정동리유적 등에서 판석형 할석을 이용하여 구축한 구들은 수혈주거지의 노지(아궁이) 혹은 군수리 S-4호와 같은 부뚜막에 비해 발전된 형태의 취사난방시설이며, 이중굴절이나 두줄 고래까지 등장하게 된다. 쌍북리 184-11번지에서는 출입구에도 석재가 사용되며, 가탑리 222-1번지 1호 건물지와 능산리 동나성 2-2건-1호 및 쌍북리 두시럭골Ⅰ-6호의 경우에는 벽체의 하부시설로서 고맥이시설이 확인되었고 이 중 가탑리

222-1번지에서는 네 벽면에서 고맥이시설이 남아 있었다. 건물지 내부에도 기둥이 설치되어 단칸이 아닌 다칸 구조의 건물이 등장하는데 정동리 2호에서는 서쪽 2칸에 걸쳐 별도의 침상용으로 추정된 저상식시설의 구조흔적도 발견되기도 하였다.

이외에 쌍북리 201-4번지 2호 건물지처럼 건물지 벽체의 외부에 별도의 석제 기단과 울타리가 설치되기도 하며, 동남리 202-1번지 2단계의 경우 주구 내에 석조 암거시설을 마련하여 내외의 통행로로써 사용하기도 하였다. 이와 같이 3기에는 다양한 형태로 건물지 내외부에 석재가 채용하는 양상을 확인할 수 있었다.

석재의 치석 정도는 시기나 단계와 무관하게 주변에서 쉽게 구할 수 있는 자연석과 가장 기본적인 다듬기인 혹두기 가공뿐만 아니라 표면을 매끄럽게 다듬는 정다듬이나 도드락다듬과 같이 비교적 치밀한 가공흔적을 보이는 석재들도 확인된다.

자연석을 주로 사용하거나 일부 혹두기 가공이 보이는 것은 목주 주변과 벽체 하부시설 및 기단 등이다.

후자의 보다 세밀하고 복잡한 가공수법을 보이는 경우는 능산리 동나성 1-건-2호와 구아리 319번지 건물지 2호 및 쌍북리 207-5번지 2호 건물지와 같이 모서리의 우주 아래에 사용된 초석 석재들이며, 벽면에 위치한 기둥 아래 초석들과 외부 지지시설에 사용된 초석들은 위의 초석들보다는 치석 정도가 치밀하지 못하다. 또한 기단과 구들에 사용된 석재, 통행관련시설 등은 표면을 평탄하게 다듬은 판석형 할석을 사용하였으며, 혹두기 가공뿐만 아니라 부분적으로 정다듬 흔적이 관찰된다.

4) 4기(쇠퇴기)

건물지 일반 양상 : 지상식 건물지, 다주주건물지, 벽주 혹은 대벽건물지, 평면 (장)방형. 1열의 주열 배치, 주주와 간주 구별 없음, 벽구 소멸, 출

입구 마련, (이중)굴절식 구들 설치, 완만한 사면이나 평탄지에 위치, 관청 외에 일반주거도 해당, 7세기 전~중반(사비기 말)

    석재활용 부위 : 내부-벽주 주혈 내부의 주주 하부 및 주변, 벽체 하부, 구들

                 외부-기단, 외부지지시설, 통행관련시설, 담장, 주구 내 집석

    석재활용 재료 : 비가공석, 장방형 혹은 삼각형 판석이나 할석

부여지역에서 4기에 해당하는 유적은 직전의 3기에 비해 조사 수가 현격하게 적지만 그렇다고 백제 말경에 굴립주건물지가 실제 거의 건축을 하지 않았다거나 폐기되었다고 볼 수는 없을 것이다. 오히려 전 시기에 성행하던 건축양식이 갑자기 줄어든 이유는 발굴조사의 지역적 한계성, 자연적 혹은 의도적인 폐기, 새로운 건축양식(초석건물지 등)으로의 교체 등을 상정할 수 있는데 마지막 요인은 현재까지 부여지역 내 건축관련 유적에서 백제 말에 이르러 초석건물지의 축조가 급증하거나 굴립주건물지를 대체할 정도의 현격한 변화를 불러올 정도의 기록이나 흔적이 보이지 않았다. 특히 사비기 후기부터 내부에 구들 등의 취사난방시설이 구비되어 주거용으로서도 사례가 증가하면서 지위나 신분이 그다지 높지 않은 사람들도 굴립주건물을 만들어 살 수 있을 정도로 보편화하는 계기가 마련되었다. 다만 문헌기록상 무왕대인 612년 대홍수로 말미암아 백마강 수위가 상승하여 고지대를 제외한 대부분의 사비도성 내부가 물에 잠겼을 가능성이 높다. 따라서 대홍수로 인해 폐허가 된 대지를 정비하고 건물을 재건한 탓에 바로 앞 단계에 최고조에 달했던 정도까지는 복구하지 못했을 가능성도 있다.

이 4기의 양상을 대표유적인 쌍북리 북나성VVI Ⅱ-2단계를 중심으로 살펴보면, 기둥 아래의 초석은 전 난계에 비해 확연히 차이가 난다. 즉, 3기의 초석들은 주주 아래에 위치하는 경우가 많고 초석이 기둥의 직경보다 넓은 판석형 할석을 주로 사용하였다. 이에 비해 4기의 초석들은 초석

사용 위치도 모서리보다는 벽면에서 확인되는 경우가 많았고 전체 중 점유율도 절반에 육박할 정도였다. 이렇게 기둥 아래에 초석 사용이 늘어난다는 것은 그만큼 상부구조에서 미치는 하중이 증가하였음을 보여주는 증거라고 할 수 있다. 또한 굴립주건물지 내에 초석식의 설정 근거가 되었을 수도 있으나 연구자에 따라서는 초석건물지의 하나로 초석의 크기도 상대적으로 작아졌으며, 두께도 고른 판석형이라 하기 보다는 할석형에 가까운 형태를 이루고 있다. 한편, 쌍북리 북나성VI Ⅱ-2-10호의 경우에는 평면형태 및 구조상 네 모서리의 주주와 각 변의 주혈들이 간주로 사용되었지만 비교적 대형에 속하고 간격이 조밀하지 않고 드문드문 배치되어 있는 점을 보아 앞의 3기로 소급될 여지가 없지 않지만 발굴보고서의 시기적인 단계구분을 고려하여 이 4기로 분류하였다.

석재의 크기 축소와 비례하여 석재의 형태도 각양각색이고 표면의 치석정도 또한 그다지 치밀하지 못한 편이다. 자연석을 이용하거나 혹두기 가공 단계의 할석을 사용하였다. 한편 Ⅱ-2-10호에서는 네 모서리에서 각각 약간 벗어나 있는 주주가 벽면의 주혈들보다 크기가 크고 외부로 돌출되어진 것처럼 설치되어 있어 4기 내에서도 주주의 구조가 부분적으로 유지되고 있으며, 동쪽 벽면 중앙부근에서 노출된 잔다듬을 가한 석재 1매가 확인되어 주목을 끈다. 이 단계의 경우 치밀한 표면 다듬기가 거의 보이지 않고 혹두기 가공 정도가 대부분인 것과도 사뭇 다르다. 하지만 이와 유사한 치석수법을 보여주는 예가 북나성 같은 단계의 진출입시설1에서 확인된 석확에서 찾을 수 있다. 이 석확은 표면을 비교적 매끄럽게 다듬고 상면의 중앙에 문의 축이 들어가는 홈을 마련하였을 정도로 치석상태가 양호하나 발굴보고자가 문지의 축 위치와 일치하지 않다고 보고 이 석확이 진출입시설과는 직접 관련이 없을 가능성도 시사하였다.

7. 백제 굴립주건물지 석재의 치석기술

고고학적으로 건물지에 돌이 사용된 사례는 선사시대인 신석기시대 노지나 청동기시대 수혈주거지에서부터 쉽게 발견할 수 있다. 신석기시대의 노지에는 주로 다수의 자갈돌을 바닥에 깔거나 가장자리에 돌려 사용하였으며, 청동기시대에는 이른바 가락동식 주거지의 기둥을 받치는 초석으로 작은 판석이 사용되었다. 가락동식 주거지(혹은 둔산식 주거지)의 판석의 경우 초석이 아니라 흔히 '초반'이라는 명칭으로 대부분 사용하였으나 기능상 초석이 정확한 명칭이라 할 수 있다. 초석과 초반의 이해하기 쉬운 예로서 구아리 319번지 2호 건물지의 남서쪽 모서리 기둥 아래에는 편평한 전이 놓여있는데 기둥과 전 사이에는 기둥 지름보다 약간 작은 얇은 판석이 끼워져 있다. 이 판석이 두께가 얇은 원반형이지만 기능상 초석으로 사용된 것이다. 따라서 청동기시대 주거지에서 확인되는 기둥자리의 석재는 기둥의 아래에서 기둥을 직접 받치는 역할을 하는 초석임을 알 수 있다.

이 청동기시대의 주거지에서 초석으로 사용된 돌이 다듬은 석재라고 볼 수 있다. 얇은 판상으로 가장자리가 직선적인 형태를 띠고 있어 실제 가공했는지의 여부는 불명확하나 주거지 축조당시 주변에서 채취한 판상석재가 아니었다면 전부는 아니라 하더라도 일부는 최소한 한두 번 정도 타격하여 면을 조정하였을 가능성이 많다.

이렇듯 초석은 비교적 이른 시기부터 생활유구 내 기둥의 하부에 설치하여 사용되었으며, 삼국시대에 들어와서도 백제지역의 주거지와 건물지 등에서 확인되고 있다. 건물지의 경우에는 수혈건물지, 굴립주건물지, 초석건물지 등에서 초석이 사용되었으며, 건물지의 용도에 따라서는 국가적 제의, 관청, 생활주거, 기단건물지 등 다양하다.

앞에서 살펴본 바와 같이 굴립주건물지 내에 채용된 석재들은 가공하지 않은 자연석 혹은 자연할석이 많았다. 이에 비해 가공석재들은 수적으로 적을 뿐만 아니라 가공방법 또한 주로 혹두기 가공에 의해 이루어졌다. 그러나 일부 석재들은 표면이 상대적으로 고르거나 매끄럽게 다듬는 정다듬~잔다듬이나 그와 비슷한 방법으로 가공한 사례가 존재한다. 구체적인 사례로는 구아리 319번지 유적의 모서리 및 쌍북리 북나성VVI의 Ⅱ-2-10호 동벽과 동 유적 서쪽 진출입시설1의 중앙통로부 남쪽 칸의 주혈 내부에서 확인되었다. 먼저 구아리 319번지 모서리 초석은 측면을 혹두기로 면을 떼어낸 다음 상면을 정다듬이나 도드락다듬으로 처리하여 보다 매끄러운 면을 확보하였으며, 육안으로도 혹두기다듬을 가한 석재들과는 차이가 난다. 특히 북나성VVI Ⅱ-2-10호의 사례는 석재 전체를 혹두기로 다듬고 상면 중앙부에 기둥이 놓이게끔 오목하게 잔다듬하였으며, 잔다듬한 부분이 매끄럽게 처리되어 있다. 또한 북나성VVI 유적의 서쪽 진출입시설1에서 확인된 확돌은 상면에 지름 11.2cm, 깊이 9.8cm의 홈이 파여져 있고 그 내부에는 4줄 정도의 나선형 흔적이 남아 있을 정도로 표면을 아주 정교하게 다듬었다. 이 확돌의 용도가 문지공석이든 돌절구이든 간에 표면처리기법이 다른 석재들과는 확연히 구별되는 특징을 보였다. 이 보다 치밀한 가공석재가 확인된 3곳은 시기적으로 사비기 후기인 6세기 후반 이후의 유적들이고 북나성VVI의 경우 시기적으로 늦은 7세기 전반~중반에 해당하는 것으로 알려져 있다.

이렇게 백제 사비기에 축조된 굴립주건물지의 경우 본고의 분류상 전성기인 3기 이후의 유적들에서 치밀하고 매끈한 가공의 석재들이 부분적으로 사용되었음을 알 수 있다. 이 시기는 굴립주건물지 이외에 초석건물지, 사찰(절터), 성곽, 그리고 석실분 등에서도 활발한 건축이 이루어지고 있던 때이다. 지붕에 기와를 얹게 됨에 따라 상부구조의 하중을 지탱할 목적으로 기둥 아래에는 초석이 널리 사용되었으며, 석탑·가구기단·석실분·성돌 등에서도 동일시기에 이러한 보다 치밀한 수준의 가공수법을 보이는 석재들을 찾아볼 수 있다. 사회 전반에 걸쳐 치석된 석재들이 사용된 시기였다고 할 수 있다. 사비기 후기 이후의 한층 발달된 치석술이 굴립주건물지에도 부분적으로 투영되었다고 볼 수 있다.

따라서 굴립주건물지 내에서 확인되는 석재의 가공방법을 통해서 사비기 당시의 백제 치석술의 단면을 엿볼 수 있었다. 굴립주건물지가 본격적인 주거형태로 자리잡은 3기 이후에는 모종의 특별한 사유로 인해 굴립주건물지 내에 보다 잘 치석된 석재가 사용되었음을 알게 되었고 이를 통해 단편적이나마 백제 사비기의 치석술에 대한 정보를 얻을 수 있었다.

8. 맺음말

굴립주건물지는 정지된 지면의 일정구역을 파내고 버팀목을 심은 구조물을 말하며, 수혈식건물과 대비되는 개념으로 사용되고 있다. 굴립주건물지는 선사시대부터 사용되어 왔으나 삼국시대에 와서는 수혈식 주거지의 지상화과정과 맞물려 그 중요도가 높아져 있다. 특히 백제의 건물지 지상화 시기는 한성기말부터 시작되어 웅진기에 본격화된 것으로 파악되며, 건물벽체의 견고화 등 건축기술의 발달과 병행하였을 것으로 추정된다. 최근 부여지역의 경우 백제 사비기에 해당하는 굴립주건물지 자료가 증가함에 따라 건물지에 대한 다양한 정보들이 증가하고 있는 실정이며, 특히 저습지가 많은 부여지역의 경우에는 저습한 생활여건을 활용한 결과 굴립주건물지 역시 사비기에 보다 일반화된 것으로 연구되고 있다.

보통 굴립주건물지는 축조재료가 대부분 나무 등 유기질이나 점토 등으로 이루어져 있어 고비용의 기와건물지보다 적은 비용을 들여 훨씬 보편적으로 사용할 수 있다는 이점이 있었다.

굴립주건물지의 축조에 돌이 사용되는 것은 웅진기에 부분적으로 보이지만 본격적으로 사용하게 되는 시기는 사비기에 들어와서부터이다. 현재까지 부여지역의 굴립주건물지 내에서 석재를 사용한 예는 40여 기 이상에 달한다. 석재가 사용되는 부위는 크게 건물의 내부와 외부로 나눌 수 있다. 즉, 내부는 기둥자리와 벽체 및 내부시설 등이며, 외부는 외부지지시설과 통행관련시설 및 담장 등이다. 이 중 석재가 가장 많이 사용된 부위는 건물의 뼈대를 이루는 기둥이 위치한 주혈 내부(목주 하부와 목주 주변) 및 취사난방시설인 구들시설 등 건물 내부이다. 이를 통해 건축 당시 건물의 구조적인 안정성 혹은 견고성을 최우선시 하였음을 알 수 있으며, 건물 내 구들의 설치로 인해 취사난방에 따른 생활기능이 추가되어 굴립주건물이 보다 보편적인 생활터전으로 자리매김하였음을 보여준다. 부여지역의 발굴조사 성과를 분석한 결과 굴립주건물지 내 석재사용이 시기적으로 전자의 경우 사비기 전후부터, 후자의 경우에는 사비기 후기부터 유행한 것으로 연구되었다. 또한 건물지 내 확인된 석재의 가공수법은 대부분 자연석이나 최소단계 가공수법인 혹두기 가공의 수준을 보이지만 경우에 따라서는 보다 세밀한 가공의 흔적을 보이기도 한다. 즉, 정다듬에 그치지 않고 도드락다듬이나 잔다듬에까지 이르는 고도의 가공수법을 보이기도 한다.

부여지역 굴립주건물지의 석재채용은 모두 4개의 시기로 구분되며, 웅진기~사비기 전기에 해당하는 1기와 2기에는 웅진기에 축조된 공주지역의 동지주건물지가 부여지역에도 번안되며, 석재의 치석을 보면, 비가공 자연석이나 초보적인 혹두기 기공의 수법이 관찰되는 석재가 채용되기 시작한다. 이후 사비기 후기에 속하는 3기에 들어와 석재채용 건물지가 급증하고 본격화하는 양상을 보일 뿐만 아니라 채용된 석재의 다듬기도 전시기에 비해 확연한 차이를 보인다. 이 3기 이후에는 부여지역에서 굴립주건물지가 일반주거용으로 크게 유행하는 변화를 보이며, 이러한 변화흐름은 굴립주건물지 내 석재채용 양상에도 비슷하게 투영되어 있음을 알 수 있었다. 3기의 보편화 경향은 4기에도 그대로 이어지지만 백제 멸망과 더불어 굴립주건물지도 그 유행도 쇠락하고 만다. 다만, 백제 멸망 이후 통일신라시대에 들어와서도 공산성 내부에 건축되는 등 부분적인 존속양상은 확인되나 이후 고고학적으로 두드러지지 않으며, 바다 건너 왜로 넘어가 그 명맥을 유지하게 된다.

앞으로 백제 사비기의 부여지역 굴립주건물지 내 석재채용 양상이 시기적으로 보다 이르거나 지역적으로 부여 이외 지역에서는 어떤 양상을 보였는지, 대외적으로 주변국가들의 건물지와는 어떠한 공통점과 차이점이 존재하는지 비교 검토하여 굴립주건물지를 통해 본 석재채용이 시·공적으로 갖는 여러 가지 중요성을 분석해볼 필요가 있을 것이다.

참고문헌

국립공주박물관·(주)현대건설, 1999, 『백제의 제사유적 艇止山』.

國立扶餘文化財研究所, 2002, 『花枝山 遺蹟發掘調査報告書』.

권오영, 2007, 「벽주건물에 나타난 백제계 이주민의 일본 기내지역 정착」 『2007년도 한일문화교류 학술대회』, 古代史學會.

權五榮·李亨源, 2006, 「壁柱(大壁)建物 研究를 위하여」 『日韓集落研究の現況と課題(Ⅱ)』, 韓日集落研究會.

權五榮·李亨源, 2006, 「삼국시대 壁柱建物 연구」 『韓國考古學報』 60, 韓國考古學會.

金吉植, 2001, 「빙고를 통해 본 공주 艇止山遺蹟의 性格」 『考古學誌』 제12집.

金吉植, 2002, 「古代의 氷庫와 喪葬禮」 『韓國考古學報』 47집.

金承玉, 2004, 「全北地域 1~7世紀聚落의 分布와 性格」 『韓國上古史學報』 第44號, 韓國上古史學會.

金承玉, 2007, 「錦江流域 原三國~三國時代 聚落의 展開過程 研究」 『韓日 聚落研究의 現況과 課題(Ⅲ)』, 韓日聚落研究會.

金震桓, 2013, 「百濟 壁柱建物址의 變遷過程 研究」, 公州大學校 大學院 史學科 碩士學位論文.

金憲, 2011, 「韓半島 壁柱建物 研究 -百濟 熊津·泗沘期 多柱式建物을 中心으로-」, 漢陽大學校 大學院 碩士學位論文.

柳基正, 2003, 「泗沘期 구들시설 建物址에 대한 一考 -扶餘 井洞里遺蹟 建物址를 中心으로」 『國立公州博物館紀要』 第3輯, 국립공주박물관.

류기정, 2005, 「부여 정동리 백제 건물지로 본 사비기 생활가옥의 축조수법」 『扶餘 井洞里 遺蹟』, (財)忠淸文化財研究院·大田地方國土管理廳.

馬圓英, 2008, 「熊津·泗沘期 百濟建物址의 構造的 變化樣相에 관한 研究」, 漢陽大學校 大學院 碩士學位論文.

배덕환, 2005, 「선사·고대의 지상식건물」 『동아문화』 창간호, (財)동아문화연구원.

백제문화재연구원, 2011, 『扶餘 雙北里 280-5 遺蹟』.

백제문화재연구원 · 한국농어촌공사, 2014, 『扶餘 東南里 百濟生活遺蹟 -한국
  농어촌공사 사옥 신축부지 내-』.

백제문화재연구원, 2015, 『부여 동남리 522-8번지 다세대주택 신축부지 내 유
  적』.

부여군문화재보존센터, 2012, 「부여 동남리 202-1번지 공동주택 신축부지 정밀
  발굴조사 약보고서」.

서현주 · 이건일 · 김환희 · 이지은, 2016, 『부여 가탑리 산이고갯골유적 -충청호
  남권 주배관 건설공사-논산부여구간(부여관리소) 내 문화유적 시 · 발
  굴조사-』, 한국전통문화대학교 고고학연구소.

소재윤, 2004, 「百濟 瓦建物址의 築造技法과 變遷過程에 대한 硏究 -웅진 · 사
  비기의 금강유역을 中心으로-』, 全北大學校 大學院 考古文化人類學科
  碩士學位論文.

손영식, 2009, 『한국의 성곽』, 주류성 출판사.

심상육, 2012, 「부여지역 백제 벽주(≒대벽)주건물지」『제36회 한국고고학전국대
  회 농업의 고고학』, 韓國考古學會.

심상육 · 성현화 · 이미현 · 김태익, 2017, 『부여나성-북나성VVI -청산성 정상부
  건물지 조사-』, 백제고도문화재단 · 부여군.

심상육 · 이명호 · 이미현, 2014, 『부여 동남리 202-1 유적』, 부여군문화재보존
  센터.

심상육 · 이미현, 2012, 「百濟 壁柱式 建物址 新出 報告」『제11회 백제학회 정기
  발표회 금강유역권 신출토자료와 그 해석』, 백제학회.

심상육 · 이미현 · 이명호, 2012, 『부여 구아리 319 부여중앙성결교회 유적 발굴
  조사 보고서』, 부여군문화재보존센터.

심상육 · 이화영 · 최유정, 2014, 『부여 쌍북리 184-11(부여 사비 119안전센터부
  지) 유적』, 백제고도문화재단 · 부여군.

禹在柄, 2005, 「5世紀頃 日本列島 住居樣式에 보이는 韓半島系 炊事 · 煖房시스
  템의 普及과 그 背景」『百濟硏究』第41輯.

李建壹, 2011, 「湖西地域 百濟住居址의 地上化過程에 관하여」『湖西考古學』24,
  호서고고학회.

李建壹, 2012, 「扶餘地域 百濟 竪穴式住居址」『제36회 한국고고학전국대회 농업
　　의 고고학』, 韓國考古學會.

李南奭, 2001, 「公州 公山城內 百濟 推定王宮址」『百濟文化』第30輯.

李炳鎬, 2001, 「百濟 泗沘都城의 造營와 區劃」, 서울大學校 大學院 碩士學位論文.

이한상, 1998, 「정지산유적의 편년과 성격」『백제의 제사유적 艇止山』, 국립공주
　　박물관 · (주)현대건설.

李亨源, 2003, 「泗沘都城內 軍守里地點의 空間區劃 및 性格」『湖西考古學』第8
　　輯.

임종태, 2012, 「부여지역 백제 굴립주건물지」『제36회 한국고고학전국대회 농업
　　의 고고학』, 韓國考古學會.

張智賢, 2005, 「錦江流域 百濟 建物址 研究」, 全北大學校 大學院 史學科 碩士學
　　位論文.

정석배 · 이건일 · 김환희, 2013, 『扶餘 佳塔里 錦城山 두시럭골 遺蹟 -부여 굿뜨
　　래 웰빙마을 조성사업부지내 문화유적 발굴조사-』, 한국전통문화대학
　　교 고고학연구소 · 부여군.

정훈진, 2012, 「부여지역 백제 주구부 굴립주건물지」『제36회 한국고고학전국대
　　회 농업의 고고학』, 韓國考古學會.

정훈진 · 이진호 · 김지혜 · 정홍선 · 남선영 · 최민석, 2012, 「부여 쌍북리 314-5
　　번지 제2종 근린생활시설 신축부지 내 유적」『2012년 제26회 호서고고
　　학회 학술대회 호서지역 문화유적 발굴성과』, 湖西考古學會.

趙仙榮, 2008, 「百濟時代 壁柱建物의 構造와 展開過程에 대한 研究」, 全北大學
　　校 大學院 考古文化人類學科 碩士學位論文.

조원창, 2011, 『백제의 토목건축』, 서경문화사.

青柳泰介, 2002, 「『大壁建物』考 -韓日關係의 具體像 構築을 위한 一試論-」『百
　　濟研究』第35輯.

최상철 · 박현경, 2017, 『扶餘 雙北里 713-5番地 遺蹟』, 東邦文化財研究院 · 부
　　여군.

충남대학교 백제연구소, 2003, 『사비도성2』.

忠清南道歴史文化研究院, 2007, 『扶餘 東南里702番地遺蹟 · 雙北里243-8番地

遺蹟(試掘)』.

忠清南道歷史文化研究院・扶餘郡, 2007,『-扶餘 薯童公園 造成敷地- 東南里
172-2番地 一圓 遺蹟-』.

(財)忠清文化財研究院・大田地方國土管理廳, 2005,『扶餘 井洞里 遺蹟』.

(財)忠清文化財研究院・大田地方國土管理廳, 2006,『扶餘 陵山里 東羅城 內・外
部 百濟遺蹟』.

(재)충청문화재연구원, 2008,『부여 쌍북리 두시럭골 유적』.

(재)충청문화재연구원, 2009,『扶餘 雙北里 현내들・北浦 遺蹟』.

한국문화재보호재단, 2013,『2011년도 소규모 국비지원 발굴조사 보고서Ⅳ-1.
부여 쌍북리 207-5번지 유적』.

한국문화재재단, 2015a,『2012년도 소규모 국비지원 발굴조사 보고서Ⅴ-1. 부
여 쌍북리 201-4번지 유적』.

한국문화재재단, 2015b,『2012년도 소규모 국비지원 발굴조사 보고서Ⅴ-2. 부
여 쌍북리 314-5번지 유적』.

한국문화재재단, 2017,「소규모 국비지원 발굴조사 약식보고서 [부여 쌍북리
389-2번지 유적]」.

한국문화재재단, 2019,「소규모 국비지원 시굴조사 약보고서 [부여 쌍북리
207-13번지 유적]」.

02

사비기 부여 성곽에 사용된
석재 치석·축조

심상육(백제고도문화재단 책임연구원)

1. 머리말

본고는 삼국시대 백제 사비기의 돌 다루는 정도와 수준이 구조물에 어떻게 적용되었는지를 그 당시 성곽을 통해 살펴 본 글이다.

治石의 시작은 구석기시대의 타제석기부터이다. 처음 도구에 적용되다 자연스럽게 구조물에도 돌을 사용하면서 돌을 다듬는 기술은 시간이 흐르면서 서서히 진행되었다. 즉, 무덤의 벽석에 자연에서 구한 돌을 재가공 없이 사용하다, 단순하게 돌을 깨서 구축하고, 면을 반듯하게 가공하여 쌓다가, 가구식으로 조립하기에 이르기까지 돌을 다루는 기술은 가공 이후 단순 쌓기에서 조립으로 발전한 것 같다.

삼국시대 백제도 이 흐름에 있으며, 대체로 사비기에 이르러서는 구조물에 따라 돌의 가공도와 조립의 수준을 달리할 정도였음이 고고학 자료를 통해 확인되고 있다. 특히, 백제의 경우 사비로의 천도란 계기적 변화에 따른 치석된 가구식 건축물 등이 국의 중심부에 적극 채용되었음에도 일반 民里에서는 자연석 혹은 할석을 그대로 구조물에 사용하는 예가 다반사로 확인되고 있다. 이에 본 글은 백제 사비기의 치석·축조술의 정도를 성곽의 석축부에서 이해해 보려고 한다. 물론 이 당시 고분과 건물의 석재를 통해 치석의 질에 있어 상당한 수준에 다다른 것은 쉽게 이해할 수 있다. 이에 성곽에서 고분 혹은 가구식건물의 치석 정도를 찾고자 함은 아니다.

성곽의 축조 재료는 흙, 나무, 돌이다. 이 중 흙과 나무는 없어지거나 형태가 변형되어 축조 당시의 세밀한 모습을 찾아보기 힘들다. 하지만 돌은 다르다. 돌의 표면에는 망치 혹은 정을 댄 모습이 비교적 잘 남아 있다. 석재의 면 가공은 '자연석 → 절석(할석) → 혹두기석 → 釘다듬석 → 도드라다듬석 → 잔다듬석(손영식 2009, 359~363) → 면갈기석 → 물갈기석'의 순으로 이어진다. 그리고 각 단계에 맞는 석재 가공의 도구가 사용된다. 절석에서는 자연석에서 돌을 떼어내기 위해 쐐기공을 설치하는데, 이 흔적이 채석장 등에서 관찰되기도 한다. 혹두기석이란 돌을 가른 다음 거친 돌 면을 대강 다듬은 상태를 이르며, 날메란 망치를 사용한다. 날메의 형태는 돌에 닿은 부분은 직사각형을 띠고 반대편은 사각형을 띠는데 또 다른 망치로 사각형의 부분은 쳐서 사용한다. 정다듬석은 돌에 정을 댄 후 망치로 면을 고르게 하는 것이다. 도드락다듬석은 도드락망치로 면을 반듯하게 가공하는 것이다. 도드락망치는 망치의 면에 일정하게 돌기가 나 있는 것이다. 잔다듬은 날망치로 면을 조정하는 것이다. 날망치는 돌에 닿은 부분이 세장방형을 띠고 있다. 면갈기석은 표면을 숫돌이나 연마제를 사용하여 표면을 가는 것이다. 물갈기석 즉, 水磨石은 돌의 표면에 물을 부으면서 연마하는 것으로 주로 묘비 등에 사용되는 석재에 채택된다. 이처럼 날메, 정, 망치, 도드락망치, 날망치 등의 도구로 석재를 가공한다. 물론 이보다 많은 도구가 사용된다. 이렇게 면 가공된 석재는 다른 석재와 연접되어 수식에 가까운 성벽을 十축하기 위해 측면과 뒷뿌리를 가공하여 성체가 축조된다.

본고에서는 백제 사비기 도성지와 그 인근인 부여군 일원의 백제 산성

① 돌 자르기 위한 쐐기공 　　　② 혹두기 시 날메

③ 정다듬 　　　④ 도두락다듬

⑤ 잔다듬 　　　⑥ 면갈기

도 1. 석재 면 가공(만경문화재 대표 윤태중 석공)

에 사용된 석재를 통해 어느 정도의 치석된 돌이 어떻게 구축되었는지를 살펴보도록 하겠다. 그러기 위해서 우선, 부여군 일원의 성곽에 대해 일괄해보도록 하겠다. 다음 이 성곽 중 본고에서 파악하고자 하는 백제 사비기란 시대, 사비도성이란 공간, 백제의 중앙 정치체와의 연관 등에 부응하는 성곽을 추려보면 부여나성, 부소산성, 청마산성, 석성산성, 가림성이다. 이 성곽은 모두 백제 때에 축조된 성곽으로 인식되고 있다. 여기에 축조대의 논란이 있는 증산성을 포함시키도록 하겠다. 이 성곽의 특징을 살펴본 후 각 성벽의 면석 가공도, 성돌의 쌓기방식 등을 바탕으로 도표로 된 석축부 편년도를 작성하도록 하겠다. 이를 통하여 백제 사비기에 체성 석축부가 어떻게 구축되었는지를 살펴보도록 하겠다.

물론 성곽 석축부의 축조에 있어서 석재 가공도가 성곽의 축조와 연동하여 사회 모습을 반영한다고 볼 수는 없다. 다만, 당시 도성지에 있어 치석술이 성곽 축조에는 어느 정도 적용되었는지를 파악하고자 함에 본고의 목적이 있다.

그리고 이 글 한편으로는 백제 사비기의 치석술을 이해할 수는 없다. 이 책의 다른 연구와 연동해서 이해해야 할 것이다.

2. 부여지역 백제시대 성곽

한반도 중서부의 중앙부에 위치한 부여군은 삼국시대 후기의 백제 도성지가 포함되어 있다. 하지만, 모든 부여가 백제의 도성은 아니고 현재 부여읍 일원 일부만이 사비도성에 포함된다.

부여군은 원래 4곳의 지역공동체가 합쳐져 만들어진 곳이다. 즉, 조선시대의 임천군과 부여현, 석성현, 홍산현이 통합된 곳인데, 이러한 각각의 지역권은 이미 백제 때부터 형성된 것으로 이해할 수 있다. 즉, 부여현 지역은 소부리군으로 이후 사비도성으로 되고, 임천군은 가림군, 석성현은 열야산현, 홍산현은 대산현으로 하나의 지역권을 형성하고 있었다. 이와 같은 지역권은 산맥과 하천을 경계로 하여 이루어졌으며, 백제 사비기에는 도성과 그 최인근의 위성 군·현로서 역할을 수행하였고, 통일신라시대 이후에는 군, 현 혹은 속현으로 각각 유지되어 오다가 1914년 군·현 폐합시에 부여군이란 이름으로 통합되었다.

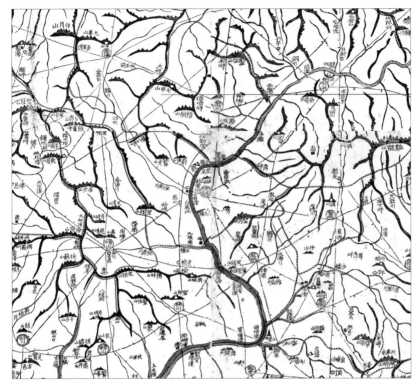

도 2. 대동여지도 속 부여

　부여군의 지형적 특징을 보면 차령산맥의 말단부에 해당하여 서북부의
경우 산지에 해당하여 남동부는 평야지대를 이루고 있다. 그리고 군의 동
북에서 남서쪽으로 금강이 흘러나가고 이 금강으로 지류천이 서에서 동,
동에서 서로 합류하는 모습이다.
　현재 부여군 내에서 보고된 성곽은 모두 38곳[1]이다. 이 중 부여읍에

1)　다음의 보고서를 인용하였다(부여군·부여군문화재보존센터, 2008, 『부여군 산성
　　문화재 지표조사(1차)보고서』, 15쪽; 백제고도문화재단, 2015, 『부여 홍산현 관

소재한 청산성과 규암면에 소재한 외리산성은 성곽으로 추정되었던 곳을 일부 조사하였으나 성벽의 흔적이 확인되지 않았다. 따라서 36개의 성이 존재하는 것으로 볼 수 있지만, 이 또한 일부 성곽의 경우 지표면의 간단한 융기부를 성벽으로 추정한 경우가 다수여서 숫자는 더 줄 수도 있다. 하지만 신출되는 성이 현재에도 간혹 확인되고 있기 때문에 차후에 성의 숫자는 변동될 가능성이 높다.

부여군 내 성곽의 분포는 홍산-구룡-규암-부여를 연결하는 금강과 금천의 대안 구릉부와 논산과 익산의 경계 구릉부에 분포하고 있는 특징이 있다. 이러한 양상은 백제 후기의 도성을 방어하기 위한 양상이 일부 포함된 것으로 보이며, 각 지역권의 치소성, 배후산성 등도 이에 포함된다.

성곽은 원삼국시대부터 조선시대까지 축조되고 사용되었는데, 대부분 백제의 것에 연원을 두고 있다. 하지만 지표조사로 확인된 것이 대부분이고 다분히 정황론적으로 부여의 산성은 백제의 것이란 인식하에 보고된 듯한 여운이 있어 성곽 편년에 대한 해석은 신중을 기해야 할 것이다. 그래도 부여의 성곽은 대체로 백제에 그 시원을 둔 것이 많은 것은 사실이며, 발굴 결과 또한 이를 반영하고 있다.

부여 일원에서 보고된 성곽은 표 1과 같다.

표 1에서 보는 것과 같이 가장 이른 시기의 산성은 논치산성 등 원삼국시대와 연관된 성도 있지만, 31개의 성이 백제의 성으로 보고되었다. 이 성의 경우 사비도성의 외곽인 부여나성 그리고 도성 내 후원이며 도피성인 부소산성, 그리고 도성 내부에 산성으로 보고되었지만 아직 그 실체가 확인되지 않은 금성산성이 도성 내부에 위치하고 있다. 그리고 도성의 배후산성으로 도성의 동편 외곽 약 4km 거리에 9km에 달하는 청마산성이 위치하고 있다. 그리고 도성에 인접하여 울성산성, 부산성, 주장산성, 북

아Ⅱ』, 25쪽).

고리중산성 등 소규모의 산성이 산봉에 위치하여 사비도성의 방어력을 높여주었던 것으로 보인다.

표 1. 부여군 성곽 일람표

연번	명칭		둘레 (약m)	산고 (약m)	구조	체성	축조 및 사용시기
1	부소산성	포곡식성 (1차성)	2,495	120	포곡식	내 판축, 외 일부 석축	백제~통일신라
		사자루성 (2차성)	900	120	산정식	내 판축, 외 석축	통일신라~고려
		영일루성 (3차성)	1,500	120	산정식	내 판축, 외 석축	통일신라~고려
		군창지성 (4차성)	900	120	산정식	토석 혼축	고려말~조선
2	금성산성		?	120	산정식	토석 혼축?	백제 부흥기?
3	청산성		성벽 확인되지 않음				
4	나성		6,600	120	나성	내부 토축, 외면 석축	백제 부흥기
5	주장산성		250	123	산정식	토축?	백제?
6	청마산성		9,581	230	포곡식	내부 토축, 외면 석축	백제?
7	석성산성	외성 (1차성)	1,537	182	포곡식	내외 협축	백제
		내성 (2차성)	644	173	산정식	내부 토축, 외면 석축	통일신라 말~조선
		내성 (3차성)	740	173	산정식	내부 토축, 외면 석축	통일신라 초~고려
8	파진산성		?	185.5	산정식	토축?	백제?
9	시랭이산성(沙浪山城)		335	139	산정식	토축	백제?
10	북고리산성(甄山城)		182	168	산정식	토축	백제?
11	정암산성		300	124.7	산정식	토축?	백제?
12	장암산성		150	139	산정식	토축?	백제?

연번	명칭		둘레 (약m)	산고 (약m)	구조	체성	축조 및 사용시기
13	외리산성		성 확인 안됨				
14	반산성		400	100	산정식	토축	백제?
15	부산성		400	106.8	산정식	토축	백제?
16	울성산성(王興寺岑城)		350	131	산정식	토축(석축 일부)	백제 부흥기
17	증산성		624	160	산정식	내탁식 석축	백제 부흥기~조선
18	사자봉산성		350	90	산정식	토석혼축?	백제?
19	미녀봉산성		200	152.4	산정식	토축	백제?
20	이중산성(당산성)		180	59	산정식	토축	백제?
21	나복리성		?	65.9	산정식	?	백제?
22	월구리성		?	167.8	산정식	?	백제?
23	봉황산성		450	142.1	산정식	내탁식 석축	삼국 이후
24	구봉산성(독산성)		300	82.4	산정식	토축?	원삼국~백제?
25	이목치산성		413	170	산정식	토축	백제?
26	논치산성		?	75	산정식	토축	원삼국~백제
27	점상리산성		413	115.4	산정식	?	백제?
28	만지산성		?	215	산정식	?	백제?
29	加林城 (성흥산성)	내성	1,342	290	포곡식	내부 토축, 외부 석축	백제~조선
		외성	724	200	포곡식	내부 토축, 외부 호성석축	통일신라~고려
30	대흥산성		239	137.8	산정식	토축	백제?
31	학동토성		388	37.9	평지식	토축	통일신라~고려
32	태봉산성(북촌리산성)		700	90	산정식	?	백제~조선
33	남촌리산성		300	30	산정식	토석혼축?	고려~조선
34	홍산고읍성		500	20	평지성	토석혼축?	통일신라~조선
35	북촌리산성		700	160	포곡식	토석혼축?	?
36	토정리산성		?	127	산정식	?	?
37	누르개재산성		?	190	산정식	토축	백제?
38	土城山城		?	110	산정식	토축	백제?

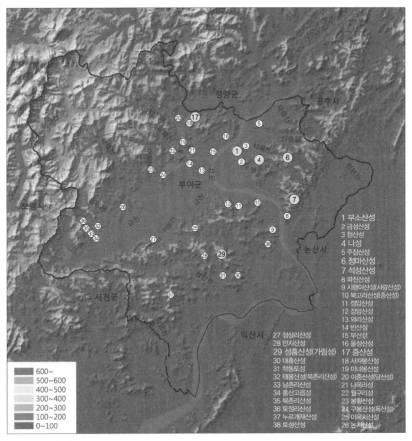

도 3. 부여군 성곽 분포도

다음은 지도 내 범례 목록입니다:

1 부소산성
2 금성산성
3 청산성
4 나성
5 주장산성
6 청마산성
7 석성산성
8 파진산성
9 사랑이산성(사랑산성)
10 북고리산성(증산성)
11 정암산성
12 잠암산성
13 외리산성
14 반산성
15 부산성
16 월성산성
17 증산성
18 사자봉산성
19 미녀봉산성
20 이중산성(당산성)
21 나목리성
22 월구리성
23 봉황산성
24 구봉산성(독산성)
25 이목치산성
26 논치산성
27 장상리산성
28 만자산성
29 성흥산성(가림성)
30 대동토성
31 학동토성
32 태봉산성(북촌리산성)
33 남촌리산성
34 홍산고읍성
35 북촌리산성
36 토정리산성
37 누르개재산성
38 토성산성

그리고 사비도성의 도성지 외곽의 인접 지역권에 치소성이자 거점방어성인 가림성과 석성산성 등이 배치되어 있다.

통일신라시대에는 대체로 삼국시대 백제 때에 만들어진 성곽을 재사용하는 예가 많다. 부소산성, 석성산성, 가림성 등이 이에 해당한다. 이 성은 그 당시 치소성으로서의 역할을 담당했다. 이러한 성은 고려를 거쳐 조선시대에 이르는 것으로 이해된다.

이러한 성 중 부여의 성곽 변천을 이해할 수 있는 성을 보자면, 부소산성, 청마산성, 가림성, 석성산성, 증산성이며, 이를 각각 보면 아래와 같다.

1) 부소산성[2](사적 5호)

부여읍내 북쪽에 위치한다. 백제 사비기의 도성 중심부[3]인 왕궁지에서 북동쪽 500m 지점이다. 이곳은 읍내를 한 눈에 내려다 볼 수 있는 높이 106m의 부소산이 있다.

부소산성은 부소산의 두 산봉[4]을 모두 포함한 산성으로 평면형태는 타원형에 가까우며 총 길이는 2,495m에 이른다. 하지만 부소산성의 성벽은 이것만이 있는 것이 아니다. 우선 2,495m 성벽을 포곡식성이라 부르면, 부소산의 西峰인 사자루가 위치한 곳에는 둘레 900m의 사자루성이 있고, 東峰에는 1,500m의 영일루성과 900m의 군창지성이 중복되어 있다. 이러한 성벽은 포곡식성의 성벽 일부를 공유하고 있는 형상이다.

이처럼 여러 성벽으로 이루어진 부소산성의 성벽 축조 방식을 보면, 우

---

2) 다음의 보고서를 참고하였다(국립부여문화재연구소, 1995, 『부소산성 발굴조사 중간보고서』; 국립문화재연구소, 1996, 『부소산성 발굴조사보고서』; 국립부여문화재연구소, 1997, 『부소산성Ⅱ 발굴조사 중간보고서』; 국립부여문화재연구소, 1999, 『부소산성Ⅲ 발굴조사 중간보고서』; 국립부여문화재연구소, 1999, 『부소산성 긴급발굴조사 보고서』; 국립부여문화재연구소, 2000, 『부소산성Ⅳ 발굴조사 중간보고서』; 국립부여문화재연구소, 2003, 『부소산성Ⅴ 발굴조사 중간보고서』; 국립부여박물관, 2016, 『부소산』).

3) 백제시대 사비기의 도성 인근 성곽의 배치를 표현하기 위해 시작점을 당시 도성의 중심시설로 하고자한다. 도성의 중심은 왕궁 내부 중 외조 정전일 것이다. 하지만 사비도성지에서 이 시설물이 확증된 상황이 아니다. 따라서 조선시대 부여현의 중심인 관아 중 현재까지 남아 있는 객사로 이를 대치하도록 하겠다.

4) 군창지와 사자루가 위치한 곳이다.

선 포곡식성의 경우 부소산의 지세를 적절히 고려하여 급경사가 시작되는 부분에 너비 5~7m 내외로 흙을 층층이 최소 3m까지는 쌓았던 것으로 확인되었다. 성벽 쌓기는 우선 성벽이 놓일 자리를 깨끗하게 정리한 후 성벽의 폭에 맞게 나무기둥을 성벽을 따라 약 130cm 간격으로 세우고, 그 사이에는 판자로 막고, 이 나무를 고정하기 위해 가로와 세로방향으로 나무보를 엮어 틀을 만들어 흙을 한 켜 한 켜씩 쌓아 올리면서 구축하였다. 특히 성벽은 매우 단단하게 하기 위해서 점토와 마사토를 번갈아가면서 한 켜씩 올렸고 나무 방망이와 같은 도구를 세워서 방아 찧듯이 흙을 매우 단단하게 다져 붕괴를 방지하였다.

즉, 포곡식성은 판축기법에 의해 흙을 주된 구성물로 쌓은 토성으로 볼 수 있겠다. 물론 모두 흙을 사용한 것이 아니고 일부 급경사를 이루는 곳에는 절석[5]을 이용해 성외면을 피복하기도 하였다. 그런데 이 급경사를 이룬 곳 중 면 가공에 치석의 정도가 높은 잔다듬을 한 석재를 이용해 치를 설치한 흔적이 확인되었다. 이곳의 성벽은 체성 외면으로 잔다듬 가공석을 설치하고 그 내부에 절석 혹은 혹두기한 석재를 넣은 성벽 적심부가 있고 이 안쪽으로는 판축토 혹은 원지반으로 이루어진다. 포곡식성이 부소산성에서 1차성이다.

사자루성의 경우 포곡식성의 일부를 북벽으로 사용하여 북벽의 경우 판축토 외곽에 절석으로 피복한 체성의 모습인데, 남벽의 경우는 체성에서 석축부가 상당부분을 차지한 형태이다. 즉, 남벽은 체성의 외측 외면의 경우 장방형의 가공석[6]을 사용하고 내면에 적심석을 상당량 사용한 축조기법을 보여주고 있다. 또한 성외면에 삼각형으로 덧댄 기단보축시설도 확인되었다. 사자루성이 2차성이다.

---

5) 이 돌은 割石을 이른다.
6) 혹두기와 정다듬, 도드락다듬이 일부 이루어진 석재를 이른다.

① 포곡식성 판축

② 포곡식성 판축(남문지 동편 치)

③ 포곡식성 북성벽 옹성 피복석

④ 치에 면가공된 석재 사용

⑤ 사자루성 성외벽 모습

⑥ 영일루성 영정주공 모습

도 4. 부소산성 성벽별 성외부 축성 형태

　영일루성은 남벽을 포곡식성과 공유하는 성으로 평면형태가 긴 고구마 모양이다. 성벽의 구축은 제성 내부는 판축하였고 판축의 하부에 수단의 석축을 부가한 모습이다. 석축 내부에는 적심석이 없으며, 일정 간격에 따라 나무기둥을 세워 석축 사이에 垂直空이 확인된다. 석축에 사용된 석재는 혹두기 및 정다듬한 상태이다. 영일루성이 3차성이다.

부소산성의 4차성은 군창지성으로 남벽의 경우 포곡식성과 영일루성을 공유하며, 동벽과 북벽의 경우 영일루성과 공유한다. 성벽은 토석혼축으로 이루어져 있다.

포곡식성, 사자루성, 영일루성, 군창지성은 일부 성벽의 공유, 체성 구축방식의 차이, 각 성벽이 연접해 있는 곳의 의도적 훼손 등을 통해 포곡

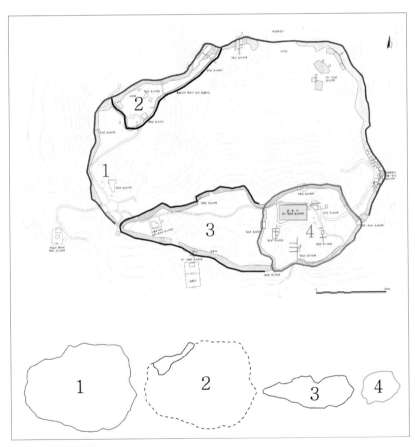

도 5. 부소산성 현황도

식성 → 사자루성 ⇒ 영일루성 → 군창지성으로 시간적 선후관계가 성립될 수 있다.

부소산성에서 가장 먼저 들어선 포곡식성의 경우 우두성으로 비정하여 486년 축조설이 제기(심정보 2000)된 상태이다. 하지만 그 근거가 미약하여 대통명인각와를 통해 527~529년 사이에는 축성이 시작된 것(박순발 2000)으로 볼 수 있겠다. 이 당시에는 백제의 토축성의 전통에 따라 흙을 중심으로 하여 판축성으로 구축하였던 것으로 판단된다. 따라서 포곡식성은 사비천도 전부터 구축된 사비도성 내부 중요시설물임을 알 수 있겠다. 그리고 잘 다듬은 석재를 치 등에 사용하고, 사비도읍기가 130년 이상인 점을 감안해 보면, 사비기에 부소산성은 수시로 보수하는 것은 당연할 것이고, 대규모의 재건축이 도읍 후반에 이루어졌을 것이다. 그 흔적이 흙을 위주로한 판축성에서 판축성 외부로 할석을 이용한 피복과 적심석과 가공석을 사용한 체성부가 아닐까한다.

이러한 포곡식성은 성 내부에서 통일신라시대 극초기에 해당하는 인화문토기라든지, 당나라의 대당명와당의 출토를 통해 삼국통일전쟁시점까지는 사용된 것으로 여겨진다. 하지만 신라의 삼국통일 이후 부소산성에는 변화가 생긴다.

사자루성의 체성 하부에서 640년 이후로 편년해 볼 수 있는 인화문토기가 출토되었다. 사자루성의 체성 형태는 통일신라시대의 일반적인 석축성형태를 띠고 있다. 따라서 신라가 삼국을 통일한 후 사비지역을 통치하기위해 포곡식성을 축소하여 사자루성을 만든 것으로 볼 수 있겠다. 이와 관련된 유물이 儀鳳 2년명 명문와(677년)이다.

그런데 부소산성 내에서는 절대연대를 가늠할 수 있는 유물이 또 있다. 즉, 會昌 7년명 기와(847년)이다. 이 시기는 신라 하대 지방호족이 득세하던 시기에 해당한다. 이 시기 유행한 성벽의 형태가 영일루성의 체성 형태이며, 회창명기와는 영일루성과 사자루성에서 모두 확인되었다. 따라서 사자루성과 영일루성은 신라하대부터 부여의 지방호족세력과 관련하여

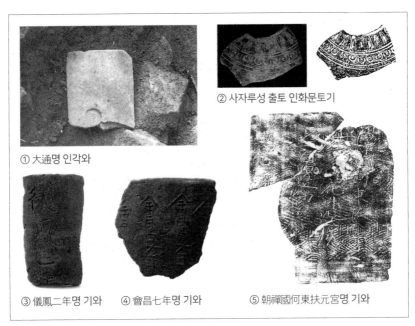

① 大通명 인각와

② 사자루성 출토 인화문토기

③ 儀鳳二年명 기와　④ 會昌七年명 기와　⑤ 朝禪國何東扶元宮명 기와

도 6. 부소산성 출토 편년 자료

사용된 것으로 보인다. 이 두 성은 따라서 고려시대에도 일정부분 사용되었을 것으로 판단해 볼 수 있다.

　조선 초 부여현이 설치(1413년)[7]된다. 그리고 그 당시 부여현은 문헌기록을 통해 보면, 관아가 읍성 내에 존재하는 체제가 아닌 것으로 보인다. 왜냐하면, 관아지에서 부여현의 主城으로 여겨지는 青山城이 동으로 1리 떨어져 있는 것으로 기록[8]되어 있기 때문이다. 그런데 이 청산성이 바로 군창지성이다. 관아에서의 거리와 위치, 성곽의 크기를 통해보면 기록과

---

7) 『新增東國輿地勝覽』本朝太宗十三年癸巳, 例改爲縣監.

8) 『新增東國輿地勝覽』「扶餘縣古蹟條」青山城 −'在縣東一里石築周一千八百尺古五尺內有三泉有軍創'.

일치하기 때문이다. 또한, 이를 입증하는 유물이 조선 전기의 인물인 정인지 관련 명문와를 통해서도 알 수 있다.

2) 부여나성[9](사적 58호)

부여나성은 사비도성을 보호하고 경계를 표시하기 위해 쌓은 도성의 외곽이다. 따라서 도성 중심부와의 거리는 최소 1km에서 최대 4km가 넘게 떨어져 있고, 길이는 6.6km이다.

부여나성은 도성의 외곽으로 모든 도성의 가장자리를 따라 나성의 성벽이 설치되어 있을 것으로 추정하여 북·동·남·서나성으로 분리하여 명명되어 왔으나, 그간의 발굴조사 결과 금강에 의해 감싸여진 서나성과 남나성 추정지에서는 성벽의 흔적이 확인되지 않아 도성의 동북면에 설치된 것으로 이해되고 있다. 구체적으로 현재까지 실체가 확인된 부여나성은 부소산성의 북문지 동편 가증천 정비공사 중 북나성의 체성 일부가 확인된 쌍북리 430-7번지 일원부터 뒷개마을 - 청산성(해발 49m) - 월함지 - 석목리 논절마을 - 능산리산(해발 120m) - 동문다리(왕포천) - 필서봉(해발 118m) - 군들고개 - 염창리산(해발 134.6m) - 하염마을 유씨정려 근처인 염

---

9) 다음의 보고서를 참고하였다(국립부여박물관, 2003, 『부여나성』; 충남대학교 백제연구소, 2000, 『백제사비나성』; 충남대학교 백제연구소, 2000, 『백제사비나성 Ⅱ』; 충남대학교 백제연구소, 2002, 『백제사비나성Ⅲ』; 충남대학교 백제연구소, 2003, 『사비나성』; 충청문화재연구원, 2009, 『부여 석목리 나성유적』; 부여군문화재보존센터, 2013, 『부여나성-북나성Ⅰ』; 부여군문화재보존센터, 2013, 『부여나성-북나성Ⅱ』; 백제고도문화재단, 2014, 『부여나성-북나성Ⅲ』; 백제고도문화재단, 2015, 『부여나성-북나성Ⅳ』; 백제고도문화재단, 2015, 『부여나성 동나성Ⅰ』; 백제고도문화재단, 2015, 『부여나성 동나성Ⅱ』; 백제고도문화재단, 2017, 『부여나성-북나성ⅤⅥ』; 백제고도문화재단, 2017, 『부여나성-북나성Ⅶ』; 심상육 외, 2014, 「부여나성 동나성 2문지 발굴조사의 의의」 『백제문화』 51, 공주대학교 백제문화연구소).

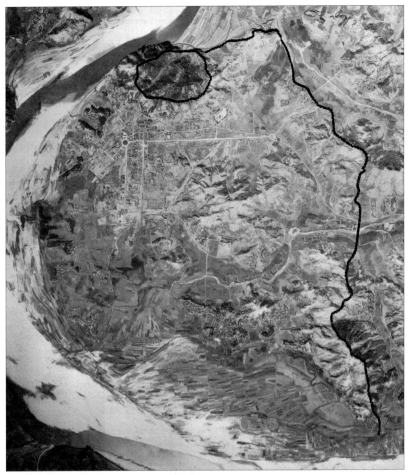

도 7. 부여나성 현황도(1947년 항공사진)

창리 565-3번지 일원까지 확인되었다.

부여나성의 축조기법은 나성이 사비도성을 에워싼 성이고, 사비성은 비교적 낮은 야산과 저평지로 이루어져 있어, 성벽 또한 산지와 평지(하천 포함)를 반복적으로 경유하여 조성되어 있다. 이로 인해 체성에는 구간마

① 산지구간 체성 단면 및 토층도　　② 석축부 단면 및 입면

③ 면석 내 재사용 석재 모습　　④ 초축 성벽과 재조립 성벽 모습

도 8. 부여나성 축성 형태

다 상당한 차이점이 존재하지만, 체성은 토축부와 석축부로 구축하였고, 성벽의 진행은 산지는 지형에 따른 요철 있는 'S' 곡선으로, 평지는 일직선으로 조영하는 기본적인 축성의 대원칙은 유지했던 것으로 보인다.

부여나성의 체성의 기본은 내부 토축부와 외면 석축부로 이루어져 있다. 이를 기본으로 하여 산지 및 평지, 저습지 그리고 축조 장소 등에 따라 세부적인 면에서 축조를 달리하고 있다. 이로 인해 부여나성은 이미 여러 선학의 연구에 의해 저습지의 연약지반에는 부엽공법과 무리공법을 사용하였다는 점, 축조 작업 구간의 단위가 대략 21~24m인 점 등이 알려진 상태이다.

체성의 횡단면 토층을 통해 확인된 나성은 하천변 및 평지구간은 연약

지반의 흙을 대체하여 다져놓고,[10) 협축하듯 체성을 구축하였다. 산지구간은 원지형을 'L'자형 삭토 후 체성을 편축으로 쌓았다. 또한 토축부와 석축부는 북나성 청산성구간의 경우 동시에 축조하며 체성부를 구축한 것에 비하여 동나성의 경우 토축부를 선축한 후 석축부를 구축했다.

석축부의 구축은 성외면의 경우 정다듬 혹은 잔다듬한 장방형의 가공석을 가로줄눈을 맞춘 品자형쌓기하여 구축하였고, 면석의 면가공시 가장자리를 호형으로 가공한 특징이 두드러진다. 그리고 면석 내측으로 면석 크기만한 장방형의 절석된 가공석을 면 가공하지 않은 상태로 적심으로 사용하였다. 그런데 나성의 성벽 중 대체로 체성의 하단부의 경우 위와 같은 가공석이 사용되었는데, 위로 올라가면서 절석 이후 면 가공을 하지않은 석재를 성외벽에 사용한 사례 혹은 건물지에서 사용되었을 것으로 보이는 잔다듬한 석재와 면갈기한 석재가 다수의 곳에서 확인되었다. 이는 부여나성의 초축에 사용된 면석과 나성의 부분 붕괴 등에 따른 성벽 보수의 결과로 판단된다. 즉, 초축 성벽이 붕괴된 후 체성 재조립시 면석에 사용했던 석재(면가공석)와 적심석으로 사용했던 절석된 석재(면을 가공하지 않은 석재)를 성외벽에 사용한 결과로 볼 수 있을 것 같다(심상육 외 2014).

이와 같은 나성은 왕포천 남쪽의 동나성 절개지에서 출토된 자배기, 나성의 토축부 성토층에서 출토된 삼족기, 북나성 성벽 하부의 선행유구에서 한성 말-웅진 초의 유물과 무녕왕릉의 묘전으로 사용한 연화문전 등으로 미루어보아 6세기 전반경을 성벽 축조의 상한으로 보는 것이 바람직해 보인다. 사비기 내내 나성의 성벽은 붕괴가 이루어지고 이를 보수하면서 유지되다가 백제가 나당군에 의해 멸망된 이후 그 기능을 완전히 상실한 것으로 보인다.

---

10) 지엽부설 압밀침하배수공법과 무리공법을 이곳에 사용하였다.

3) 청마산성[11](사적 34호)

부여읍내 동쪽에 위치한다. 도성 중심부에서 正東 4km에 위치하고 있다. 이곳은 사비도성의 동쪽 산지에 해당하는 곳으로 해발 140~210m의 산지[12]에 의해 감싸여진 곳으로 서쪽이 계곡(독쟁이골)[13]으로 열려있는 곳이기도 하다. 이 서편으로는 개천인 용전천이 동에서 서로 흘러 가증천에 합류하여 금강으로 합류한다.

청마산성은 전체 성벽의 둘레가 9,581m로 부여 관내에서는 가장 큰 성에 해당한다. 성벽은 서쪽 곡간부를 제외하고는 대부분 산지의 경사면을 경유하여 조성되어 요철이 심한 편이며, 성외부로 돌출된 곳은 대부분 치가 형성되어 있다.

성벽의 평면은 동-서로 긴 타원형이며, 북서모서리와 북중앙, 남동모서리가 성외부로 돌출된 형태이다.

청마산성이 언제 만들어졌는지에 대한 기록은 어느 곳에도 없다. 다만, 성내에서 백제시대의 와당과 토기 등이 출토되었기 때문에 백제시대에 축조된 성으로 봄에는 부정되지 않는다. 이에 더하여 성벽에 대한 단면조사 등은 이루어지지 않았지만, 부여나성의 조사를 통해 청마산성의 축조시기를 가늠할 수 있게 되었다.

즉, 청마산성의 체성 구조는 단면조사가 이루어지지 않았지만, 지표면에서 확인된 체성 붕괴부의 단면에서 판축에 가까운 토축부가 체성의 내측부에 위치하고 성외면은 면석을 포함한 석축부로 이루어져 있음을 확인할 수 있다. 면석 뒤편의 적심은 장방형의 절석된 석재를 눕혀쌓기한 상

---

11) 다음 보고서를 참고하였다(한국전통문화학교·부여군, 2006, 『부여 청마산성 종합학술조사 보고서』; 한창건축사사무소·부여군, 2016, 『부여 청마산성』).

12) 청마산과 월명산이 비교적 큰 산이다.

13) 골짜기에는 충적지가 발달해 있으며, 그 폭은 50m가 넘는다.

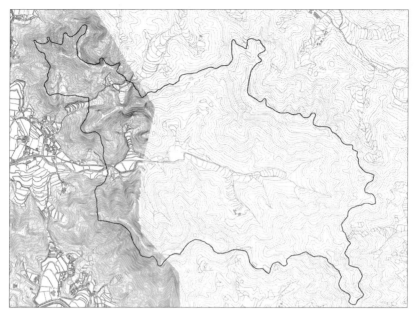

도 9. 청마산성 현황도

태이다. 면석은 가로줄눈을 맞춘 品자형쌓기를 한 상태이며, 가공도는 정다듬과 면의 가장자리를 둥글게 처리한 상태의 성돌이 많은 곳에서 확인된다. 문지의 경우 통로부 양단의 성벽 마무리 모습이 호상으로 이루어진 형태이다. 이처럼 청마산성의 체성 구조와 문지의 형태는 약 1.2km 서쪽에 떨어져 있는 사비도성의 외곽인 부여나성과 같다고 볼 수 있겠다.

이로 인해 백제 사비기의 도성은 평지성인 사비도성과 배후산성인 청마산성의 세트 구조를 이루고 있는 것으로 이해되기도 한다.

이처럼 사비도성 일원에서 내부를 토축하고 외부를 석축으로 하는 체성의 구조 중 가장 이른 것은 후술할 501년에 축조된 것으로 볼 수 있는 가림성일 것이다. 그리고 부여나성과 청마산성은 538년경에는 축조가 마무리되었거나 한창 건설되고 있었을 것이다. 청마산성의 축조가 이렇게 빠른 것은 산성의 서편 문지 앞쪽에 위치한 용정리사지의 축조연대가 사

① 체성 석축부 단면 모습   ② 면석 입면 모습

도 10. 청마산성 축성 현황

비기 이전(조원창 2003)으로까지 올라간다는 점을 통해 짐작할 수 있을 것이다.

청마산성은 부여나성과 세트관계로 볼 수 있기 때문에 사비도성의 기능이 상실된 이후 부여나성이 폐성된 것과 마찬가지로 660년 이후에는 1차적인 기능이 상실되었을 것이다. 하지만 삼국통일기 백제 재건운동의 일환으로 사용되었을 가능성은 이미 제기(이도학 2006)된 상태이다.

4) 가림성[14](사적 4호)

가림성은 축조 등 일련의 기록[15]과 백제부흥운동 등으로 보아 501년

---

14) 다음 보고서를 참고하였다(충남발전연구원, 1996, 『성흥산성 문지발굴조사보고서』; 부여군문화재보존센터, 2013, 『부여 성흥산성 성곽정비복원 사업(발굴) 성흥산성Ⅱ』; 백제고도문화재단, 2017.9, 『부여 가림성 5차 발굴조사 약보고서』; 백제고도문화재단, 2017, 『부여 가림성Ⅰ-동성벽 노출조사-』; 백제고도문화재단, 2018, 『부여 가림성Ⅱ-북성벽 조사-』).

15) 『三國史記』〈百濟本紀〉동성왕과 무령왕조(501년 八月築加林城以衛士佐平苩加鎭之; 502년 春正月佐平苩加據加林城叛王帥兵馬至牛頭城命扞率解明討之苩加出降

축조되어 백제가 멸망하고도 일정기간 동안 주요 거점성으로 활발히 활용되었음을 확인할 수 있다. 그리고 통일신라~고려시대에도 신라 신문왕 6년(686)에서 경덕왕 16년(757)에 국가제사의 小祀를 가림성에서 시행(채미하 2008)함과 咸通四年명 기와, 라말여초기의 庾黔弼의 관련 전설을 통해 임천지역이 여전히 중요한 요충지로 활용되어 가림성 또한 적극 이용되었음을 어느 정도 짐작할 수 있다.

이러한 가림성은 사비도성의 중심부에서 正南으로 10km 떨어져 있다. 가림성은 조선시대의 기록 등에 의해 성의 명칭이 성흥산성으로 개명되었으며, 1674년 이전의 기록으로 보이는 『東國輿地志』에는 사용 중인 성으

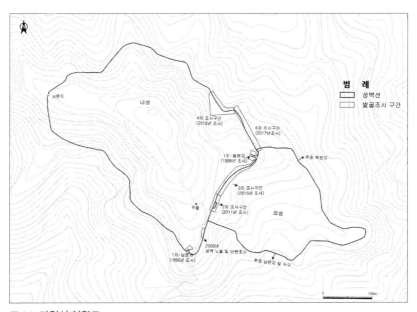

도 11. 가림성 현황도

王斬之投於白江).

로 기록되어 있으나, 18세기 이후에 기록된 『輿地圖書』 등의 기록에는 今廢, 古城 등으로 기록된 것으로 보아 17~18세기 이후에 폐성된 것으로 판단된다.

가림성은 성흥산(해발 260m)의 8부 능선에 설치된 테뫼식 석성인 내성과 내성의 동남쪽으로 이어진 외성으로 이루어져 있다. 하지만 가림성은 대체로 내성의 존재만이 일반적으로 알려진 상태이고, 정비 및 복원 또한 이에 국한되어 있다. 가림성의 내성은 석축산성으로 길이 1,342m, 면적 92,568㎡로 외면은 석축을 하고, 내면은 흙으로 내탁하였다. 내성의 문지는 남문·동문·서문의 3개소가 있는데, 각 문지의 안쪽으로 모두 평탄한 지형을 이루고 있어 건물지가 존재하였을 것으로 보인다. 현재 각 문지는 등산로와 연결되어 있는데, 남문은 임천면소재지로, 서문은 부여로 연결되는 한고개로, 동문은 외성을 통과하여 부여 세도 및 강경 쪽으로 연결된다.

외성은 내성의 동문지 북쪽 바깥에서부터 연결되어 동성벽의 1/3지점으로 이어지며, 규모는 길이 724m, 면적 38,138㎡이다. 지표상의 성벽 붕괴지점에서 석축의 흔적이 남아있어, 기저부는 석축으로 약 4~5단 정도 쌓은 후 토축한 것으로 보인다. 문지는 남문과 북문이 보고되어 있다. 남문지로 추정되는 곳은 현재 계단식 논으로 되어 있다. 남문지 앞쪽으로 약간의 평탄지가 형성되어 건물 부지로 보이며, 성벽의 북동성벽을 따라 완만한 지형을 이루고 있어 건물지가 들어서기에 좋은 조건으로 보인다.

이와 같은 가림성은 501년에 초축된 성으로 알려져 있고, 이 당시의 성벽은 현재의 내성에 해당하는 것으로 판단된다. 지금까지의 발굴조사를 통해 내성의 단면 구조는 내부는 토축으로 이루어졌고, 외면은 석축으로 구축됨이 확인되었다. 그리고 성외부의 1차 구지표면에서 백제시대 사비기에 해당하는 유물이 출토되어 내성이 이 당시에 사용되었음은 충분히 짐작할 수 있다.

이 당시의 성벽의 축조는 기저부를 계단식으로 조성한 후 성 내부를 판축에 가깝게 토축하여 만들고 그 외면에 면석과 적심한 석축부를 만들어 축조하였다. 이러한 형태는 부여나성과 청마산성과 동일한 구조로 볼 수 있다. 또한 면석의 면 가공도도 정다듬한 장방형의 성돌을 사용하여 가로

① 내성 체성 단면 모식 토층도   ② 내성 동성벽 석축부 모습

③ 내성 초축 성벽 입면   ④ 개축 성벽 및 기단보축시설

⑤ 咸通四年명 기와   ⑥ 외성 체성 모습(내성 연접부)

도 12. 가림성 축성 현황

줄눈을 맞춘 品자형쌓기한 구조이다.

그런데 그간의 발굴에서 백제산성에서는 잘 보이지 않는 삼각형의 기단보축시설이 동성벽과 북성벽의 동문지 인근의 체성부에서 확인되었다. 이는 통일신라시대의 축성기법으로 잘 알려진 것이다. 따라서 7~8세기인 통일신라시대 초기에 지방거점을 편제하면서 가림성도 개보수가 이루어진 것으로 추정해 볼 수 있겠다.

가림성 조사에서 501년이란 절대연대와 함께 863년이란 咸通四年 기와가 주목된다. 이 시기는 신라 하대 지방호족이 득세할 시기로 가림성에도 커다란 변화가 있었던 것으로 예측된다. 그것이 내성의 동벽에 덧붙여 만든 외성의 설치가 아닌가 한다. 외성의 성벽 구조는 내부 토축으로 이루어져 있고 토축부의 기단 외부에 약 1m가 넘지 않는 석축부를 쌓은 형태의 체성 구조이다. 이때 석축부의 내면에는 별다른 적심석이 없는 구조이다. 이러한 성벽과 유사한 예가 홍성 신금성, 나주 회진토성 등을 들 수 있겠다. 외성이 축조될 때 내성의 성벽에도 대대적인 보수가 이루어진다.

가림성은 조선시대의 기록에 의하면 내성만으로 이루어진 성으로 인식되고 있다. 따라서 조선시대 이전에 외성은 폐성된 것으로 볼 수 있겠다. 조선시대의 성벽은 기존의 내성 성벽 위로 내측부에 2단 이상의 내벽석렬을 설치하고 성외면의 경우 적심석의 너비가 좁은 석축부를 구조하여 그 내부를 성토한 체성의 구조를 갖고 있다.

이상과 같이 가림성은 내성이 501년에 축조된 후 8세기까지 유지·보수되어 사용되다 9세기에 내성의 동벽에 외성을 덧붙여 내성과 외성의 이중구조로 확대·사용되었다. 이후 조선시대에 외성의 기능이 상실되고 내성만이 대대적인 보수를 거쳐 유지되다 17~18세기에 폐성된다.

5) 석성산성[16](사적 89호)

석성산성은 가림성과 마찬가지로 사비도성으로 진입하기 위한 주요 길목에 위치한 산성이다. 특히, 가림성과 금강을 함께 조망하고 경계할 수 있는 위치에 있으며, 두 산성은 두 곳에서 비교적 조망권이 높은 편이다. 석성산성은 도성의 중심부에서 남동쪽으로 7km 떨어져 있다. 산성은 해발 170m의 세 봉우리를 감싸고 있으며, 산의 남동쪽 사면에 축성되어 있다.

다른 부여군 소재 산성과 마찬가지로 석성산성도 축조시기, 명칭 등이 전혀 알려지지 않다. 석성산성에 대한 기록 또한 조선시대의 지리지인 여지도서에 '현의 북쪽 5리인 산성동에 삼한시대의 성으로 무너진 산성이 있다'는 내용만이 남아 있을 뿐, 다른 기록은 없다. 따라서 석성현에 대한 문헌기록을 통해 살펴보면, 백제 때는 珍惡山縣, 신라에 와서 石山縣으로 명명되고, 고려시대부터 石城縣으로 개명하여 현재에 이르고 있다.

석성산성은 최초 보고시 내성과 외성으로 이루어진 백제시대 성으로 인식되었다. 하지만 2016년 석성산성에 대한 2차 발굴조사 시 기존의 외성 바로 남편에서 또 다른 성벽이 노출되어 3중의 성곽으로 이루어진 성임을 알 수 있게 되었다. 하지만 이 세 성벽이 같은 시기에는 사용되지 않았음은 성벽의 단절과 체성의 구조 그리고 출토유물을 통해 확인할 수 있게 되었다.

처음 보고된 외성(1차성)은 세 개의 산봉(해발 172.5m와 173.9m, 해발 182.8m)을 포함한 장방형의 평면형태를 갖는 성으로 둘레는 1,537m이며,

---

16) 다음의 보고서를 참고하였다(한국전통문화대학교·부여군, 2015, 『부여 석성산성 기초조사』; 백제고도문화재단, 2017, 『부여 석성산성Ⅰ -2015년 외성조사-』; 백제고도문화재단, 2018, 『부여 석성산성Ⅱ -2016년 내성·집수정조사-』; 백제고도문화재단, 2017.6, 『부여 석성산성(3차 발굴조사) 약보고서』; 백제고도문화재단, 2018.9, 『부여 석성산성 4차 발굴조사 약보고서』).

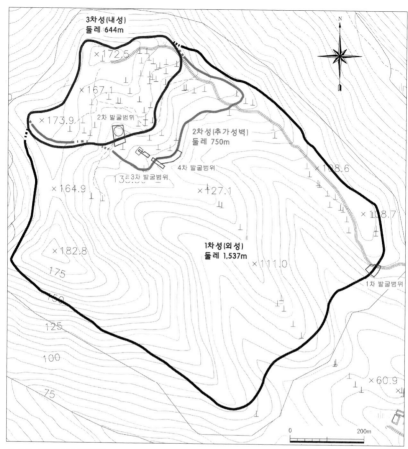

도 13. 석성산성 현황도

내성(3차성)은 해발 170m의 두 산봉을 포함한 타원형의 성으로 둘레는 644m이다. 추가로 확인된 성(2차성)은 내성의 남동부가 더 확장된 마름모꼴의 형태를 띠며, 성벽 둘레는 750m 정도이다.

그런데 세 성벽 중 내성의 성벽은 성벽이 끊김 없이 연결된 형태를 띠고 추가로 확인된 성벽은 흡사 내성의 성벽에 의해 훼손된 것과 같이 내성과 교차하는 곳에서 성벽의 흔적이 미약한 편이다. 또한 세 성벽이 공유하는 것으로 여겨지는 해발 170m의 두 산봉 후면의 성벽에서 내성만이 연결될 뿐 외성과 추가성벽은 단절된 형태로 확인되는 특징이 있다. 이러한 양상은 외성과 추가성벽이 먼저 있다가 내성에 의해 기존에 있던 성이 훼손된 것으로 볼 수 있을 것이다. 이에 더하여 2015년 이후의 발굴조사를 통해 외성은 내외협축의 할석(절석)조로 만들어진 석축성임이 확인되었다. 체성의 구조도 구지표면 위에서 백제시대의 유물만이 출토되어 외성의 사용시기가 백제시대임을 확인할 수 있었다.

2016년의 발굴조사는 내성을 조사하였는데, 성 내부에서 원형의 집수지가 확인되었고, 체성은 내부 토축 외부 석축부로 이루어져 있음이 확인되었다. 성외벽은 장방형으로 정다듬 치석된 석재로 구축되었고, 조선시

① 외성(1차성) 체성 단면   ② 외성 면석 입면

③ 추가성벽 면석 입면(2차성)   ④ 내성(3차성) 면석 입면

도 14. 석성산성 축성 현황

대에 개축되어 사용되었음이 밝혀졌다. 따라서 내성은 조선시대까지 사용된 성이며, 장방형으로 치석된 성돌의 사용과 원형의 집수지를 통해 이르면 통일신라시대 말기에 축성되었을 가능성이 제기되었다.

2017년과 2018년에는 추가성벽에 대한 조사를 진행하였다. 조사 결과, 체성은 내부 토축, 외면 석축으로 이루어진 구조이며, 성외벽은 장방형의 정다듬한 성돌을 사용하여 品자형쌓기한 성벽이었다. 또한 면석은 면 가공을 반듯하게 가공한 석재가 다수이고 건물의 기단에 사용한 도드락다듬 또는 잔다듬한 가공석까지 재사용한 예가 확인되었다. 이와 같은 성벽의 구축은 통일신라 초 지방 군현을 정비하면서 쌓은 성들에서 보여지는 양상으로 이와 유사한 성의 예로 부소산성의 사자루성과 서천의 남산성을 들 수 있겠다. 따라서 추가성벽의 축조시기는 대체로 상한이 7세기 후반에서 8세기 초로 여겨진다.

이렇게 보면 석성산성의 세 성벽의 시기는 자연스럽게 외성(1차성, 백제) → 추가성벽(2차성, 통일신라) → 내성(3차성, ~조선)[17]의 시간성을 갖고 있음을 알 수 있다. 또한 세 성벽이 같이 사용되지 않았음을 알 수 있다.

6) 증산성[18](사적 156호)

사비도성의 중심부에서 서북쪽 5.5km에 위치한 석축산성이다. 금강에서에서 동으로 흘러 합류하는 지천의 남편에 해발 160m의 산정에 위치하고 있다.

증산성은 산정의 봉우리를 테 두르듯 축조된 성으로 성벽의 둘레는 624m이다. 산성의 북쪽 지천변으로는 백제시대의 기와를 생산했던 와요

---

17) 각 성벽의 명칭 부여는 차후 검토해 보아야 할 것이다.

18) 다음의 보고서를 참고하였다(부여군문화재보존센터·부여군, 2008, 『부여 증산성 식생환경 및 현황조사 연구』).

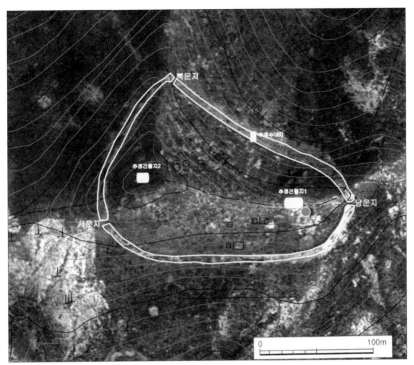

도 15. 증산성 현황도

지가 분포하고 있으며, 지천을 따라 북으로 올라가면 청양군과의 경계지
점에 금강사지가 위치한다. 또한 증산성이 위치한 소구릉성 산맥의 동쪽
끝부분에 금강이 위치하고 그 곳에 호암사지, 천정대(정사암), 왕흥사지가
놓여있다.

　증산성은 조선시대의『新增東國輿地勝覽』에 기록되어 있는데 今廢로
기록되어진 것으로 보아 조선시대 이전에 폐성된 것으로 보이며, 조선 후
기의『大東地志』에『三國史記』에 등장하는 古省城으로 비정되어 주목된다.

　성벽은 산사면에 기대어 축조한 곳은 편축하고, 골짜기가 진 부분이나
문지 근처, 경사가 완만한 사면의 경우에는 협축하였다. 체성은 발굴조사
등이 이루지지 않은 상황이어서 지표면에 드러난 것으로 보면, 모두 둘로

축조되어 있다. 외면 면석은 장방형 등으로 절석된 석재를 가로줄눈을 맞추어 쌓았으나, 면석의 1/4 이하의 쐐기석을 넣어 축조한 모습을 보이고 있다. 이에 따라 가로줄눈도 비교적 엉성한 편이다.

증산성의 축조 시기는 현재 가늠하기가 비교적 난해하다. 왜냐하면 산성 아래의 백제 사비기 고분군 분포, 금강사지와 사비도성을 잇는 교통로 상에 위치하며 이곳에는 백제시대 기와생산지인 가마터가 인근에 위치하는 등 정황론적 입장에서는 백제시대 사비기에는 사용되었을 가능성이 높으며 대체로의 이해 또한 이와 유사하다. 이에 반하여 가공도가 낮은 막돌(혹두기석) 바른층쌓기로 축조된 증산성은 시간적 급박성과 공력 절감에 기인하여 축조된 성으로 백제부흥운동기에 축조되었다고 보기도 한다. 그리고 산성 내부에서는 통일신라시대 이후의 유물이 많이 산견되고 백제시대로 볼만한 유물이 적다는 점은 부정할 수 없을 듯하다.

따라서 현 시점에서 증산성을 부여군 내에서 백제 때에 축조된 성의 체성구조와 사뭇 다르고 성 내에서 백제유물이 소량 출토된다는 점에 의해 백제 사비기에 축조되었다기보다는 이후 시기에 축조되었을 가능성이 높

①체성 단면 모습　　②면석 입면 모습

도 16. 증산성 축성 현황

아 보인다. 즉, 이와 같이 석축된 체성은 통일신라시대 이후의 성과 유사하다고 볼 수 있겠다.

3. 부여지역 석축성의 개략 변천

앞 장에서 살핀 것과 같이 부여지역의 성곽 연원은 백제에 있다. 그리

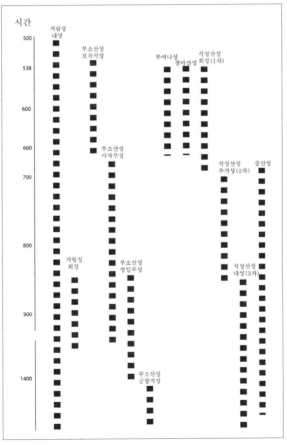

도 17. 성곽 편년도

고 석축으로 이루어진 성은 이미 언급한 부소산성, 부여나성, 청마산성, 가림성, 석성산성, 증산성이며, 이 6개의 성을 통해 부여지역의 석축성의 변화를 읽은 것에는 문제가 없다.

우선 이 6개의 석축성을 축조 순으로 나열하자면, 웅진기 도성의 서측

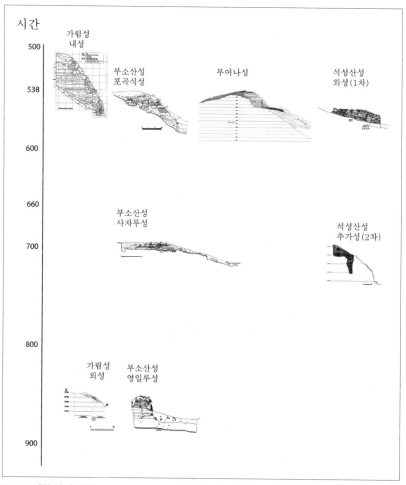

도 18. 성곽 단면 변천도

방비와 新都의 방어체계로 구축된 가림성 내성을 처음으로 들 수 있다. 이 성의 경우 산사면에 잇대어 내탁식으로 내면 토축, 외면 석축으로 성벽을 구축하였다. 다음은 신도의 본격적인 건설과 관련된 부소산성 포곡식성, 부여나성, 청마산성을 들 수 있고, 석성산성의 외성 또한 신도의 방어체계로 같은 시기에 구축되었을 것이다. 이 시기의 축성은 신도건설이란 대역사로 인해서인지 판축식의 토축성(부소산성 포곡식성), 가림성과 같은 내부토축 외부석축성(부여나성, 청마산성), 전면 석축성(석성산성 외성)으로 축성되었다. 백제가 멸망되고 전대의 성이 대부분 폐허가 된 상태에서 부여의 각 치소지에는 거점성이 건설되는데, 이 시기에는 전대의 석축산성 축조술과 신라의 석축성 기술의 보급에 따라 내부 토축, 외부 석축으로 된 석축성이 가림성 내성, 부소산성 사자루성, 석성산성 추가성(2차), 증산성이 축조된다. 다음은 9세기 지방호족세력이 득세하던 시기에 가림성 외성과 부소산성 영일루성, 석성산성 내성(3차)이 구축되며, 전시기의 통일된 석축성에서 토축과 석축성이 혼재하게 축조되었다. 그리고 조선시대 군현이 각 고을에 설치되면서 가림성 내성과 부소산성 군창지성, 석성산성 내성(3차)이 다시 수축되어 사용된다.

4. 부여지역 사비기 성곽 성돌 치석과 축조

부여에서의 백제산성은 백제 후기 사비도성과의 연계성을 인정하지 아니할 수 없다. 물론 부소산성을 우두성으로 비정하여 490년 축조된 것으로 이해한다든지 501년에 축조된 가림성을 지방 치소성으로 이해한다든지 사비도성의 외곽 방어체계와는 다른 것으로 일각에서는 볼 수 있지만, 이 역시도 웅진기의 신도 건설과 연관된다. 따라서 2장에서 살펴본 부소산성과 나성을 도성으로, 청마산성은 배후산성, 가림성과 석성산성은 도성 인접 거점방어성 등 사비도성의 방어체제에서 찾아 볼 수 있겠다.

이 성들은 부소산성과 같이 토성도 있지만, 대체로 석성으로 이루어져 있다. 석성의 경우는 모두 산사면에 빗대어 축조된 내탁식인데, 부여나성의 경우 평지를 성곽이 경유하여 협축으로 쌓은 부분도 있다. 성에 사용된 석재의 가공도는 그 석재 사용의 용도에 따라 차등적으로 사용되었음을 알 수 있었다.

즉, 판축식 토성에서의 경우 지형적으로 경사가 급한 구간에서 토축부의 유실 등을 방지하기 위해서인지 토축 끝부분에 잔 할석을 이용한 모습을 관찰할 수 있었다. 그리고 부여나성 중 동나성 평지구간에서 성내측부의 경사면에는 자연석에 가까운 석재를 토축부의 유실 방지를 위해 피복한 부분도 확인되었다. 석성산성의 경우에는 면석의 경우 외면을 반듯하게 절석한 가공석을 사용하긴 했지만 대체로 할석을 이용해 축조하였다. 그리고 모든 체성의 석축부 중 면석의 내측 뒷채움부(적심)은 절석된 할석을 사용하였다.

내탁식의 석축 성벽 중 면석에는 가공석을 사용하였다. 면석의 가공은 견치석, 장방형석 등으로 가공하였고, 외면의 경우 장방형으로 가공한 석재를 대부분 사용하였다. 이 장방형의 면은 정다듬을 한 석재가 대부분이다.

다음으로 부여지역의 석축성에 사용된 면석의 치석과 축조를 자세히 보면 아래와 같다.

성돌의 면석 면가공 정도는 할석을 사용한 부소산성과 석성산성이 있으며, 정다듬한 가림성, 부여나성, 청마산성이 있다. 여기에 잔다듬까지 한 비교적 정교한 가공석의 경우 부소산성의 치와 부여나성의 면석 일부에서 수기가 확인되었다. 할석의 경우 평면이 부정형이며, 면만 반듯한 편이며, 장방형 성돌은 정다듬하여 면이 가까이에서 보면 고르지 않지만 약간의 거리를 두면 비교적 잘 다듬은 석재로 볼 수 있다. 잔다듬한 가공석은 성벽의 제한된 부분에만 사용되고 있는데 두께, 길이 등이 규격에 맞게 제작되어 사용된 듯하다. 특히, 부여나성과 청마산성의 경우 문지 혹은 치

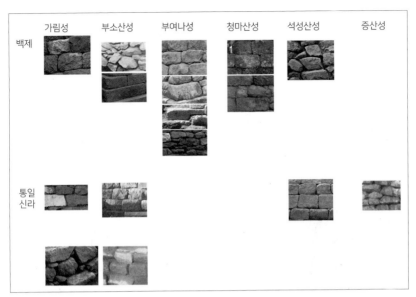

도 19. 면석 가공

의 경우 일반 성벽의 면석보다 치석의 정도가 정교한 상태임을 알 수 있다. 따라서 성돌의 면가공 정도는 축성의 방식에 따라 석재를 달리 사용하였음을 확인할 수 있다. 즉, 부소산성에서 보듯 할석과 잔다듬한 가공석을 함께 사용한 점을 보면, 필요 용도에 맞게 석재를 가능하여 사용하였음을 볼 수 있다.

한편, 부여나성 성벽의 면석에는 장방형의 적심석을 면석으로 사용한 예와 건물지 등에 사용했을 법한 잔다듬한 가공석이 정다듬한 장방형 성돌과 함께 구축된 곳이 다수 확인되고 있는데, 이는 성벽 보수시 장방형 성돌의 부족으로 인해 적심석과 다른 곳에서 사용한 가공석을 이용해 성벽을 재구축했기 때문으로 판단된다.

면석의 단면 가공형태는 정다듬한 석재는 90°로 각이진 형태인데, 장방형의 정다듬한 가공석은 하단보다 상단이 돌뿌리쪽으로 약간 기운 상태

① 부여나성 성외벽 구축(퇴물림쌓기)　　② 가림성 성외벽 구축

도 20. 면석 쌓기 단면

로 면 가공하는 특징이 있으며, 모서리부분을 둥글게 가공한 특징이 관찰된다. 이는 체성의 단면 축조와 연관된다.

　면석은 면의 뒷부분도 어느 정도 가공하여 사용한다. 일반적으로 견치석과 같이 종방향으로 길게 가공하는 것도 있지만 횡방향으로 길게 가공하는 석재도 다수 확인되었다.

　체성의 석재 구축을 보면, 외면의 경우 할석을 이용한 부소산성과 석성산성[19]의 경우 특별히 수평줄눈을 맞추어 쌓았다고 볼 수 없는 허튼층쌓

---

19)　외성의 면석 중 일부 줄눈의 흔적이 관찰되기도 하였으나 일부에 지나지 않았다 (백제고도문화재단, 2017, 『부여 석성산성Ⅰ -2015년 외성조사-』, 30쪽).

기로 구축되었다. 그러나 장방형의 가공석을 사용한 부여나성, 청마산성, 가림성 등의 경우 수평줄눈을 유지하여 축조된 양상이다.

체성의 면석 구축 단면은 현재 잔존된 상태로 보아 할석계 축조성과 장방형계 축조성 모두 7~80°의 경사도로 축조되었다. 이때 면석의 구축은 성 내부로 퇴물림쌓기하여 성벽의 경사도를 만드는 경우도 있고, 면석의 종단면을 사선으로 가공하여 퇴물림을 작게 해도 경사도를 유지할 수 있는 방식도 확인된다. 대표적인 사료로 보자면 전자의 경우는 부여나성이고, 후자는 가림성이다.

체성의 축조에 있어 면석과 적심석은 비교적 잘 조립되어 있다. 할석계의 석성산성을 비롯하여 장방형 가공석을 사용한 부여나성 등 적심석은 지우개와 비슷한 형태로 치석하여 평적하여 축조되어 있다. 면석의 경우 부여나성 등에서는 뒷뿌리가 긴 성돌을 평적한 후 그 위로 뒷뿌리가 짧은

도 21. 부여나성 면석과 적심석

것을 3단 이상 쌓고 다시 뒷뿌리가 긴 성돌을 올리면서 면을 조립하였다. 그리고 적심석과 면석 사이에는 잔 할석이 다른 곳에 비해 많은 편이다. 이와 같은 면석과 적심석 조립은 면석 붕괴시 적심석부는 잔존할 가능성이 높은 구조이다. 부여나성에서 면석은 대부분 유실되었지만 적심석은 비교적 높아 남아 있어 이를 잘 보여준다.

5. 맺음말

부여(사비도성)는 538년에서 660년까지 초자연계와 인간계를 매개하는 힘을 가지는 위정자의 도시로서 전근대적 도성(妹尾達彦 2014)이었다. 불가피했던 웅진천도와는 달리 사비로의 천도는 다분히 계획적인 천도여서 고대 동아시아의 도성에 맞는 구조로 구축되었다. 따라서 백제 사비도성 건설이란 구상은 웅진천도 직후부터 했을 것이다. 이를 구현하기 위해 백제의 최고위지도자는 대규모의 건설공사를 계획하고 실행에 옮겼고, 여기에는 전대와 연결되는 기술과 신기술의 도입을 통해 건설공사를 차질 없이 수행해 나갔을 것이다.

백제 사비기의 도성지인 부여군 일원에는 30여 개소의 성곽이 배치되어 있으며, 발굴조사 등이 이루어진 가림성, 부소산성, 부여나성, 청마산성, 석성산성, 증산성을 통해, 웅진기 도성의 서측 방비와 新都의 방어체계로 가림성 내성이 축조되고, 신도의 본격적인 건설로 부소산성 포곡식성, 부여나성, 청마산성과 석성산성의 외성이 구축됨과, 백제가 망하고 부여의 각 치소지에 가림성 내성, 부소산성 사자루성, 석성산성 추가성(2차성), 증산성이 축조되며, 9세기에 가림성 외성과 부소산성 영일루성, 석성산성 내성(3차성)이, 조선시대에 가림성 내성과 부소산성 군창지성, 석성산성 내성이 수축되어 사용됨을 알 수 있다. 이 중 백제시대의 성이 모두 사비도성의 구축과 연관되어 있음을 알 수 있다. 따라서 성곽의 구축에 있어 석재를 다루는 방식을 통해 그 당시의 기술력에 대한 단편을 볼 수 있었다.

사비도성의 성곽은 부소산성과 같이 판축토성도 있지만, 대체로 석성으로 이루어져 있다. 석성은 모두 내탁식이며, 면석에 사용된 석재의 가공도는 그 용도에 따라 차등적으로 사용되었다. 즉, 할석계 석재로 부소산성과 석성산성을 구축하였고, 모든 체성의 적심부 또한 할석을 사용하였다. 그런데 내탁식의 석축 성벽에는 장방형의 가공석을 대부분 사용하였다. 장방형의 가공석은 일반적으로 정다듬한 석재이다. 그리고 체성 중 주요 시설물로 판단되는 치와 문지 등의 경우 성돌의 가공도가 한층 높아 가구식기단의 부재와 가공도가 같은 잔다듬한 가공석을 사용하고 있다.

한편, 백제 사비기에만 사용되었던 부여나성의 보수성벽에서 잔다듬한 가공석이 간간히 확인되고 있는데, 이는 사비기에 비교적 가공도가 높은 석재가 일부 건축물에서는 일반적으로 사용되었음을 보여주는 것이 아닐까 한다.

이상 부여지역의 성곽 중 석축산성을 통해 사비기 성돌의 치석과 축조에 대해 살펴보았다. 하지만, 성곽에 사용된 석재의 치석과 축조에는 그에 맞는 단계까지만 석재를 가공하여 백제 석재 치석술의 전모를 확인할 수는 없었다. 다만, 사비기의 성곽의 면석 석재 중 정다듬하고 잔다듬한 석재를 통해 일반 건축물에는 면이 고르게 가공된 석재가 다수 사용되었을 가능성을 엿볼 수 있게 되었다.

참고문헌

손영식, 2009, 『한국의 성곽』, 주류성

심상육 외, 2014, 「부여나성 동나성 2문지 발굴조사의 의의」『백제문화』51, 공주
       대학교 백제문화연구소

심정보, 2000, 「백제 사비도성의 축조시기에 대하여」『사비도성과 백제의 성곽』,
       국립부여문화재연구소

조원창, 2003, 「百濟 熊津期 扶餘 龍井里 下層 寺院의 性格」『한국상고사학보』
       42

이도학, 2006, 「사비도성과 관련한 청마산성의 역사적 의미」『부여 청마산성 종
       합학술조사 보고서』

채미하, 2008, 「백제가림성고 -삼국사지 제사지 신라조의 명산대천제사를 중심
       으로-」『백제문화』39, 백제문화연구소

妹尾達彦, 2014, 「동아시아의 도성과 궁원 구조 -7~8세기를 중심으로」『고대
       동아세아 도성과 익산 왕궁성』, 국립부여문화재연구소

부여군·부여군문화재보존센터, 2008, 『부여군 산성문화재 지표조사(1차)보고
       서』

백제고도문화재단, 2015, 『부여 홍산현 관아Ⅱ』

-부소산성

국립부여문화재연구소, 1995, 『부소산성 발굴조사 중간보고서』

국립문화재연구소, 1996, 『부소산성 발굴조사보고서』

국립부여문화재연구소, 1997, 『부소산성Ⅱ 발굴조사 중간보고서』

국립부여문화재연구소, 1999, 『부소산성Ⅲ 발굴조사 중간보고서』

국립부여문화재연구소, 1999, 『부소산성 긴급발굴조사 보고서』

국립부여문화재연구소, 2000, 『부소산성Ⅳ 발굴조사 중간보고서』

국립부여문화재연구소, 2003, 『부소산성Ⅴ 발굴조사 중간보고서』

국립부여박물관, 2016, 『부소산』

-부여나성

국립부여박물관, 2003, 『부여나성』

충남대학교백제연구소, 2000, 『백제사비나성』

충남대학교백제연구소, 2000, 『백제사비나성Ⅱ』

충남대학교백제연구소, 2002, 『백제사비나성Ⅲ』

충남대학교백제연구소, 2003, 『사비나성』

충남대학교백제연구소, 2009, 『부여 석목리 나성유적』

부여군문화재보존센터, 2013, 『부여나성-북나성Ⅰ』

부여군문화재보존센터, 2013, 『부여나성-북나성Ⅱ』

백제고도문화재단, 2014, 『부여나성-북나성Ⅲ』

백제고도문화재단, 2015, 『부여나성-북나성Ⅳ』

백제고도문화재단, 2015, 『부여나성 동나성Ⅰ』

백제고도문화재단, 2015, 『부여나성 동나성Ⅱ』

백제고도문화재단, 2017, 『부여나성-북나성ⅤⅥ』

백제고도문화재단, 2017, 『부여나성-북나성Ⅶ』

-청마산성

한국전통문화학교 · 부여군, 2006, 『부여 청마산성 종합학술조사 보고서』

한창건축사사무소 · 부여군, 2016, 『부여 청마산성』

-가림성

충남발전연구원, 1996, 『성흥산성 문지발굴조사보고서』

부여군문화재보존센터, 2013, 『부여 성흥산성 성곽정비복원 사업(발굴) 성흥산
　　　　성Ⅱ』

백제고도문화재단, 2017.9, 『부여 가림성 5차 발굴조사 약보고서』

백제고도문화재단, 2017, 『부여 가림성Ⅰ -동성벽 노출조사-』

백제고도문화재단, 2018, 『부여 가림성Ⅱ -북성벽 조사-』

-석성산성

한국전통문화대학교 · 부여군, 2015, 『부여 석성산성 기초조사』

백제고도문화재단, 2017, 『부여 석성산성 Ⅰ -2015년 외성조사-』

백제고도문화재단, 2018, 『부여 석성산성 Ⅱ -2016년 내성 · 집수정조사-』

백제고도문화재단, 2017.6, 『부여 석성산성(3차 발굴조사) 약보고서』

백제고도문화재단, 2018.9, 『부여 석성산성 4차 발굴조사 약보고서』

-증산성

부여군문화재보존센터 · 부여군, 2008, 『부여 증산성 식생환경 및 현황조사 연구』

03

백제 사비기 횡혈식석실묘의 판석재 도입과 치석기술에 반영된 계층화

이현숙(공주대학교박물관 학예연구실장)

1. 머리말

일반적으로 고대무덤은 상장의례의 공간으로서의 의미이자, 현세에서의 지위와 권력을 내세에서도 이어가고자 했던 고대인의 정신세계 즉 '계세관념'을 반영한 것이라고 할 수 있다. 따라서 집단의 구성원이 참여한 가운데 진행되는 상장의례는 죽은 자를 추모하는 상징인 동시에, 정치·경제적 권력의 인계와 같은 사회적 기능을 수반하기 위해 살아있는 자의 권위를 과시하기 위한 기능과 의지가 함께 반영되어 있다고 할 수 있다. 이러한 과정에서 조영된 무덤에는 집단의 전통성 고수와 더불어 새로운 선진문화의 수용이 함께 나타난다는 특징이 있다.

삼국시대 각 국가별로 시기적 차이를 보이기는 하지만 지역별로 전통성을 강하게 유지하던 무덤이, 국가체제를 정립하는 단계에서는 모두 횡혈식석실묘를 수용하는 모습을 살필 수 있다. 이와같은 고대국가체제에서 새로운 고분의 수용은 단순히 고분의 구조만 변화하는 것으로 보기 어렵다. 즉 기존의 전통질서에 획기를 이룰만한 정치·사회적 변화를 기반으로 한다고 볼 수 있기 때문에, 고대사회를 이해하는데 있어서 고분이 갖는 의미는 매우 다양한 사회적 상황을 반영한다. 특히 횡혈식석실묘와 같은 동일한 묘제에 있어서 구조가 정형적으로 규격화되거나 축조재료의 획기적인 변화는, 무덤의 조영에 있어서 새로운 제도의 변화 혹은 계층화를 살필 수 있는 중요한 근거가 되기도 한다.

　백제의 웅진·사비기에 확인된 왕릉급의 위계를 보이는 고분군은 일정한 지역에 군집을 이루고 있고, 주변에 관련된 고분군이 분포되어 있는 점에서는 동일한 형상을 보인다. 즉 웅진기의 백제 고분은 송산리·웅진동의 왕릉·왕족묘역이 있고, 주변의 신기동·금학동고분군 일대에 중앙 유력세력의 묘역이 분포하는 모습을 살필 수 있다.[1] 이는 사비도읍기에 능산리고분군을 중심으로 하는 왕릉권역과 주변의 염창리를 포함한 도성 외곽에 중앙 유력세력의 묘역이 넓게 분포하는 모습과 서로 유사하다. 그리고 묘제는 횡혈식석실묘로 동일하지만, 축조재료와 구조에서 차이를 보인다. 즉 웅진기의 백제 고분은 할석을 이용하여 축조한 평면 방형의 궁륭상 횡혈식석실묘와 세장방형에 궁륭상, 터널식(아치식) 석실묘가 조영되는데, 사비기에는 판석재의 세장방형에 터널식(아치식)의 천장구조와 판석재를 이용하여 축조한 장방형평면에 단면육각의 고임식과 수평식 천장구조를 갖춘 석실묘로 변화한다는 점이다. 그리고, 장법도 추가장을 전제로 하는 합장에서 단장으로 변화한다.

　본고에서는 백제 웅진~사비기 묘제가 계기적 연속성을 유지한 상태에서 묘실의 구조와 축조재료, 그리고 장법에 있어서 단계적으로 변화하는 점에 주목하여,[2] 백제 횡혈식석실묘에 반영된 판석재의 도입과 치석기술을 검토하고자 한다. 이는 무덤의 조영에 집단의 전통성이 지속적으로 유

---

1)　이현숙, 2012, 「금강유역 한성기 백제 횡혈식석실묘의 축조환경」 『백제학보』 8, 백제학회.

2)　이남석, 1995, 『백제석실분 연구』, 학연문화사.

지되면서도 사회적 변화에 예민하게 반응하는 특성이 있다고 할 때, 무덤의 구조와 재료의 변화를 수반하는 기술 변화는 당시의 사회상을 이해하는데 중요한 고고학적 자료가 될 수 있을 것으로 보았기 때문이다. 따라서 사비기 횡혈식석실묘의 규모에서 보이는 규격화와 함께 대형의 치석된 판석재를 사용하면서 나타난 구조변화를 살펴, 판석재의 도입과 치석기술의 수용이 갖는 의미를 살펴보고자 한다.

2. 백제 웅진~사비도성 내 횡혈식석실묘의 전개

1) 백제 웅진과 사비도성의 지형과 고분군의 분포

일반적으로 백제의 사비천도는 웅진시대 정치·문화의 성장에 기반하여 이루어진 것이므로, 웅진의 문화가 사비문화의 기반이 되었음은 의심의 여지가 없다. 따라서 백제 왕도로서 웅진과 사비 모두 북에서 남서쪽으로 금강이 흐르고, 왕도 북쪽 끝부분의 금강에 맞닿아 공산성과 부소산성이 자리하는 점에서는 공통된 특징을 보인다. 그러나 웅진은 북쪽에 왕성인 공산성을 중심으로 주변이 산으로 둘러싸여 있어 자연적인 나성과 같은 지형구조를 갖추고 있다. 특히 공주시가지는 남북으로 긴 분지상의 좁은지형의 중앙에 자리하면서, 도시 내 생활구역과 매장구역은 자연지형에 의해서 구분된다. 반면에 사비(부여)는 동쪽에 산지가 발달되어 있으나 남쪽과 서쪽은 금강의 하상퇴적층에 해당하는 곳까지 약 4㎞ 내외로 넓게 트여있어, 비교적 평탄지형의 도시구조를 이루는 형상이다. 북쪽에 왕성인 부소산성을 중심으로 동쪽외곽에 나성이 시설되어 있으며, 고분과 같은 시설은 나성의 동쪽외곽이나, 금강 건너 북서쪽 외곽에 자리한다. 이와 같은 공주와 부여의 지형현황을 비교하여 정리하면 다음의 〈도 1, 표 1〉과 같다.

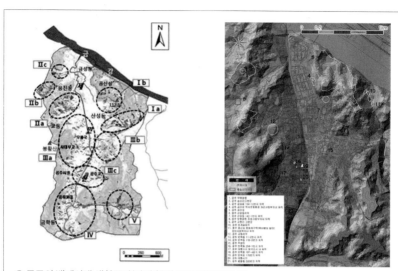

① 공주의 백제시대 생활공간(박지훈)과 고분분포(이현숙)

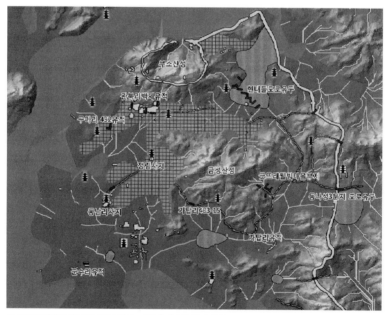

② 부여의 백제 사비기 도로와 도시체계 추정안(이성호, 2012)

도 1. 공주와 부여의 지형현황도

표 1. 공주와 부여의 지형비교 분석표

구분		공주(웅진)	부여(사비)
외곽	동	표고 150~200m 능선	표고 120~135m, 나성
	서	표고 150~250m 능선	표고 12~18m, 백마강
	남	표고 200~300m 능선	표고 7~10m, 백마강
	북	금강, 공산성	백마강, 부소산성
중앙		표고 18~31m, 제민천	표고 6~25m
		평지너비 남북 3.5km, 동서 0.8~1.5km*	평지너비 동-서, 남-북 4km 내외
특징		-북쪽의 공산성을 중심으로 남북으로 긴 분지상의 좁은 저지대 중앙에 도시형성 -도성외곽은 산능선에 의해 자연적인 외곽시설이 되어, 자연나성과 같음 -왕릉은 북서쪽 외곽에 위치 -왕도 동, 남, 서쪽에 중앙세력묘역 입지	-북쪽의 부소산성을 중심으로 남쪽의 평지상에 도시형성 -동쪽은 산능선을 따라 남북방향의 나성 -서남쪽은 금강에 맞닿은 저지대 -왕릉은 동남쪽 나성 바깥쪽에 위치 -왕도 남동외곽, 금강 서, 북쪽에 중앙세력묘역

*시가지의 평지너비는 계측기준에 따라서 차이가 있을 수 있다.

위의 표에서 알 수 있듯이 공주와 부여의 지형환경은 상당히 유사해 보이지만, 중심 생활공간을 형성하는데 있어서는 매우 다른 조건을 갖추고 있음을 살필 수 있다. 즉 시가지의 북쪽에 산성이 있고 북쪽에서 남서쪽으로 금강이 돌아나가는 지형조건은 유사하나, 왕도 내 활용할 수 있는 지형조건은 매우 판이하게 다르다. 공주가 분지상의 안정적이고 폐쇄적인 지형에 해당하는 반면, 사비는 넓게 트여 개방적인 지형에 해당하는 곳으로 크게 구분된다. 이는 역사적으로 백제의 웅진천도(475)와 사비천도(538)의 원인이 달랐던 것과 같이, 왕도의 형성과정도 차이가 있다. 즉 웅진은 급작스러운 천도에 기반하여 도시구조가 형성되면서, 방어적이고 안정적인 도시환경이 필요한 상황에서 선택된 곳이었다면, 사비도성은 웅진에서 성장한 국가체제를 기반으로 계획적인 천도지 선정목적에 따라 선택한 곳이라는 점이다. 따라서 웅진과 사비도성은 도시의 구조가 확연히 다른 조건에서 선택되었음을 살필 수 있다.

이러한 도시구조의 특징은 고분군의 분포와 같은 도시 구성을 이루는 경관에 있어서도 큰 차이를 보인다. 즉 공주에 자리한 웅진의 경우 남북으로 길고 좁은 분지상의 지형을 이루고 있으나 나성은 없으며, 왕도의 북서쪽에 송산리·웅진동고분군을 포함한 왕족묘역이 있고, 왕도를 둘러싼 금학동, 신기동 일대의 외곽에 중앙의 유력세력묘역이 자리하는 모습을 보인다.〈도 1〉 이와같이 자연지형에 기반하여 왕족묘역과 중앙의 유력세력묘역이 구분된 모습은 한성기의 고분분포와 동일한 모습이다.[3] 반면에 사비기의 고분분포는 京外埋葬 개념의 존재 가능성을 바탕으로[4] 사비왕도를 둘러싼 나성과 백마강의 바깥쪽에 분포한다. 즉 왕도 동남쪽의 나성 바깥쪽에 능산리고분군을 포함한 왕족묘역이 있고, 인접한 곳에 염창리고분군, 그리고 금강 북쪽에 합정리, 호암리고분군, 오수리고분군, 북서쪽의 나복리고분군, 남쪽의 정암리고분군에 이르기까지 왕도 외곽으로 넓게 확장된 지역에도 고분군이 분포한다. 사비기에는 넓은 범위에 걸쳐 고분이 분포하는데, 고분군의 규모와 군집정도 등에 있어서 차이를 보인다.

2) 웅진~사비기 횡혈식석실묘의 전개특징

백제의 묘제는 한성기에 적석총과 연접식 적석묘, 즙석봉토분, 목관묘, 석곽묘 등의 다양한 묘제에서 횡혈식 석실묘로 변화하는 모습으로 특징지을 수 있는데, 오랫동안 중앙과 지방이라는 이원적 구조속에서 전개되었던 백제 중앙의 묘제가 횡혈식 석실묘의 사용과 더불어 단일 유형의 묘제로 일원화되는 특징을 보인다.[5] 일반적으로 한성기 횡혈식석실묘가 조

---

3)   이현숙, 2012, 앞의 논문.

4)   山本孝文, 2005, 「백제 사비도성의 관료와 거주공간」 『고대 도시와 왕권』, 충남대학교백제연구소, 107~113쪽.

5)   이남석, 1992, 「백제 초기 횡혈식 석실분과 그 연원」 『선사와 고대』 3, 한국고대학회.

영되는 단계의 한강유역 백제 고분은 한성 중앙의 횡혈식석실묘 유적권과 외곽의 지방에 재지묘제속에 간헐적으로 분포하는 횡혈식석실묘의 존재로 구분할 수 있다.[6] 특히 지방사회에서 확인되는 한성기 횡혈식석실묘의 평면은 대부분 방형·장방형계통 구조가 많은데, 이는 지방사회에서 인지하고 수용한 한성의 횡혈식석실묘 조형이 가락동·방이동 일대의 방형·장방형 평면구조의 횡혈식석실묘와 관련이 매우 높은 것으로 볼 수 있는 적극적인 자료이기도 하다. 특히 한성백제 중앙인 석촌동고분군과 몽촌토성 사이의 방이동·가락동 고분군 내에서는 방형과 장방형의 석실묘가 집중되어 있는 반면에, 한성에 인접한 외곽의 하남 감일동, 판교 등지에서는 장방형 평면에 우편재의 연도로 정형화된 모습의 석실묘가 분포하는 특징을 주목할 필요가 있다.[7] 이는 백제 중앙 왕실의 횡혈식석실묘와 중앙세력 횡혈식석실묘 구조상의 차이를 살필 수 있는 것이다. 최근 판교와 하남 감일동고분군에 대하여 중국계 관인의 존재를 추론하기도 한다.[8]

이 왕릉묘역과 중앙 유력세력의 묘역이 구분되는 모습은 웅진으로 천도한 이후 왕도 내의 고분 분포상에서도 확인된다. 즉 웅진기 백제 중앙에는 송산리 왕릉묘역과 인접한 웅진동 고분군이 중심을 이루는데, 이들 묘역에서 확인된 묘제는 주로 가락동·방이동고분군에서 확인된 유형과 동일하다. 이와 더불어 웅진 왕도주변에서 확인되는 중앙 유력세력의 묘제는 왕도 남동쪽과 서남쪽의 금학동, 신기동, 그리고 동쪽의 보통골 등으로 크게 구분된다. 중앙세력 내에서 집단별로 고분된 묘역으로 이해할 수 있다. 이러한 모습은 한성기의 고분분포와 비교 가능한 것으로, 한성기 백

---

6) 이현숙, 2013, 「한성지역 백제 횡혈식석실묘연구 −서울 방이동·가락동 석실묘를 중심으로」『백제학보』10, 백제학회.

7) 이현숙, 2013, 앞의 논문, 66쪽.

8) 권오영, 2019, 한겨레신문 칼럼.

① 하남 감일동 1-3-17호 북벽　② 송산리 4호 북서벽

도 2. 한성~웅진기 횡혈식석실묘 축조 석재와 축석기법

① 금학동 1호분 북벽('89)

③ 하남 감일동 2-5지점　② 금학동 25호 단면

도 3. 웅진기 백제 횡혈식석실묘 축조석재와 축석기법

제 중앙에서 사용된 묘역조성의 전통과 묘제가 웅진으로 이전되어 왔음을 살필 수 있다. 더불어 묘제의 구조와 재료, 수용주체의 특징도 한성기와 동일하게 유지하고 있음을 살필 수 있다.〈도 2~3〉

웅진천도 이후에는 중앙과 지방사회의 묘제가 중앙의 횡혈식석실묘로 일원화되어 단계적인 형식변화를 보이는데, 이는 백제 지방통치체제의 변화상을 살필 수 있는 자료가 되기도 한다. 일반적으로 횡혈식석실묘의 천장구조는 궁륭식에서 터널식(아치식)으로, 이후 고임식과 수평식의 평천장으로 변화된다. 특히 터널식(아치식)의 등장은 한성기 방형과 장방형의 묘실평면에 궁륭식의 천정구조를 갖춘 횡혈식 석실묘에서 웅진기 무령왕릉으로 대표되는 남조 전실묘제의 영향에서 비롯된 것이다. 즉 백제 횡혈식 석실묘의 변화는 묘실의 구조에 있어서 네벽 모서리나 단벽을 줄여서 만드는 궁륭상 천장에서, 양쪽 장벽을 곡면으로 줄여서 만드는 터널식(아치식)의 천장으로 변화하면서, 묘실의 평면이 장방형에 중앙연도를 갖춘 형태로 구조적 변화가 이루어진다. 이후 사비도읍기에 이르러서는 단면육각형에 고임식의 평천장을 갖춘 사비기 횡혈식석실묘로 변화된 후, 수평식의 평천장을 갖춘 單葬형식의 횡구식 석실묘로 변화되고 백제멸망기까지 사용된다.[9]

따라서 웅진~사비기 백제 중앙의 묘제변화를 객관적으로 검토할 수 있는 대표적인 유적으로, 웅진기의 송산리·웅진동고분군과 금학동고분군, 사비기의 능산리·능안골 고분군과 염창리고분군을 주목할 수 있다. 이들 유적은 모두 웅진·사비기 도성에 집중되어 있는 중앙의 묘역으로 판단되는 자료로, 백제 고분문화의 전개상을 살필 수 있는 구체적인 자료가 될 수 있을 것이다. 앞에서 살펴본 바와 같이 공주 송산리고분군과 부여 능산리고분군은 각각 왕릉군으로써 알려진 유적으로, 웅진기 왕릉이 확실한

---

9) 이남석, 1995,『백제석실분 연구』, 학연문화사.

무령왕릉의 터널식(아치식) 단면구조와 형태적으로 가장 유사한 능산리 중 하충이 능산리고분군 내에서 가장 이른시기로 편년되는 등, 웅진~사비기 고분 구조의 연속성을 살필 수 있다.

일반적으로 웅진기 백제 왕릉군은 공주 송산리고분군을, 그리고 사비 기 백제 왕릉군은 부여 능산리고분군을 주목한다. 공주 송산리고분군 내 에서 조사된 고분의 수는 29호 석실묘의 존재로 미루어 볼 때 29기 이상 이 될 것으로 판단되나, 현재까지 알려진 고분은 횡혈식 석실묘 6기, 석곽 묘 2기, 전실묘 2기로 모두 10여 기에 해당한다. 그리고 지형상 서남쪽으 로 연결되는 웅진동 일대에서 조사된 백제시대 석실묘는 30기 내외로 매 우 집중되어 있다.

부여 능산리고분군은 일제강점기 이래 발굴조사된 중앙고분군(8기)을 중심으로 동고분군(5기)과 서고분군(4기)에서 조사된 내용을 종합하면 모 두 17기가 집중되어 있다. 이 가운데 중앙에 위치한 고분군이 규모나 치 석된 석재 등으로 볼 때 상대적인 위계가 높은 것으로 평가되고 있다.[10] 그리고, 고분군의 동쪽으로 능산리 능안골고분군에서 약 60여 기 이상의 고분군이 확인되었다.[11]

그러나 웅진기 백제왕은 文周, 三斤, 東城, 武寧, 聖王인데, 이 가운데 성왕은 538년 사비천도를 단행하면서 기반을 부여로 옮겼기 때문에 왕릉 의 조영은 부여에서 찾을 수 있으므로 4명의 왕릉이 있었을 것이다. 사비 기의 왕도 성왕, 위덕왕, 혜왕, 법왕, 무왕, 의자왕이 있는데, 의자왕은 당 에서 사망하였으므로 사비에 왕릉이 조영되지 못하였으며, 무왕릉도 익산 의 쌍릉으로 비정되고 있기 때문에[12] 능산리고분군 일대에서 추정할 수

---

10) 이남석, 2000, 「능산리 고분관과 백제왕릉」『백제문화』 29, 공주대학교 백제문화 연구소.

11) 부여문화재연구소, 1998, 『능산리』.

12) ① 崔完奎, 1986, 「(二)古墳·陶窯址」『馬韓, 百濟文化』 1, 원광대학교마한백제문

있는 왕릉의 경우도 성왕과 위덕왕, 혜왕, 법왕 4명의 왕릉이다.

요컨대 웅진~사비기의 백제 왕릉군으로 알려진 송산리고분군과 능산리고분군에서는 당시 재위한 왕의 수보다 훨씬 많은 수의 무덤이 확인되고 있다. 특히 백제 횡혈식석실묘의 장제적 특성상 합장과 추가장을 전제하는 多葬의 성격이 있는 점을 감안할 때, 왕릉 내 무덤의 수가 상당히 많다는 점을 주목할 수 있다. 이는 무덤을 조영함에 있어서 왕과 왕비 단독 무덤군이 아니라, 왕족 家系의 무덤이 함께 조영되는 묘역이었음을 살필 수 있는 중요한 자료이기도 하다.

따라서 웅진~사비기 왕릉군은 단순히 왕과 관련된 왕릉만 인식할 것이 아니라 왕계별 묘역이 조영되었을 가능성을 검토할 필요가 있다. 즉 웅진기 문주·삼근—동성—무령, 사비기 성왕·위덕왕—법왕·혜왕—우왕으로 구분되는 왕계가 각각 구릉을 달리하여 묘역을 조성했을 가능성이 매우 높다. 이는 최근 송산리고분군 내 1~4호가 있는 동쪽 구릉과 서쪽의 무령왕릉 묘역, 그리고 능산리 중앙고분군과 동·서 고분군, 능안골고분군 일대를 주목할 필요가 있다. 그러나 왕릉의 피장자 비정에 대해서는 신중을 요한다.

이와 같이 무덤이 집중되어 있는 것은 왕릉의 묘역에만 해당되는 것이 아니라, 왕도 주변의 묘역에서도 확인되는 것이므로, 가계별 묘역의 조성은 백제 무덤조영의 일반적 특징으로 정리될 수 있다. 따라서 무덤 분포 양상과 구조, 규모, 부장품 등을 통하여 집단 내 위계와 집단간의 계층성

화연구소.

② 최완규, 2001, 「익산지역의 백제고분과 무왕릉」 『마한 백제문화』 15, 원광대학교마한백제문화연구소.

③ 이남석, 2001, 「백제고분과 익산쌍릉」 『마한 백제문화』 15, 원광대학교마한백제문화연구소.

④ 김낙중, 2014, 「묘제와 목관을 통해 본 익산쌍릉의 의미」 『문화재』 47-1.

을 살필 수 있을 것으로 판단된다. 이에 웅진~사비기 왕도 내의 대표적인 유적군으로, 웅진의 송산리·금학동고분군과 사비의 능산리·염창리고분군을 대상으로 조사된 고분의 특징을 정리하면 다음의 〈표 2〉와 같다.

표 2. 웅진·사비기 왕릉과 중앙묘제의 현황

구분		웅진기		사비기	
		송산리·웅진동	금학동	능산리·능안골	염창리
형식		횡혈식	횡혈식	횡혈식, 횡구식	횡혈식, 횡구식
묘실평면		방형, 장방형	장방형	장방형	장방형
규모	묘광	지하식, 반지하식	지하식, 반지하식	지하식	지하식, 반지하식
	묘실	송산리 340*270 내외 (1.1~1.3 : 1) 전실묘 1.5~1.8:1 웅진동 275*190 내외 (1.1~1.4 : 1)	금학동 299*140 내외 (1.7~2.1 : 1)	능산리 327*152 내외 (1.5~2.2 : 1) 능산리 동고분 300*110 내외 (1.7~2.4 : 1) 능안골 255*125 내외 (2.0~2.3 : 1)	염창리 260*100 내외 (1.8~2.2 : 1)
면적(㎡)		송산리: 9~12 웅진동: 4.7~7.6	2.2~4.7	능산리: 5~6.2 능안골: 3~3.7	2.3~5.4
연도		우편재, 중앙	우편재	중앙→우편재 →중앙	중앙→우편재 →중앙
묘도길이		短→長	短	長	短
묘실단면 (천장구조)		궁륭상, 터널식(아치식)	궁륭상 (단벽조임)	터널식(아치식) 고임식(단면육각) 수평식(평천장)[13]	터널식(아치식) 고임식(단면육각) 수평식(평천장)
입구		우편재→중앙	우편재	중앙→우편재 →중앙	우편재→중앙
봉분		저분구	저분구	저분구	저분구
사용석재		할석, 전	할석 판석+할석(13호)	판석, 할석 치석된 판석	판석, 할석 치석된 판석
장법		합장	합장	합장→단장	합장→단장 이혈합장

〈표 2〉에서 정리된 바를 살펴보면 웅진기와 사비기 묘제는 횡혈식석
실묘 축조 전통이 연속되며, 왕릉군과 중앙의 유력세력 묘역으로 구분되
는 입지의 구분, 그리고 중앙연도와 터널식(아치식) 천장의 석실묘가 웅진
기에서 사비기 초반까지도 나타난다. 사비천도 이후 터널식(아치식) 천장
구조가 고임식의 평천장으로 변화하고, 연도의 위치가 우편재에서 중앙
으로, 묘실평면은 장방형화되고, 고분축조 석재는 판석재가 사용되며, 묘
실 위치의 지하화 정도가 크게 주목된다. 특히 묘실의 단면은 웅진기 궁
륭상 천장에서 무령왕릉을 비롯한 전실묘 축조이후 터널식(아치식)으로 변
화하고, 이러한 모습은 사비천도 이후 능산리 중하총, 능산리 능안골 3호,
염창리Ⅱ-19호·49호 등에서 터널식(아치식)의 구조를 보이다가, 이후 고
임식(단면육각)과 수평식(평천장)으로 변화하는 과정을 살필 수 있다. 즉 사
비기 횡혈식석실묘의 형식은 웅진기 석실묘의 기술속성이 그대로 연결되
는 모습을 보이나, 후기에 이르러서 횡구식으로 변화하면서 점차 단장으
로 변화하는 모습과 함께 검토할 수 있다.[14] 그리고 사비기 후기의 장법
은 각각의 석실묘에 단장을 하되, 능안골 43·44호, 염창리 Ⅲ-13·14호,
Ⅳ-19호, Ⅳ-20·21호는 이혈합장의 형태도 확인된다.

　요컨대 웅진기 횡혈식석실묘의 구조가 궁륭상에서 터널식(아치식)으로
변화하는 것은 무령왕릉으로 대표되는 남조의 묘제가 유입되면서 나타나
는 큰 변화이다. 터널식(아치식)의 천장구조는 궁륭상의 천장구조를 축조
하는 것에 비하여 기술적으로 매우 안정적인 기법이며, 이는 백제 중앙에
서 사용된 묘실의 평면이 방형에서 장방형으로 변화하는 구조적 기반이
되었다. 그리고 사비천도 이후 고분 축조재료가 할석에서 판석으로 변화
하면서 천장의 구조가 단면육각 고임의 평천장으로 조성되고, 연도의 위

---

13)　조원창, 2015, 「연화문으로 본 능산리 동하총의 편년」 『백제문화』 53, 공주대학교
　　　백제문화연구소.
14)　이남석, 1995, 『백제석실분의 연구』, 학연문화사.

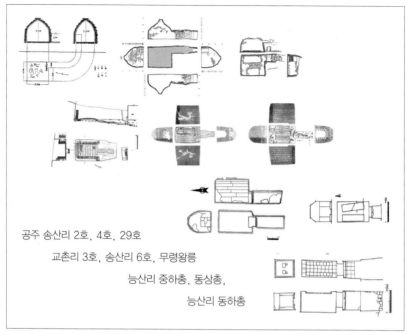

공주 송산리 2호, 4호, 29호

교촌리 3호, 송산리 6호, 무령왕릉

능산리 중하총, 동상총,

능산리 동하총

도 4. 웅진~사비기 석실묘 유형 변천도

표 3. 웅진~사비기 고분구조의 변화

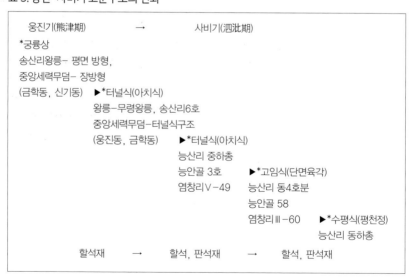

치도 터널식 이후부터 중앙식과 우편재가 병행하게 되었다.[15] 이와같은 고분구조의 변화 내용을 정리하면 다음의 〈도 4, 표 3〉과 같다.

즉 백제 웅진기에서 사비기 묘제로의 변화는 구조상 천장의 형태와 축조재료의 변화와 더불어 장제의 변화까지 동반되는 모습을 살필 수 있다. 이는 웅진천도 당시에는 한성기의 석실묘 전통이 그대로 유지되었던 것과는 달리, 사비천도 이후에는 축조재료의 변화와 더불어 장제를 비롯한 고분구조의 변화가 이루어짐을 알 수 있다. 일반적으로 묘제가 사회구조의 변화와 밀접한 관련이 있다는 것을 감안할 때,[16] 사비기 횡혈식석실묘의 구조와 더불어 고분축조에 사용된 석재와 가공법의 변화는 피장자의 신분과 지위를 나타내는 자료일 뿐만 아니라, 사회구조의 변화를 살피는 중요한 자료로서 검토할 수 있을 것으로 판단된다.

3. 백제 사비기 횡혈식석실묘 축조기술의 변화

묘제의 전통은 기존의 형식과 제도를 준수하는 예제에 기초하여 당대의 사회의식과 기술전통을 반영한 상태에서 연속성을 갖고 축조되었기 때문에, 무덤구조나 구성의 차별화를 통하여 피장자의 신분과 지위를 표현하는 수단으로도 사용되었을 것이다. 특히 백제 사비기 횡혈식석실묘는 규모나 구조에 있어서 다른 시기보다 고분의 규격화가 구체화되는 모습을 보이고 있어, 고분군 내 계층적 위계를 상호 비교할 수 있다는 특징이 있다.[17]

---

15) 이남석, 2002, 「횡혈식 석실분 수용양상」『백제묘제의 연구』, 서경.

16) 이남석, 2008, 「백제의 관모·관식과 지방통치체제」『한국사학보』33.

17) 山本孝文, 2006, 「泗沘期 石室의 基礎編年과 埋葬構造」『百濟研究』43, 충남대학교백제연구소.

사비기에 조사된 고분군은 왕도 동남쪽의 나성 바깥쪽에 부여 능산리 고분군을 포함한 왕족묘역이 있고,[18] 인접한 곳에 염창리고분군, 그리고 금강 북쪽에 합정리, 호암리고분군, 오수리고분군, 북서쪽의 나복리고분군, 남쪽의 정암리고분군 등에 이르기까지 왕도 외곽으로 넓게 확장된 지역에도 고분군이 분포한다. 따라서 사비기에는 도성을 중심으로 주변의 넓은 범위에 걸쳐 고분이 분포하는데, 고분군의 규모와 군집정도 등을 기준으로 성격을 분류할 수 있을 것으로 판단된다. 따라서 이 장에서는 사비기의 석실묘 중에 왕족의 묘역과 중앙세력의 묘역임이 확실한 능산리고분군과 능안골고분군, 그리고 염창리고분군을 중심으로 사비기 횡혈식석실묘의 규모와 구조, 장법의 변화상에 나타나는 판석재의 도입과 축조기술의 상관성을 살펴보고자 한다.

1) 구조와 규모의 규격화

일반적으로 백제 횡혈식석실묘는 입구를 통하여 무덤방에 매장하는 방법은 동일하며, 묘실평면이 방형과 세장방형에서 모두 장방형으로 정형화된다. 천장의 구조는 궁륭식에서 터널식(아치식) → 고임식(단면육각) → 수평식(평천장)으로 변화하고, 우편재의 연도가 중앙연도로 변화하는 모습을 보인다.[19] 특히 웅진기에는 무령왕릉의 전실묘 축조이후 궁륭식에서 터널식(아치식)으로 천장구조와 묘실평면의 변화가 이루어진 반면에, 사비기에는 능산리 중하총 축조에 판석재가 사용되면서 큰 변화의 모습을 살필수 있다.〈도 5〉

---

18) ① 강인구, 1977, 『백제고분연구』, 일지사.
   ② 이남석, 2000, 「능산리고분군과 백제왕릉」 『백제문화』 29, 공주대학교 백제문화연구소.
19) 이남석, 1995, 앞의 책.

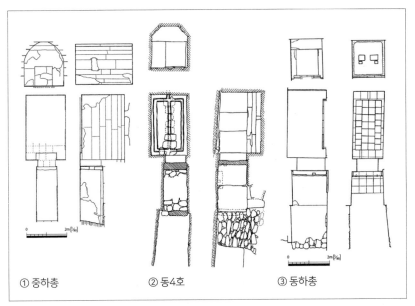

① 중하총   ② 동4호   ③ 동하총

도 5. 부여 능산리고분군

　횡혈식석실묘의 구조는 묘실(현실)과 현문, 연도, 연문, 묘도로 크게 구
분할 수 있다.[20) 묘실과 연도는 횡혈식석실묘를 조영하는데 기본시설로,
묘실평면 장방형에 중앙연도를 갖춘 형태가 일반적이다. 墓道는 연도에
진입하는 시설로서 석축된 것과 굴광만 한 것으로 구분되는데, 지형경사
로 장축을 두는 석실묘에서는 지하에 깊게 묘광을 굴광한 경우에 남아있
으나, 경사가 급한 지형의 경우 묘도의 형상을 확인하기 어려운 경우가 많
다. 웅진기에는 무령왕릉과 송산리 6호, 교촌리 3호 전실묘에서 길게 시
설된 배수로와 함께 20m 내외의 묘도가 확인되었으며, 웅진동 79-11호,
12호, 17호, 23호, 05-3호 등에서 200~300cm 내외의 짧은 묘도가 확
인되었다. 사비기에는 능산리 중앙고분과 동고분 3, 4호와 능안골 고분,

---

20) 부여군, 2017, 『부여 능산리고분군의 조사 기록화사업』.

그리고 익산 쌍릉 등에서도 묘도가 확인된다. 묘도는 묘실의 규모와도 대응하는 것으로 보아 석실묘 조영과도 관련이 있지만, 매장을 위한 장송의 례와도 관련이 있다고 볼 때 묘도의 존재도 위계를 반영하는 요소 중 하나일 수 있을 것으로 판단된다.

연도는 무덤의 입구에서 묘실에 이르는 길을 의미하는 것으로, 길이는 짧은 것과 긴 것이 모두 확인된다. 능산리고분군 내 중앙고분의 경우 아래쪽에 해당하는 중하총과 동하총의 연도 길이는 긴편이지만, 상단에 위치한 중상총과 동상총은 비교적 짧은 편이다. 이는 동일한 墓域 내에 군집을 이루어 순차적으로 조영되는 고분군의 특징상 나타나는 모습으로 판단된다.

연문은 연도부를 막는 시설로, 웅진기에 무령왕릉과 송산리 6호 전실묘에서 羨門의 존재를 살필 수 있다. 석실묘에서 확인되는 연문의 존재는 부여 능산리고분군과 익산쌍릉이 있으며, 연도부가 한단 좁아진 형태로 표현된 것으로는 나주 복암리고분군 등지에서도 확인된다. 능산리고분군 내 연문의 경우 연도 입구에 판석재를 세워서 막거나, 작은 방형의 판석이나 할석재를 눕혀 쌓아서 막았다.

玄門은 연도에서 묘실에 들어가는 입구를 막는 시설로, 웅진기에는 별도의 시설 없이 묘실과 연도사이의 연결부위에 雜石을 쌓아서 막는데 사비기에는 문미석과 문주석, 문지방석을 시설하는 문틀식의 형태로 확인된다. 즉 현문은 사비기 석실묘에서 주목되는 시설로서, 입구 중앙에 한단 축약된 형태로 문틀시설을 구성한다. 일반적으로 건축에 있어서 문은 신분과 지위를 상징하고, 문 위의 장식까지도 건축의 등급과 직접적으로 관계가 있다. 따라서 묘실 입구에 문틀시설이 만들어지는 것은 명확한 예제에 기초한 사회적 등급질서와 관계가 있을 가능성을 살필 수 있다. 기존 할석재로 축조된 횡혈식석실묘에도 출입구로서의 입구는 있었으나, 판석조의 석실묘에서는 문틀과 같은 구체적으로 시설된 문을 통하여 영역을 분리하는 상징적 공간의 경계로서의 의미가 강조된 것으로서 구분되는 특

① Ⅳ-8호   ② Ⅱ-11호

도 6. 염창리고분군 내 입구 폐쇄석 상태

징이다.〈도 6〉

　요컨대 연문과 현문의 구조는 웅진기와 사비기 무덤을 구분하는 중요한 지표이다. 즉 현문과 연문은 사비기에 판석재를 이용하여 축조한 석실묘에서 주로 확인되는 특징적인 구조로서, 시기적 변화상을 파악하는 중요한 지표가 된다.

　묘실을 축조하는 석재의 차이에 따라 묘광의 구조와 규모의 변화모습을 함께 살필 수 있다. 일반적으로 석실묘의 축조는 묘광의 굴광→배수시설→후벽, 양측면의 장벽→전벽→천정의 순으로 축조하는데, 필요한 경우에는 벽면 석축의 순서가 서로 달라질 수 있다. 따라서 묘광의 굴광과 석축 사이의 충진토 보강, 그리고 현실의 축조순서를 중심으로 살펴 무덤축조에 사용된 석재와 축조기술의 상관성을 살펴볼 수 있다.

　묘광을 파는 것은 무덤을 조영할 때 가장 1차적으로 이루어지는 행위로, 묘실의 크기에 의해서 묘광의 크기도 정해진다. 풍화암반층을 굴광 하는 경우가 일반적이나 부분적으로 암반면을 이용하기도 한다. 능선의 경사면을 'L'자상으로 수직에 가깝게 굴광하는데 현실의 하단부는 석재와 묘광과의 간격이 좁고, 천장부가 좁혀지는 상단으로 올라갈수록 석재와 묘광의 간격이 넓어진다. 묘광과 묘실 석축 사이의 너비는 할석재로 축조하는 웅진기나 판석재를 이용하는 사비기 모두 묘실 석축 외곽으로 성토다짐을 하면서 약 20cm 내외의 너비가 확인되지만, 사비기 석실묘의 경우 대형판석재로 축조한 석실묘의 석축 바깥쪽의 공간이 거의 없이 묘광에 맞닿는 경우가 있다.

이와같이 묘광과 묘실 축조에 사용된 석재의 간격을 좁게 하는 것은 석재의 유동을 최소화하기 위한 것으로 볼 수 있다. 묘광과 석축 사이의 충진은 묘실 석축과 함께 이루어진다. 즉 작은 할석재의 경우 석축과정에서 뒷채움토를 지속적으로 성토다짐하면서 보강하지만, 판석재를 이용하여 벽석을 축조하는 경우에는 바닥에 약간의 홈을 파서 촉을 박듯이 벽석을 세운 후 판석재의 돌꽁무늬를 거칠게 치석하여 묘광에 직접 닿게 함으로써 지지력을 강화하는 방법으로 구조적 안정성을 도모하기도 한다. 석재와 묘광 사이의 공간은 사질토와 점질토를 교차로 성토다짐하면서 보강하는데, 5~10cm 내외의 너비로 다짐층이 확인된다. 능산리나 능안골과

도 7. 묘광의 굴광과 뒷채움 보강(부여 염창리고분군과 공주 교촌리 전축묘)

같이 지하식으로 깊게 조성한 경우는 수평성토와 다짐층이 함께 확인되는데, 염창리고분군과 같이 일부 개석이 지면까지 올라오는 경우 낮은 봉토와 함께 외곽에서 봉분 안쪽으로 축소하면서 성토하여 보강하는 모습이 확인된다. 〈도 7〉

일반적으로 사비기 석실묘는 능산리 중하총, 능산리 능안골 3호, 염창리Ⅱ-19호·49호 등에서 터널식(아치식)의 구조를 보이지만, 대부분 고임식(단면육각)과 수평식(평천장)으로 변화한다. 특히 사비기 석실묘는 백제후기형 석실로 불리는 치석된 판석재의 단면육각 구조를 이루는 고임식의 석실묘가 중심을 이루는데, 부여지역과 주변의 백제의 전 영역에 널리 분포하고 있다. 고분의 규모는 현실의 길이 250cm, 폭 125cm 안팎으로 길이와 폭의 비율이 2:1 내외로 규격화되는 모습이 일반화되는 것으로 정리되었다.[21]

이와 같은 규격화는 능산리 능안골과 염창리고분군 등을 포함하는 중앙 유력세력 중심의 무덤에는 비교적 잘 적용된다. 다만 왕릉군으로 알려진 능산리고분군은 길이 327~300cm, 폭 152~110cm 내외의 큰 규모로 차별화되어 구분된다. 즉 능산리 왕릉군은 묘실 길이와 폭의 비율이 2:1 내외의 장방형이지만 규모가 크다. 그리고 능산리고분군 내 중앙과 동서에서 확인된 17기의 석실묘는 모두 치석된 판석재를 이용하여 축조한 것으로, 할석재를 사용한 주변의 고분과는 석재에서 구분된다. 특히 대형의 치석된 판석재로 축조한 무덤의 경우 묘광을 지하 깊숙이 굴광하고 축조하는 모습을 살필 수 있다.

기존 연구된 성과는 사비기 석실묘의 구조변화를 잘 분석한 것이므로 山本孝文의 연구성과를 정리하면 다음과 같다.[22] 즉 시비기석실 구조 분

---

21) 山本孝文, 2006, 『삼국시대 율령의 고고학적 연구』, 서경, 104쪽.
22) 山本孝文, 2006, 「泗沘期 石室의 基礎編年과 埋葬構造」『百濟研究』 43, 충남대학교백제연구소.

류는 Ⅰ~Ⅲ유형으로 구분되는데, Ⅰ유형은 사비천도를 전후하여 가장 이른 시기부터 조영되기 시작한 것으로, 현문부분의 경계시설 없이 비교적 긴 우편재 연도를 갖춘 형태이다. 일반적으로 웅진기 석실의 형태인 단면 터널형의 구조가 대부분이고, 사용된 석재도 할석이 대부분이며 부분적으로 북단벽의 최하단에 큰 괴석이나 판석재를 사용한 것이 있다. 염창리유적에서는 고분군의 조영이 시작되는 단계에 축조된 이른 단계의 고분군 유형으로 분류되고 있다.23) Ⅱ유형은 가장 전형적인 사비기 석실묘로, 연도와 현실의 경계를 확실히 알 수 있는 문틀시설이 있으며, 사용석재는 할석, 판석, 괴석 등 다양하지만, '陵山里 規格'으로 정형화된 단계에 해당한다.24) Ⅲ유형은 길이에 비해 폭이 좁아져 현실폭과 연도폭이 동일한 것으로, 단면도 육각형의 고임식에서 점차 편천장으로 변화하는 모습이 확인된다. 특히 문틀시설이 있는 것과 없는 것으로 구분되는데, 이후 횡구식석실로의 변화상도 함께 확인된다.

이와같이 사비기 횡혈식석실묘 구조의 변화의 특징은 고분축조 재료가 할석재에서 판석재로 변화된 것에서, 다시 판석재와 할석재를 사용하면서 묘실의 규모도 점차 작아진다는 점이다. 즉 웅진기의 전통이 반영된 터널식(아치식)의 천장을 갖춘 석실묘에서 고임식(단면육각)의 천장구조에서 다시 평천장구조를 갖춘 석실묘로 단계적인 변화를 보이면서, 장법도 합장을 기본으로 하던 단계에서 단장의 형태로 변화하는 모습을 보인다. 또한 동일한 평면과 구조를 갖춘 고분의 경우에서도 사용된 석재의 크기와 치석정도에서 차이를 보이는데, 왕릉으로 추정되는 능산리고분군 내의 석실묘가 모두 치석된 석재를 사용하는 것으로 볼 때, 고분의 구조와 축조석재는 계층적 위계가 반영된 것으로 볼 수 있다.

---

23) 이남석 외, 2003, 앞의 보고서.

24) 山本孝文, 2002, 「백제 사비기 석실분의 계층성과 정치제도」『한국고고학보』 47, 한국고고학회.

묘실은 시신을 매납하는 공간으로, 석실묘에서 가장 중요한 공간이다. 벽석과 천정석을 가구하여 완전한 구조를 만드는데, 일반적으로 북쪽 단벽을 먼저 축조한 후 좌우에 장벽을 기대어 쌓거나 순서대로 맞물려 쌓는 것으로 확인된다. 웅진기 초기에는 일정한 형태의 할석재의 면을 맞추어서 서→북→동벽으로 맞물려 쌓기를 하거나, 중간의 모서리에서 반대로 맞물려서 안정성을 도모하는 모습을 살필 수 있다. 송산리고분군에서는 천장부에서 네벽의 모서리를 좁혀쌓아서 궁륭상의 천장을 만드는 반면에, 금학동고분군의 경우 남북의 단벽을 좁혀서 궁륭상의 천장을 가구하여 동서 장벽을 쌓으면서 북쪽 단벽의 석재를 걸쳐서 올리는 형태이다. 이들 고분 모두 할석재를 이용하기 때문인데, 바닥에서부터 5단 정도를 일정한 순서로 쌓은 후 맞물림을 하여 보강하는 모습도 확인된다. 벽면의 축석은 할석을 이용하여 축석하는 경우 맞댐면이 정확히 맞지 않기 때문에 소형할석과 쐐기석 등을 이용하여 보강하는 형태로 확인된다. 이러한 모습은 터널식(아치식)의 천장구조로 바뀐 이후에도 지속적으로 유지된다. 〈도 8~9〉

① 서울 가락동 3호　　② 하남 감일동고분 Ⅰ-③지점 2호 석실 남벽

도 8. 백제 한성기 횡혈식석실묘 축조 석재

① 공주 송산리 4호 북벽　　　　② 공주 금학동 12호 남벽 폐쇄상태

도 9. 백제 웅진기 횡혈식석실묘의 축조 부재

　사비기에도 웅진기와 마찬가지로 터널식(아치식)의 횡혈식석실묘가 축조되는데, 능산리 중하총에서와 같이 고분축조에 판석재가 사용되는 모습으로 변화가 나타난다. 특히 단면 육각형의 고임식 석실묘 단계에는 북쪽 단벽에 대형의 판석재 1~3매를 이용하여 세운 후, 대부분 양측면의 동서 장벽을 끼워 넣어서 안정적으로 축조하는데, 거칠게 떼어낸 장방형의 석재를 이용하여 축조할 경우 웅진기와 같이 일정한 방향으로 맞물려쌓기를 하였다. 염창리 Ⅲ-28호의 경우 북쪽 단벽을 기준으로 동벽과 서벽을 쌓은 후 남벽 연도의 순서로, 돌려가며 쌓은 경우도 확인된다.

　사비기 횡혈식석실묘의 변화를 살필 수 있는 특징은 무덤구조의 변화와 축조재료의 변화를 함께 살필 수 있다. 즉 터널식(아치식)의 구조가 도입되면서 묘실의 장방형화가 함께 이루어졌으며, 축조재료도 할석에서 판석으로의 변화하고, 천장가구는 괴임식 혹은 수평식으로의 변화가 이루어지게 된 것으로 볼 수 있다. 더 나아가 이와같은 구조의 변화는 이후 횡구식으로 변화하면서 추가장을 전제하는 다장적 전통에서 단장으로 변화하

면서 7세기 이후 백제사회 내 묘제변화의 모습으로 확인된다.[25]

이와같이 치석된 석재나 판석재를 이용한 석실의 구축과 같은 규격화된 무덤의 조성은 일정한 집단 내 계층차이를 보이는 중요한 지표가 될 수 있다. 더불어 규격화된 구조로 구축된 고분구조의 규칙성은 기술적 체제의 공유와 더불어 사회적 규제가 반영되어 있었음을 쉽게 추론할 수 있을 것으로 판단된다. 즉 사비기 석실묘의 축조에 있어서 고분구조에 대한 사회적 기술공유와 표준화의 가능성을 살필 수 있다. 웅진기 무덤이 구조의 차이에 기반하여 왕실과 중앙의 유력세력 무덤이 구분되었다고 한다면, 사비기에는 무덤 구조의 표준화 속에서 규모와 치석된 석재의 사용과 위계에 따른 계층구분이 이루어졌음을 살필 수 있다. 따라서 사비기 횡혈식석실묘에 사용된 치석기술의 변화를 염창리고분군의 자료를 중심으로 정리해보고자 한다.

2) 석재의 가공과 축조기법의 변화

웅진기에서 사비기에 나타나는 횡혈식석실묘는 무덤의 구조형식과 축조기법에 있어서 연속성을 살필 수 있다. 다만 가장 큰 특징은 고분축조에 사용된 석재의 변화이다. 웅진기 횡혈식석실묘의 축조에 사용된 석재는 모두 할석재였으나, 사비로 천도한 이후 조영된 고분에서는 판석재가 석실묘의 주요 부재로 사용되기 시작하였다. 그 대표적인 예로 능산리 중하총을 주목할 수 있다. 능산리 중하총의 평면구조는 장방형에 중앙연도를 갖추고 터널식(아치식) 천장구조를 갖춘 웅진기의 고분 전통을 유지한 형식이지만, 축조석재는 할석이 아니라 정연하게 절석된 판석재이다. 즉 고분구조의 변화는 없으나 축조석재가 판석재로 크게 변화하는 기점을 중

---

25) 이남석, 2007, 「사비시대 백제고분」『백제의 건축과 토목』, 충청남도역사문화연구원.

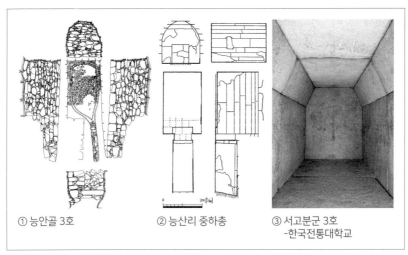

① 능안골 3호　　　　② 능산리 중하총　　　③ 서고분군 3호
　　　　　　　　　　　　　　　　　　　　　　　 -한국전통대학교

도 10. 백제 사비기 횡혈식석실묘의 축조 부재

하총에서 찾을 수 있다. 이후 터널식(아치식)의 천장구조가 고임식(단면육
각)의 구조로 변하고, 입구에 문틀시설이 이루어지는 등의 고분의 구조에
있어서 대대적인 변화상이 확인된다.〈도 10〉

　따라서 판석재의 사용과 고분구조의 변화는 함께 상호작용을 하는 것
으로 볼 수 있는데, 이후 사비기 횡혈식석실묘는 고임식(단면육각)의 평천
장구조를 이루는 형태가 대표적이다. 이와같은 고임식의 구조는 묘실 상
부의 모서리를 좁고 긴 장대석을 이용하여 축조함으로써 천장을 평천장으
로 시설하여 구조의 안정화와 축조의 편의성을 도모할 수 있게된 것인데,
모서리를 좁히기 위한 고임용 장대석은 별도의 치석이 필요하다는 특징
이 있다. 따라서 판석재를 정치하게 치석하지 않더라도 별도의 가공이 필
요하게 된 것이다. 따라서 사비기의 표지적 석실묘인 고임식 구조는 기본
적으로 판석재의 사용이 확인되므로, 석재의 가공과 축조기법의 변화상을
살펴보고자 한다.

석재는 가공이 어렵다는 한계가 있으나 외관이 장엄하기 때문에 차별하된 구조물에 사용하기에 좋은 재료이다. 따라서 고대 이래 권위권축의 상당부분은 석재를 가공하여 축조함으로써 권위의 상징이 되기도하였다. 일반적으로 석재의 가공은 원석의 채취를 위한 절단과 면 다듬으로 크게 구분할 수 있다. 26) 즉 절단은 돌의 결에 따라서 일정간격과 일정 깊이로 쐐기 구멍을 파고 쪼개는 방법이 있는데, 쐐기(야)를 끼울 수 있는 구멍에 쐐기와 날개쇄를 끼워 쇠메로 두드려 가른다. 석재는 크기에 따라서 잡석, 간사, 견치돌, 각석, 판석으로 구분된다.〈도 11〉

① 잡석은 크기 20cm 내외로 깨어낸 막생긴 돌로서 지정이나 잡석다짐에 쓰인다. 괴석이라는 용어가 있으나 크기를 말하는 것은 아니다.

② 間沙는 석재를 채취할 때 나온 20~30cm 정도의 모진 돌로서 간단한 석축 또는 돌쌓기에 쓰인다.

③ 견치돌은 면 30cm 정도의 네모뿔형의 도로서 면에서 뿔 끝까지의 길이를 뒤꾀임길이라 하며, 석축쌓기에 이용된다. 15~20cm각으로서 한식건물, 방화벽에 쓰이는 것을 사고석이라 한다.

④ 角石은 단면 각형으로 길게 된 돌을 각석 또는 장대돌이라 하는데, 채석장에서 돌을 채취할 때 목적에 맞게 떼어낸 돌이다.

⑤ 板石은 너비에 비하여 두께가 얇고 편평한 석재로, 두께가 15~30cm 한변의 길이가 30~60cm 내외 크기의 석재를 말한다.

이와같은 석재의 용어구분에 따르면 백제 사비기 고분의 축조에 사용된 석재는 주로 잡석과 간사, 그리고 각석과 판석이 있다. 이들 석재는 사

---

26) 건축설계대사전편찬위원회, 1994,『건축설계대사전』. 이하 석재 가공과 관련된 내용은 이를 참조하였음.

① 부여 능안골 고분군 내 석재-백제고도재단

② 잡석　　　　　③ 각석　　　　　④ 판석

도 11. 고분축조에 사용되는 석재의 종류

용처에 따라서 구분될 수 있는데, 돌부리가 길어서 축대와 같은 석축쌓기에 적합한 견치돌을 제외하면 대부분의 모든 석재가 고분석재에 사용되고 있음을 알 수 있다. 특히 사비기의 초기에는 잡석과 간사와 같은 석재가 주로 사용되면서 터널식(아치식) 구조의 석실묘를 구축하였으나, 고임식의 평천장 구조단계에 이르러서는 판석재와 각석이 고분석재에 주로 사용되는 것으로 확인된다. 판석재는 석재 중에서도 채취에 어려움이 있을 뿐만 아니라, 가공과 운반에서도 많은 공역이 소요되는 것이므로, 고대 권위건축에서 중요한 부재로 사용된다.

웅진기 석실묘는 잡석재를 이용하여 바른층 쌓기한 것이 대부분이다. 석재의 크기는 대부분 잡석이나 간사 크기의 소형석인데 크기가 서로 다르고, 맞댐 면의 간격이 일정하지 않기 때문에 석재 사이에 쐐기돌이 다수 박혀있는 것으로 확인된다. 석축의 뒷면에는 뒷채움석을 채우지 않고 점토와 사질토를 다져서 보강하였으며, 고분축조에서 돌쌓기기법이 매우 중요한 비중을 차지한다.〈도 2~3〉 특히 송산리고분군 4호와 5호 석실묘, 금학동 1호 석실묘에서는 맞댐면의 쐐기돌과 함께 몰타르기법으로 회를 이용하여 벽면과 맞댐면을 보강하는 등 고분의 축조에 안정성을 위한 노력이 여러 각도로 이루어졌음을 알 수 있다.

사비기에도 웅진기의 터널식(아치식) 구조의 석실묘 조영전통은 지속되었으나, 능산리 중하총에서 판석재를 이용하여 석실묘를 조영하는 변화가 확인된다. 이후 판석재를 이용하여 고분을 축조하면서 고임식구조의 평천장으로 석실묘를 만들면서, 고분축조의 안정성이 높아지는 모습을 살필 수 있다. 다만 판석재를 가공하고 고임식의 구조로 축조하는 과정에서 돌쌓기 기법과 고분석재의 가공에 있어서 변화가 이루어지는 모습을 보인다.

일반적으로 석재의 표면가공은 정이나 날망치 등의 타격횟수와 마무리 정도에 따라서 구분된다. 석재가공에 사용되는 도구는 구멍을 파거나 다듬는데 사용하는 정, 정을 두드릴 때 사용하는 돌망치와 잔다듬 날망치 등이 있다.〈도 12〉

석재의 표면 마무리는 조밀화 정도와 형상에 따라서 구분할 수 있는데, 표면의 조밀화 정도에 따라서 크게 혹두기와 정다듬으로 구분하며, 형상에 따라서는 혹두기와 모치기로 구분한다. 혹두기는 쇠메로 쳐서 심한 요철이나 불필요한 부분을 없게 대강 다듬는 형태를 말하는 것으로, 메다듬이라고도 한다. 거친 표면의 혹이 형성된 상태에 따라 큰 혹두기, 작은 혹

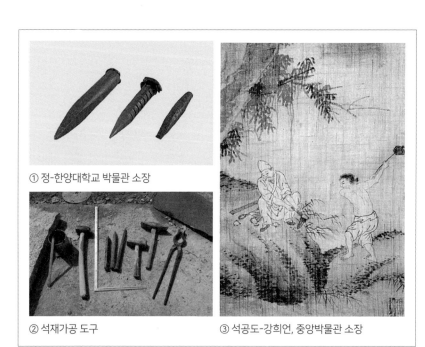

① 정-한양대학교 박물관 소장

② 석재가공 도구

③ 석공도-강희언, 중앙박물관 소장

도 12. 석재가공 도구

두기 등으로 부른다. 정다듬은 혹두기 면을 정으로 평평하게 다듬는 가공법으로, 돌의 가공상태에 따라서 거친정다듬, 중정다듬, 고운정다듬으로 구분된다. 이후 더욱 정교한 석제가공을 위해서는 날망치를 이용하는 잔다듬과 磨石이라고 불리는 표면을 갈아서 정면하는 작업이 있는데, 사비기 백제고분에서는 정다듬기법까지만 확인된다. 따라서 혹두기와 정다듬의 정도를 정리하면 다음의 〈표 4〉와 같다.

잡석이나 간사를 이용하여 축조하는 고분의 경우 석재의 면석부분을 거칠게 정면하여 사용하는데, 사비기 능안골고분군과 염창리고분군 모두에서 확인된다. 〈도 13~14〉

표 4. 석재가공의 공정별 분류와 사용도구

가공공정 마무리 종류		혹떼기		정다듬			사용도구
		큰혹	작은혹	거친정	중정	고운정	
혹두기	큰 혹	①					쇠망치
	작은혹		①				쇠망치, 날메
정다듬	1회		①	②			정날정 (사방10mm에 정자국 15개)
	2회		①	②	→	③	거친날망치 (사방10mm에 정자국 25개)
	3회		①	②	③	④	고운날망치 (사방10mm에 정자국 70개)

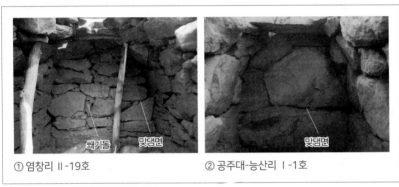

① 염창리 Ⅱ-19호   ② 공주대-능산리 Ⅰ-1호

도 13. 사비기 석실묘 치석기술①- 잡석과 간사의 맞댐면과 쐐기돌

　개석을 비롯하여 모든 석재는 묘실의 안쪽에 해당하는 면은 거친정다
듬기와 고운정다듬기로 정면하였으나, 바깥쪽은 주로 혹두기로 거칠게 면
을 정리하는 경우가 일반적이다. 염창리 Ⅳ-8호는 정을 한 줄로 쪼아서
석재 표면에 평행골이 지도록 가공한 줄정다듬기를 한 흔적도 확인된다.
반면에 문지방돌은 출입문의 밑에 대는 돌로서 경질의 석재를 잔다듬 하
였으며, 입구 폐쇄석의 경우 석실 내부에 해당하는 부분은 거친 정다듬이
나 고운 정다듬으로 세밀하게 가공하였다. 그러나 석실 바깥쪽을 향하는

① 염창리 Ⅳ-80호　　　　　　② 공주대-능산리 Ⅰ-2호

도 14. 사비기 석실묘 치석기술②- 판석재

면은 거친 정다듬이나 혹두기 등으로 거칠게 가공하였으며, 중앙부가 가장자리보다 볼록하게 가공하였다.

치석된 석재의 접합은 단순히 맞댐으로 하고 줄눈에 점토와 같은 몰타르를 이용하여 보강하였다. 모치기는 돌의 줄눈 부분의 모를 접어 잔다듬하는 일로서, 면은 거친면 또는 다듬은 면으로 하였다. 그리고 부재와 부재의 맞댐면과 노출되지 않는 부분은 거친정다듬과 혹두기 등으로 거칠게 가공하였다. 판석재의 경우 맞댐면 갓둘레를 평면석으로 따낸 후 정을 쪼아서 정면한 것이 많이 확인된다. 이와 같은 석축은 외관이 미려하고 튼튼하게 조성할 수 있는 특징을 갖추고 있으며, 석실내부를 중시하여 조성함으로써 고분 조영에 있어서 계층화를 의도하고 있는 것으로 볼 수 있다.〈도 15〉

석실묘 내 석재의 쌓기는 판석재를 사용하기 전과 이후로 크게 구분된다. 우선 판석재 사용 이전에는 거친 다듬을 한 할석재를 이용하여 거친돌쌓기를 하면서 중간에 잔돌 끼워넣기를 하여 보강하였다. 줄눈의 모서리와 맞댐면은 부분적으로 일치하지 않는 경우가 있는데, 이와같은 쌓기법은 주로 할석재를 이용한 고분에서 확인된다. 반면에 대형의 판석재를

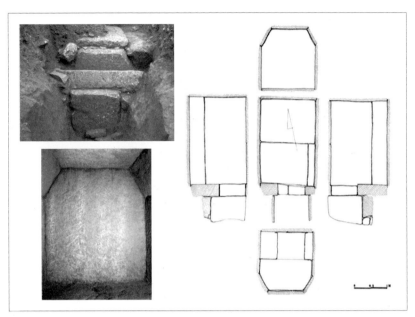

도 15. 사비기 석실묘 치석기술③- 고운정다듬(논산 육곡리 7호)

① 부여 능산리서고분군 3호   ② 능안골 58호

도 16. 사비기 석실묘 치석기술④- 고운정다듬

이용하여 축조하는 경우 돌의 모서리와 맞댐면을 일정하게 다듬어 바른층 쌓기를 하는데, 치석된 판석재를 이용한 고임식구조의 석실묘를 축조하는 단계에는 측벽의 벽석이 대형 면석으로 일정하게 재단되고, 고임석의 각도는 50~55° 내외로 비교적 정연하다. 이 경우 묘실의 규모는 길이 250cm, 폭 125cm 안팎으로 길이와 폭의 비율이 약 2:1 정도로 확인된다.[27]〈도 16〉

요컨대 고임식구조로 정형화되기 이전과 이후는 측벽의 석재 크기가 불규칙하고 상단의 석재는 바른층쌓기와 불규칙쌓기를 병행하였다. 다만 이전의 경우는 측벽 상단의 고임석이 여러 매의 작은 석재가 많이 사용되고 중간에 잔돌 끼워넣기를 하여 보강하는 특징이 확인된다. 그러나 고임식구조가 정형화되면서는 대형의 장대석을 가공하여 1매의 석재를 기울여 쌓아서 구조를 완성하는 모습을 보인다. 고임식구조 이후 퇴화형의 경우 측벽 상단의 고임석도 불규칙하게 대형화되고 잔돌 끼워넣기가 거의 확인되지 않는 모습으로 구분할 수 있다. 치석된 대형판석재를 이용한 고임식구조의 석실묘 축조단계 이후, 염창리 Ⅲ-53~54호 석실묘와 같이 좁고 세장한 평천장의 횡구식 석실묘로 구조변화도 함께 확인된다. 이와 같은 쌓기방법의 변화는 새로운 기술문화의 도입으로 인하여 석실묘의 축조에 대형의 판석재를 사용하는 과정에서, 축조의 편의와 기술적으로 구조의 안정성을 구체화한 결과로 판단된다.

고분의 치석기법을 알 수 있는 재료는 많지 않으나 염창리고분군 내 Ⅳ-59, 66호에서 출토된 정과 3지역 수습 정을 주목할 수 있다. 이는 현장에서 고분을 축조하는 과정에서 부분적으로 석재를 가공하기 위해 사용한 도구로 판단되는데, 고분 주변에서 출토되었다.〈도 17〉

일반적으로 석재를 가공하는 행위는 단순하게 쇠메, 정, 쐐기, 날망치

---

27) 산본효문, 2006, 앞의 책, 104쪽.

① 염창리 IV-59호　　② 염창리 IV-66호　　③ 염창리 지표수습

도 17. 염창리고분군 출토 정

등과 같은 연장을 사용하는 개념만이 아니라, 치석재를 가공하여 석실묘를 제작하는 기술자 중심의 조묘집단의 존재를 추론할 수 있다. 염창리고분군 내에서 출토된 정은 현장에서 석실묘를 축조하는 과정에서 1차적으로 잘라서 이동된 석재를 축석하면서 잔다듬이 필요한 경우 부분적으로 보완작업이 이루어진 과정에서 남겨진 것으로 판단되므로, 당시의 석실묘 제작 행위를 유추할 수 있는 치석 가공구라는 점에서 의미가 있다.

판석재를 이용한 고임식단면 석실묘의 축조순서를 살펴보면, 단면육각형의 북벽을 세운 후 좌우 측벽을 기대어 세우고, 전방의 입구부를 축조한 후 고임석을 올린 후 천장을 덮는다. 대형의 판석재는 무게가 많이 나가기 때문에 쌓기에서 뒷채움석의 보강이 잡석보다는 덜 이루어지는데, 이러한 경우에도 석재가 밀려나는 것을 방지하기 위해서 묘광과 석축벽 사이를 좁게 굴광하여 석재의 유동성을 최소화하였다. 북벽은 석재 1매석을 가공하여 세우는 경우와 2매석을 횡열로 세우는 경우, 종열로 세우는 경우, 그리고 3매석을 세우는 경우, 대형판석재와 여러 매의 석재가 혼용되는 경우로 구분된다.〈도 18〉

이와같은 북벽 석재의 사용은 시간성을 반영하기도 하지만, 치석의 정

① 염창리 Ⅲ-60호　　② 염창리 Ⅳ-59호(2매)

③ 염창리 Ⅳ-66호(2매)　　④ 염창리 Ⅳ-80호(3매)

도 18. 고임식 석실묘의 북벽형태

도에 따라서 구분되기도 한다. 즉 치석재를 처음 사용하면서는 1매석을 가공하여 세우는 단계와 2~3매석이 사용되는 단계, 대형판석재와 여러 매의 석재가 혼용되는 경우로 크게 구분되면서, 다시 1매석을 사용하는 것도 있다. 따라서 단순히 1매석으로 사용 여부가 시간성을 보이는 것이라기보다는 주변의 벽석에 사용된 석재와 치석 정도가 함께 검토되어야할 필요가 있다. 즉 대체적으로 1매의 북벽이 사용된 경우는 전체적으로 치석된 경우가 많다. 대형 판석재의 채취가 상당한 공력이 필요한 점을 감안할 때, 단면육각의 고임식 석실묘에서 북벽의 석재 수는 고분조영에 있어서 반영된 노동력의 차이를 보이는 것일 뿐만 아니라 위계의 차이도 함께 검토될 수 있는 자료로 판단된다.

측벽은 북벽의 석재에 기대에 축조되는데, 측벽 1열 면석+고임석, 2열 면석+고임석, 대판석+할석+고임석의 종류로 다양하다. 치석된 고임식석실묘의 경우 현실의 석축은 장방형의 판석재를 이용하여 석실내부로 면의 높이를 같게 하여 단면육각의 경사각 아래에 가로로 열이 맞도록 쌓는 것으로, 비교적 안정된 석축법이 확인된다. 판석재를 가공하여 석축하는 경우 대부분 면을 맞추어 일정한 높이로 가공하는데, 일부 석재의 열이 맞지 않는 경우에는 능산리 동4~5호에서와 같이 얇은 석재를 가공하여 끼워넣기를 한 사례도 확인된다. 특히 나주 복암리 3-7호 석실묘의 측벽에서는 석재의 두 재료를 편평하게 연결시키기 위해 각각의 재료를 깎아서 연결시키는 반턱이음 기법이 확인되기도 한다. 이와 같은 석축법은 판석재를 이용할 때 축석이 가능한 것인데, 석재가 맞닿는 맞댐면을 정면하여 일정한 열을 이루는 형태이다. 맞댐면 사이에는 점토를 이용한 몰타르를 넣어서 보강하기도 한다. 할석재를 이용하는 한성~웅진기 석실묘에서는 거의 확인되지 않는 기법이다.〈도 19〉

前壁은 중앙연도 구조에 문틀시설을 갖춘 형태가 주로 확

① 1열 면석+고임석-염창리 Ⅲ-60호

② 2열 면석+고임석-염창리 Ⅳ-66호

③ 능안골=백제고도재단

도 19. 고임식 석실묘의 측벽 축조 기법

인된다. 문틀시설은 문미석과 문주석, 문지방석으로 이루어져 있다. 이맛돌로도 불리는 문미석은 문주석 상면을 가로질러 상부의 하중을 받는 수평재로, 장대석을 이용하여 만든다. 석실묘의 묘실과 연도부를 연결하는 구조물로, 판석재를 이용하여 축조하는 사비기의 고임식 석실묘 단계에서부터 시설되는 것으로, 정확한 시간성을 나타낸다. 즉 사비천도 직후에 조영된 중하총을 비롯하여 소위 웅진기양식이 연결된 초기유형의 석실묘에서는 확인되지 않는다. 사비기 초기형 석실묘는 문틀시설이 없는 터널식(아치식) 구조로 입구의 폐쇄도 할석을 이용한다. 능안골 3호, 염창리 Ⅱ -19호, Ⅴ-49호 등에서 확인되는데, 이와같은 전통이 능안골 44호, 염창리 Ⅲ-37호, 45호, 69호, 89호, Ⅳ-22호, 33호, 36호, 39호, Ⅴ-49호에서도 확인된다. 이후 고임식에 문틀시설이 이루어지면서는 판석재를 세워서 입구를 폐쇄하는 모습으로 변하는데, 문틀시설의 구조는 모두 얇고 긴 장대석을 이용하여 만드는 것으로, 다른 부위에 비하여 정다듬이 이루어지는 특징이 있다.

웅진도읍기 석실묘는 할석재를 이용하여 축조하는데, 사비도읍기에 이르러 판석재를 이용하여 축석하는 것으로 변하며, 석재의 가공정도에 따라서 고분의 의장차이가 매우 크게 나타나는 것으로 확인된다. 따라서 고

① 염창리 Ⅲ-60호　　　　② 염창리 Ⅳ-8호

도 20. 고임식 석실묘의 문틀시설

분의 축조에 많은 공력이 드는 새로운 치석기술의 도입은 백제사회 내 새로운 제도의 도입과 더불어, 계층성을 파악하는 중요한 자료가 될 수 있을 것으로 주목된다. 그러나 고분구조의 변화가 백제사회 전반에서 일반적으로 확인됨에도 불구하고, 모든 고분의 축조에 치석된 판석재가 도입되지는 않는다. 사비기 왕릉군으로 판단되는 부여 능산리고분군에서 조사된 고분은 모두 치석된 판석재를 이용하여 무덤을 조성한 것으로, 계층적 위계가 명확하게 구분된다. 반면에 능안골고분군의 경우 치석된 판석재고분군과 더불어 거칠게 가공한 괴석을 이용한 석실묘가 혼재된 모습을 보이고 있으며, 염창리고분군의 경우는 약 280여 기의 석실묘가 군집을 이루고 있는데, 전체 고분군 내에서도 치석된 판석재를 이용하여 축조한 고분은 약 30기 내외로 전체 고분군 내에서 10% 이내의 수량에 불과하고, 치석된 석재를 이용한 석실묘의 경우 상당수는 거칠게 가공하였다. 그리고 판석재를 이용하여 석축한 단면육각의 고임식 구조의 석실묘라고 하더라도, 이후에 석실의 길이는 그대로 유지하면서 폭이 좁아진 형태의 횡구식석실의 구조로 변하면서 불규칙한 할석을 이용하여 축조한 것도 확인된다. 따라서 동일한 고분군 내에서 축조 선후관계에 의한 시간차이가 1차적인 구분의 기준이 되지만, 이후 피장자의 위계에 따른 고분조영에 있어서 석재의 규모와 치석의 정도에 차이가 있음을 살필 수 있다.

4. 고분축조에 반영된 치석기술과 판석재사용의 의미

1) 판석재 사용에 따른 고분의 구조변화

이미 앞에서 살펴본 바와 같이 백제 횡혈식석실묘는 할석을 이용하여 축조하는 전통을 유지하다가, 남조의 전실묘축조기법이 들어오면서 송산리 6호와 무령왕릉, 교촌리 3호 전실묘가 만들어진 이후에 무덤구조가 궁륭상에서 터널식(아치식) 구조로 변화가 있는 것을 확인할 수 있다. 그러나 당시만 해도 무덤의 구조는 변화하였으나, 축조재료인 석재가 바뀐 것은 아니다. 어쩌면 전실묘 축조 이후에 전을 제작하는 것이 기술적으로나 물리적으로 쉬운 환경이었다면 큰 변화가 있었겠지만, 기존의 기술력보다 많은 공정이 들어가는 행위에 있어서는 정치적 명분이나 경제적 우월성 등과 같은 명확한 계기가 없이는 변화하기 어려웠을 것으로 판단된다. 따라서 무덤의 구조가 변화되는데 많은 주변여건이 함께 작용하듯이, 무덤이나 건축물 축조재료의 변화에도 많은 외적 영향이 작용했을 것으로 판단된다.

이에 대해서는 여러 가지 원인을 검토할 수 있는데, 우선 석재를 가공하는 기술의 차별성과 가공석재를 사용하는 건물에 대한 사회적 계층성에 대한 인식을 주목할 수 있다. 두 가지 원인 모두 정치적 고려가 필요한 사안이다. 우선 사비기 석실묘에서 확인되는 석재가공기술과 이를 사용할 수 있는 사람들의 신분에 대한 사회적 계층화를 살필 수 있다. 사비기의 대표적인 왕릉군인 능산리고분군에서 조사된 무덤과 인접한 지역인 능산리 능안골고분군에서 조사된 무덤을 비교하면 그 차이를 알 수 있다.

능산리고분군의 경우 중앙고분과 동서고분 17기 모두가 판석재를 고운 정다듬하여 조성한 석실묘이다. 특히 벽화가 있는 능산리 동하총은 부분적으로는 잔다듬과 일부 마석에 가까울 정도의 정치한 치석이 이루어진 것으로 판단된다. 그러나 약 60여 기 이상이 조사된 능산리 능안골고분에서는 치석된 판석재로 축조된 고분이 일부 확인되지만, 그 수량도 많지 않을 뿐만 아니라 치석된 정도에서 차이를 보인다. 이와같은 모습을 통하여 고대 고분은 집중적으로 조영된 고분의 수량이 아니라, 잘 만들어진 고분을 통하여 위계를 가늠할 수 있음을 알 수 있다.

사비기 석실묘 중에서 주목되는 고분군은 능산리고분군으로 사비기 백제왕릉군으로 알려져있다. 이곳에서 조사된 고분은 대부분 판석재를 정교하게 치석한 석재로 조영한 것으로, 규모와 구조에 있어서 탁월한 위계를 보인다. 특히 고분군 내 가장 이른 시기의 것으로 판단되는 중하총은 터널식(아치식) 구조의 석실묘로, 대형의 판석이 아니라 횡으로 적설된 장대석과 판석을 이용하였다. 이는 터널식의 천장구조를 판석재로 축조하는 과정에서 구조상 불가피한 선택이었을 것으로 판단되는데, 천장부에 가까운 석재일수록 횡방향으로 길게 절석하여 축조하는 모습을 살필 수 있다. 이와같이 능산리 중하총은 웅진기의 터널식(아치식) 천장구조의 석실묘를 축조하는데 판석재를 잘라서 구현한 특징을 보이는 것으로, 무덤 내부가 도굴되어 구체적인 편년의 한계가 있으나 능산리고분군 내에서 가장 이른 시기에 조영된 성왕릉으로 추정되고 있다.[28] 그리고 동하총은 6세기 말,[29] 혹은 6세기 말~7세기경,[30] 7세기 이후,[31] 6세기 후반 이후의 위덕왕릉[32]으로 보기도 한다.

웅진~사비기 석실묘의 변천과정에서 보았을 때 묘실의 구조상 중하총을 가장 이른 시기에 조영된 성왕릉으로 보는 것에는 의문의 여지가 없으나, 동하총의 경우 단장의 형식을 갖추고 있는 점을 주목할 필요가 있다. 물론 백제 왕릉이 왕과 왕비만을 위한 단독의 고분군으로 조영되는 것이 아니라 왕족의 묘역을 이루고 있는 점과 무왕릉으로 비정되는 쌍릉도 단

---

28) ① 강인구, 1977, 「백제고분의 연구」, 『한국사론』 3, 85~86쪽.
② 이남석, 2000, 「능산리고분군과 백제왕릉」, 『백제문화』 29, 공주대학교백제문화연구소, 24쪽.

29) 강인구, 1977, 앞의 논문, 86쪽.

30) 정호섭, 2011, 「백제 벽화고분의 조영과 문화 계통」, 『한국고대사연구』 61, 한국고대사학회, 322쪽.

31) 이남석, 2000, 앞의 논문, 24쪽. 위덕왕, 혜왕, 법왕의 재위시기를 고려할 때 무덤구조 차이가 거의 없을 것으로 보았다.

32) ① 조원창, 2015, 「연화문으로 본 능산리 동하총의 편년」, 『백제문화』 53, 공주대학교백제문화연구소, 60쪽. 동하총의 수평식 천정구조를 6세기 후반 위진남북조와의 교섭 결과에 의해 도입된 새로운 유형의 묘제형식으로 이해하였다.
② 서현주, 2018, 「백제 사비기 능산리유형 석실묘의 발전과 그 의미」, 『동아시아 고분문화와 백제 왕릉의 위상』, 2018 백제역사유적 국제학술회의.

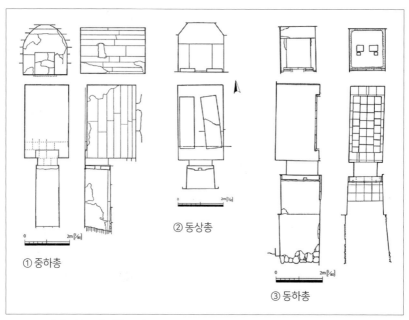

① 중하총

② 동상총

③ 동하총

도 21. 능산리고분군의 변화 모습

장의 형태인 점을 감안할 때, 중하총과 위덕왕릉으로 추정되기도 하는 동
하총의 축조 시간차에 대한 문제는 별다른 어려움이 없다. 그러나 평면
구조상 고분축조에 치석된 판석재의 사용과 문틀시설의 존재, 그리고 추
가장에서 單葬으로의 변화라는 시간상의 흐름은 검토할 필요가 있다. 이
에 기초할 때 능산리에서도 Ⅰ단계 중하총, Ⅱ단계 동상총, 동5호, Ⅲ단계
동1호, 중상총, 서하총, 동하총의 상대적 순서를 살필 수 있다.〈도 21〉

　능안골고분군 내에서도 웅진기형식에 가까운 것은 3호 석실묘가 있다.
묘실의 단면은 터널식 구조에 장방형의 묘실과 우편재의 연도를 갖추었으
며, 할석재의 맞댐면은 그대로 또는 거친 다듬으로 하여 바른층쌓기를 하
였으나, 부분적으로 불규칙하게 거친돌쌓기한 흔적이 확인된다. 묘실바닥
에서부터 배수로가 연도 밖으로 시설되어 있는데, 현실입구에는 현문시설

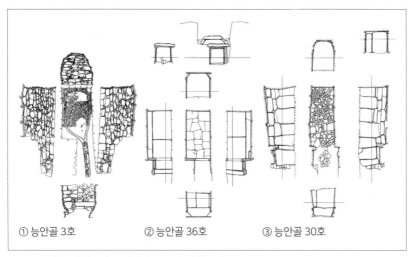

① 능안골 3호   ② 능안골 36호   ③ 능안골 30호

도 22. 능안골 석실묘 축조석재와 구조의 변화 모습2

이 없으며, 할석으로 폐쇄한 형태이다. 그리고 능안골 26호와 44호는 판석재를 거친정다듬으로 가공하였으나 문틀시설이 없는 석실묘로 3호 아치식의 구조에서 36호, 30호 등의 고임식으로 변화하는 모습을 살필 수 있다.〈도 22〉 묘실의 천장과 바닥 높이가 높은 것에서 낮은 것으로 점차 변화한다.

전형적인 사비기의 고임식(단면육각) 석실묘는 15호, 36호, 54호, 58호에서 확인된다. 이 석실묘는 면석을 고운정다듬으로 가공하여 매우 정치한 치석을 하였으며, 현실의 입구에는 문틀시설이 되어 있다. 36호에서는 합장된 남녀인골 모두에서 은화관식이 출토되어, 능안골고분군 내에서 남녀피장자의 구체적인 위계를 알 수 있는 자료가 확인되었다.[33] 고분의 천

---

33) 안지혜, 2013, 『고고학 자료를 통해 본 백제 여성상 연구』, 공주대학교 대학원 석사학위논문.

장은 평천장으로 묘실은 단면육각형의 고임식으로 조성되었으며, 벽면의 석재는 각각의 맞댐면[34]에는 회나 점토를 이용하여 충진하였다. 맞댐면의 돌면이 국부적으로 접촉하게 될 경우 하중이 집중되어 균열이 생기게 되기 때문에, 맞댐면에 점토나 회를 이용한 몰타르를 채우거나 정다듬기를 하여 두드러진 곳이 없도록 한다. 이와같이 석재사이의 맞댐면에 회나 점토를 충진한 것은, 공주 송산리, 보령 명천동, 서천 옥북리, 예산 석곡리 등의 석실묘에서 모두 확인된다.

다음은 능안골 30호와 같이 고분축조에 판석재를 많이 이용하였으나, 양측 장벽의 상단에는 작은 판석형 할석 여러 매를 이용한 것이다. 묘실의 깊이가 아치식의 3호나 고임식의 44호, 36호, 58호보다는 낮으나, 남쪽 단벽에는 대부분 문틀시설이 되어 있다. 현문은 판석재를 이용하여 치석한 석실묘의 단계에서 출현하는 것으로, 거친정다듬을 하거나, 대형판석을 크게 가공하지 않은 상태로 사용하는 판석재 석실묘의 경우도 현문의 문틀시설이 만들어지는 것으로 미루어, 이는 시간성을 살피는데 있어서 매우 중요한 지표가 된다.

능안골 고분군 내에서 가장 늦은 단계의 석실묘는 좁고 긴 묘실을 갖춘 횡구식석실묘로, 단장을 했을 것으로 판단된다. 석재를 가공하여 하단에 대형석재를 놓고 상단에 소형석재를 놓아서 만든 횡구식유형의 석실묘로 4, 16호, 22호, 27호, 28호, 29호, 30호 등이 있다. 이들 석실묘는 묘실이 세장방형으로 좁고 길어 장단비가 3 : 1 이상이 되며, 입구에 연도부의 시설 없이 막음돌로 마무리한 횡구식의 형태이다. 묘실단면도 천정부에서 약간 오므렸으나 방형의 평천장에 가까운 형태이며, 장법상 추가장이 아닌 단장으로 이혈합장의 형태를 보인다. 능안골 27호와 28호는 인접해 장벽을 거의 맞대어 인접해 있는 것으로 사비기 말기유형의 모습을

---

34) 돌면이 서로 접촉되는 면을 말한다.

보이는 횡구식석실묘이다.

따라서 능안골고분군에서 보이는 축조선후관계는 할석재를 이용하여 잔돌끼워넣기와 거친돌쌓기로 축조한 터널식(아치식)의 3호 → 거친정다듬한 판석재로 축조한 터널식(아치식)[35]의 44호 → 문틀시설이 있는 고운정다듬한 판석재를 이용한 능안골 36호, 58호 → 거친정다듬한 판석재를 사용한 문틀시설이 있는 29호, 30호, 53호 → 할석재를 이용하여 거친돌쌓기로 축조한 횡구식인 27, 28호 등의 유형으로 정리할 수 있다. 이들 석실묘의 변화상을 보면 고분의 구조에서는 웅진기의 전통을 이었으나, 고분축조 석재에서 치석한 판석재를 사용하면서 고분의 구조에도 변화가 동반되는 듯한 모습을 살필 수 있다. 즉 판석재를 이용하여 곡면을 이루는 아치식의 천장을 구성하기 어려운 상태에서 횡방향으로 길게 절석하여 가공하는 방법을 사용하다가, 이후 단면육각의 고임식 구조로 변화하는 모습을 추론할 수 있다.〈도 22〉

이와 동일한 변화상은 염창리고분군에서도 확인되는데,[36] 염창리고분군은 능산리고분군이나 능안골고분군에 비하여 전반적으로 석실의 크기도 소형화되었거나 자연석이나 할석을 이용하여 축조한 예가 많다는 차이가 있다. 물론 Ⅱ-19호와 같은 터널식의 구조를 필두로 하여 Ⅲ-60호, Ⅳ-8호와 같이 치석된 석재로 구축한 규격화된 고임식의 석실묘가 존재하는데, 대부분 도굴되어 피장자의 위계를 살피기 어렵다. 다만 Ⅲ-72호의 경우 은화관식이 출토되었음에도 고분의 규모가 작고, 거친 혹두기로

---

35) 보고서에는 고임식으로 보고되어 있는데, 석재가 작게 절석된 판석재이고 묘실 상부의 천장에 맞닿는 부분이 여러 매의 작은석재를 이용하여 곡면을 이루고 있는 점을 주목할 때, 터널식(아치식)과 고임식의 중간단계로 이해할 수 있을 것으로 판단된다.

36) 山本孝文, 2006, 「사비기 석실의 기초편년과 매장구조」 『백제문화』 43, 충남대학교백제연구소.

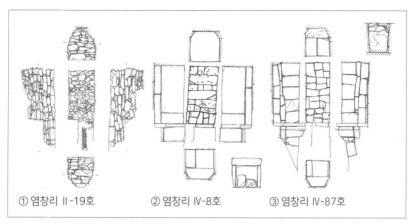

① 염창리 Ⅱ-19호   ② 염창리 Ⅳ-8호   ③ 염창리 Ⅳ-87호

도 23. 연도와 묘도구조의 변화 모습2(부여 염창리 백제 중앙의 유력세력묘역)

도 24. 염창리고분군 내 규격화된 고분(① Ⅳ-8호)과 은화관식출토 고분(② Ⅲ-72호)

정면한 석재를 불규칙하게 쌓은 모습도 확인된다.〈도 23~24〉

웅진~사비기 고분군이 가계 집단 별로 별도의 분묘영역을 점유하고 있는 점을 감안했을 때, 고분군 내 구조형식의 변화모습도 여러 계통이 일정기간동안 병존하는 모습으로 함께 나타나기 때문에, 단선적인 편년을 획정하는 것은 매우 어려운 일로 판단된다. 즉 사비기 횡혈식석실묘의 조영은 고분군 내 능선의 하단에서부터 무덤을 조영하기 시작하여 상단으로 올라가는 경향성을 유지한 상태에서, 일정한 유형의 고분군이 상호 교차하여 병존하는 모습은 동일하게 확인된다. 따라서 염창리 Ⅲ-72호 석실묘의 은화관식 소지자의 경우 고분의 형식에 있어서 소규모에 치석되지 않은 석재를 이용한 고분이 조영되는 것과 같이, 고분군 내 가계 서열과 관위소지자의 관위 서열이 일치하지 않을 가능성을 검토할 수 있다.〈도 24〉

2) 사비기 석실묘에 도입된 치석기술과 계층화

고분의 축조에 주로 사용된 석재는 화강암으로, 돌결이 치밀하며 석질이 굳고 내구력이 있으며, 우리나라에 많아 튼 재료상태로 얻기 쉽다는 특징이 있다. 우리나라의 지질은 변성암과 화강암이 70%를 차지하고 있는데, 특히 사비지역의 경우 석성, 장암일대를 비롯하여 주변에 화강암의 발달이 많은 것으로 확인된다. 석실묘의 축조는 석축에 기반한다. 석축은 각 지역의 지리, 지형, 지세, 기후 등의 자연환경과 그 당시의 인문적 배경 사상에 영향을 받고 역사·문화적으로 구조물의 성격에 맞게 축조된다는 특징이 있다. 그리고 신분과 장소에 따라서 돌의 재료가 다르고 다듬는 정도가 다르기 때문에, 석재의 가공은 신분과 공간의 위계를 반영한다고 할 수 있다.

사비기 횡혈식석실묘는 웅진~사비지역 이외에 예산, 홍성, 서산, 나주, 남해 등지에 이르기까지 확인된다. 따라서 웅진~사비기 횡혈식석실묘는 백제 중앙의 지방사회 통제모습과 새로운 문물의 수용과 변용이라는 두 가지 모습을 모두 살필 수 있는 고고학적 자료임에는 틀림없다.[37]

특히 사비기 횡혈식석실묘 구조특징에서 가장 주목할 수 있는 시설로 현문, 문틀시설이 있다. 이들 시설은 사비기 이래 판석재를 사용하여 석축한 단면육각형의 고임식구조 석실묘에서 확인되는 시설로서, 현문 입구를 폐쇄하는 문비석과 함께 확인된다. 한성~웅진기 횡혈식석실묘에서 이와 같이 정연한 현문과 문틀시설이 확인된 사례는 없다. 연기 송원리유적의 KM-046, 055호의 경우 현문 입구에 대형의 석재를 세워쌓은 흔적이 있으나, 사비기 석실묘와 같은 구조는 아니다.

일반적으로 백제 횡혈식석실묘는 현실의 입구에 할석을 쌓아서 폐쇄하는데 문틀시설의 조형을 살필 수 있는 고분으로는 무령왕릉과 송산리 6호 전실묘가 무덤 내부에 목재 연문이 시설되는 사례를 주목할 수 있다. 백제 횡혈식석실묘는 무령왕릉 이후 궁륭상 천장에서 터널식 구조로 변화하는 모습을 보이는데[38] 연문과 현문의 시설도 중국 전실 묘제의 영향 이후에 나타나는 변화로 살필 수 있다. 이는 사비기 백제 왕릉군으로 확인되는 부여 능산리고분군 내에서 구체적인 사례가 확인된다. 즉 능산리고분군 내 동하총과 중상총, 동1, 4호 석실묘 등에서 입구부에 판석재를 이용하여 연문과 현문을 2중으로 폐쇄하는 시설이 구체적으로 확인된다. 석실묘의 입구 부분에 문틀시설과 이중의 단을 두는 독특한 구조가 발생하는 것도 현문과의 연관성으로 살필 수 있다.

사비기 석실묘에서 확인되는 문틀시설은 양쪽 장측벽에서 남쪽 입구의 단벽을 구축하는 과정에서 돌출시켜서 문비를 만드는 형상이다. 따라서 다른 석재에 비하여 별도로 얇게 치석을 하여 사용할 수 밖에 없다. 특

---

37) 이남석, 2002, 『백제묘제의 연구』, 서경.

38) 국립공주박물관, 2008, 『무령왕릉』.

히 문틀시설의 경우 양측면 문주석과 더불어 상단에 문미석도 함께 시설하기 때문에 전체 구조를 계획적으로 구획하여 배치하여야 하기때문에 일반적인 고분의 축조기법보다는 정치한 기술을 요하는 것이다. 이는 단순하게 석재를 치석하여 석실묘를 축조하는 단계에서 벗어나 규격화된 축조법식에 기초한 고분조영이 이루어졌음을 살필 수 있는 자료이다. 더욱이 일반적으로 문은 건축물의 外表를 이루거나 대표성을 지닌 형식을 말하는 것으로, 안과 밖을 분립하고, 표면과 내용을 분리하는 것이라는 점을 주목할 수 있다. 〈도 25~26〉

① 염창리 IV-8호

② 익산 쌍릉

③ 예산 석곡리

도 25. 횡혈식석실묘 문틀시설과 내부

즉 일반적으로 문은 주출입구를 가리키지만, 시설을 방위하고 보호하는 것으로, 『釋名』에는 '門은 捫으로 막고 방위하기 위한 것이다. 戶는 護로 보호하고 막는 것이다(門, 捫也, 爲捫幕障衛也. 戶, 護也, 所以謹護閉塞也)'라고 하였다. 문은 평면상의 배치형식을 말하는 것이고, 戶는 건축부재인 門扇(문짝)이다. 문선을 옛날에는 扉라고 하였는데, 호가 바로 비이다. 따라서 문은 평면구성에서 중요한 의미를 지니는데, 이와같은 문의 상징성이 사비기 석실묘의 구조에 구체적으로 표현되고 있는 모습을 살필

도 26. 사비기 석실묘 치석기술(부여 능산리 동하총)

수 있다. 특히 석실묘의 입구를 막은 대형의 판석재는 판문의 형식을 반영한 것으로 주목된다.

　무덤은 死者와 현실세계를 분리하는 곳이면서 사자를 위한 절대적인 공간이라는 점에서, 폐쇄성과 안정성을 확보하고 권위성을 분명하게 인식시키기 위한 공간처리의 필요성이 있다. 이와같은 의식적 경계의 표현이 석실묘조영에 있어서 1차적으로는 문틀시설과 현문의 표현으로 판단된다. 그러나 이러한 기술적 변화는 관념의 변화에만 기초할 수 없다는 한계가 있다. 구조체계에 대한 이해와 이를 적용할 수 있는 기술 규범의 전통 등이 반영되어야 하는 점을 감안 할 때, 석실묘 내 문틀시설의 수용을 통해 구현된 백제 석실묘의 구조변화는 주목할 필요가 있다. 따라서 사비기 고분의 조영에 있어 치석된 판석재의 사용이라는 기술속성과 더불어 새로운 건축학적 조영법식의 수용과정에서 나타난 변화의 가능성을 검토할 수 있다.

이와 같은 현문 구조에 대한 관념과 석재의 치석 개념이 고분에 나타나게 된 계기가 무엇일까?

무덤은 사후세계를 위한 안식의 개념이지만 이와같은 구조물의 기술적 속성은 결국 현세의 문화적 반영일 수 밖에 없다. 즉 백제시대 예제의 정립에 따른 건축술의 반영과 확장을 추론할 수 있을 것으로 판단된다.

백제의 건축물에서 석재를 치석하여 축조한 구조물을 살피는 것은 쉬운 일이 아니다. 물론 웅진~사비기 출토유물 가운데 석재를 치석하여 제작한 유물은 일부 확인할 수 있는데, 웅진기에는 각섬석암을 가공하여 제작한 무령왕릉의 지석(523~525)과 진묘수가 있고, 사비기 유물로는 사택지적비와 567년에 제작된 것으로 확인되는 화강암재질의 능사출토 '창왕명 사리감'이 표면을 곱게 마석한 후 각서한 것이다. 이들 유물은 대부분 고분이나 사찰의 탑 등에 부장하기 위해 특수 제작한 것들이다. 그리고 사비기 사찰의 탑지에서 확인된 왕흥사지와 미륵사지의 사리기 봉안 심초석이 별도로 치석된 석재로 이루어져 있다.[39]

따라서 석재를 치석하여 만든 건축이나 무덤과 같은 구조물은 웅진기에는 거의 확인되지 않으나, 사비기의 경우도 주로 사찰유적 내 건물지에서 한정되어 출토되는 모습을 살필 수 있다. 특히 건축기단에서 확인되는 가구기단은 백제의 경우 능산리사지(567년)의 당탑지에서 처음으로 확인되며, 우주의 존재는 6세기 후반으로 편년되는 금강사지에서 확인된다.[40] 그리고 익산 미륵사지와 부여 정림사지의 백제 석탑이 목조건축물을 모방하여 축조한 것으로, 세부적인 기단의 축조와 결구방법 등 다양한 건축학적 분석연구가 이루어지고 있다. 이와같이 백제의 건축물에서 치석된 가구식 기단을 비롯하여 석재가공의 흔적은 주로 사비기 사찰을 비

---

39) 사비기 백제 사찰유적에서 심초석이 확인된 것으로는 군수리사지, 능산리사지, 왕흥사지, 금강사지, 부소산폐사지, 용정리사지, 미륵사지, 제석사지 등이 있다.

40) 조원창, 2015, 앞의 논문, 62쪽.

롯한 주요 건축물에 집중되어 있었다. 특히 사찰 내 기단외장이 이루어진 곳은 주로 예배를 위한 공간인 목탑과 금당으로, 위계가 가장 높은 건축물에 집중되어 있다. 특히 석조 가구식 기단은 지대석, 면석, 갑석 등 치석된 석재들을 이용하여 각 부재를 결구시켜 기단을 외장하는 것이다. 능산리 사지 당탑지에서는 이층 석조 가구식 기단이 확인되었으며, 미륵사지 강당지와 승방지에서는 단층의 석조 가구식 기단이 조사되었다.[41]

이와같이 건축물에 반영된 석재 가구기술의 적용은 주로 사찰과 같은 종교건축이나 왕궁과 같은 권위건축에 집중되었을 것으로 판단된다. 현재 가구식 기단의 흔적이 남아있는 유적도 대부분 사찰의 기단과 같은 시설로, 축조시기 또한 앞에서 살펴본 바와 같이, 현재까지 확인된 바에 의하면 6세기 중후반에서 7세기대에 집중되고 있음을 알 수 있다. 즉 웅진기 이전에는 치석된 석재를 가공하여 축조한 건축구조물은 확인되지 않는다. 이는 결국 사비로 천도한 백제에서 사찰건립이나 관청 건축과 같은 대규모 국가공사를 통한 개발행위의 과정에서 크게 확장되었을 가능성을 살필 수 있다. 특히 이에 참여한 기술자 집단 또한 당시 최고의 선진 제작 기술을 습득한 공인집단에 의해 이루어졌을 것이다.

따라서 이와같은 건축구조물에 반영된 새로운 석개 가공기술은 결국 석실묘 축조기술에도 큰 변화를 동반하였을 것으로 판단된다. 이미 앞에서 검토한 바와 같이 백제 웅진기 석실묘는 터널식(아치식)의 천장구조를 갖는 불규칙한 할석을 이용하여 거친돌 쌓기로 축조한다. 그리고 이와같은 축조기법은 능안골 3호와 염창리 Ⅱ-19에서 보이듯이 사비천도 직후에도 지속적으로 확인되는 것으로 보아, 웅진~사비기 고분축조 전통이 연결되는 모습을 살필 수 있다. 사비천도 이후 능산리 중하총에 같이 석실묘 축조재료가 할석에서 판석재로 변화하는데, 특히 사비기 왕릉군으로

41) 이윤혜, 2013, 「백제 사찰의 하부구조 축조방법」 『백제사찰연구』, 국립부여문화재연구소.

판단되는 능산리고분군과 같이 계층상의 위계가 있는 고분은 규모와 판석재의 치석 정도에서 차이를 보인다.

사비도읍기와 같이 왕도 내 특정 고분군을 중심으로 축조기술의 차별성과 구조의 정형성이 나타난다는 것은, 분묘축조에 정치적 위계가 강하게 반영되는 것이라고 할 수 있다. 일반적으로 일정지역 내에서 축조된 무덤형식은 관습적 문화적 동질성으로 인하여 서로 유사한 구조적 성격을 보일 수는 있으나, 무덤 규모의 규격화와 같은 구조의 정형화와 제작기법에 있어서의 차별성은, 조영집단 내의 상대적 계층성을 나타내는 것이기 때문이다.

즉 사비기 고분축조에 있어서 축조재료와 축조기법의 획기적인 변화시점을 가늠할 수 있는 유구로는 능산리 중하총을 주목할 수 있다. 이 고분은 사비기 백제 왕릉군인 능산리고분군 내에 있는 가장 이른 시기로 편년되는 고분군으로, 사비천도의 주역인 성왕릉으로 추정되는 고분이다. 특히 고분의 구조상 터널식(아치식)의 천장구조로 축조되는 모습에서 웅진기 묘제전통이 유지된 상태에서 축조재료가 판석재로 변화하는 점에 기초하여 축조기술의 새로운 변화모습을 주목할 수 있다. 고분의 편년적 위치는 성왕릉으로 추정되는, 약 560년대를 전후하는 시기로 추정되고 있어, 적어도 능산리 중하총 고분이 조영되는 시점에는 백제사회 내에 석재를 가공하여 건축구조물을 만드는 축조기술이 도입되어 있는 상태였을 것으로 볼 수 있다.

이와 관련된 당시 백제의 사회적 분위기로는 사비천도와 더불어 건축문화를 비롯한 사회 전반에 걸쳐서 새로운 고급의 기술문화에 대한 수용과 적용에 있어서 매우 적극적이었음을 주목할 수 있다. 일찍이 백제는 중국과의 교류를 통해 남북조문화와 기술을 수용하고 있었으며, 이를 다시 일본과의 교류를 통하여 재전파하는 노력을 확인할 수 있다. 일례로 『일본서기』스슌(崇峻) 원년(588)조의 기록을 보면, 불사리와 승려, 寺工, 노반박사, 瓦博士, 畫工 등을 보내는 내용이 있다. 즉 6세기 말 일본 최초의 가람사원인 아스카데라(飛鳥寺)의 창건에, 백제에서 사원조영과 관련하여 학술·기술을 익힌 인물을 대대적으로 지원하고 있음을 알 수 있다. 이와 같은 기록은 사찰축조에 필요한 단순 기술의 전파만이 아니라 경전과 승려, 그리고 사찰을 만드는 기술자를 포함하여 총체적으로 불교문화를 전달하고 있는 모습을 보여주는 내용이다. 당시 사공을 통하여 사찰건축에 반영되는 건축기술이 전달되고, 노반박사, 와박사, 화공을 통하여 새로운 문화상이 전달되고 있음을 살필 수 있다.

반대로 백제의 새로운 기술 도입과 관련하여 주목되는 기록은 성왕대인 540년대에 들어와서는 중국 남조와의 교류가 활발히 이루어지면서 모시박사, 강례박사를 초빙하는 기록과, 성왕 19년(541)에 양에서 모시박사와 화사를 초빙한 기록이 『三國史記』권26 백제본기4에서 확인된다.[42] 『모시』는 오경 중 하나로 『시경』을 가리키는 것이며, 모시박사와 아울러 공장과 화사 등을 양으로부터 초빙했는데, 이는 불교사찰 건축과 관련된 것으로 보인다. 그리고 『晉書』列傳에 기록된 내용은 '육후'라는 이름의 강례박사를 초빙한 기록이 확인된다.[43] 강례박사 육후는 예학으로 이름이 높던 崔靈恩의 제자로서 스승으로부터 『三禮義宗』을 배웠다. 여기서 三禮란 『周禮』, 『儀禮』, 『禮記』세 가지를 가리킨다. 이와같은 새로운 문물과 제도의 적극적인 도입은, 백제의 건축문화는 물론 행정조직의 정비에 이르기까지 전반적인 변화의 획기가 되었을 것이다. 따라서 횡혈식석실묘 내 치석된 판석재의 도입도 선진 문물과 제도의 도입에 따른 건축기술의 변화와 함께 병행하여 이루어진 것으로 판단된다.

---

42) 王遣使入梁朝貢兼表請毛詩博士涅槃等經義并工匠畫師等從之(『삼국사기』권26 백제본기4 성왕19년)
   百濟請涅槃等經義毛詩博士 并工匠畫師等 並給之(『梁書』권54 列傳48 諸夷)

43) 陸詡少習崔靈恩 三禮義宗 梁世 百濟國表求講禮博士 詔令詡行(『晉書』권33 列傳27 儒林龔阼傳附陸詡傳)

5. 맺음말

본고에서는 백제 웅진~사비기 고분축조에 반영된 치석기술과 판석재 사용의 의미를 구체적으로 검토해보고자 하였다. 즉 사비기 고분 구조의 규격화와 축조 석재의 변화에 나타나는 횡혈식석실묘의 구조와 축조기술의 변화를 기초로, 백제 중앙사회의 기술체계 변화의 기제에 대한 검토와 더불어 사회조직 내 계층화 등의 모습을 살펴보고자 한 것이다.

석재를 가공하는 행위는 단순하게 쇠메, 정, 쐐기, 날망치 등과 같은 연장을 사용하는 개념이 아니라, 치석재를 가공하여 석실묘를 제작하는 새로운 기술의 수용이라는 측면에서 당시 사회의 특징을 살펴보고자 하였다. 사비도읍기 도성 내 중요 고분군인 능안골과 염창리고분군을 중심으로 축조기술의 차별성과 구조의 정형성이 나타나는 모습을 살펴본 결과, 석실묘의 구조에도 계층화가 반영되어 있음을 확인하였다. 일반적으로 일정지역 내에서 축조된 무덤형식은 관습적 문화적 동질성으로 인하여 서로 유사한 구조적 성격을 보일 수는 있으나, 무덤 규모의 규격화와 같은 구조의 정형화와 제작기법에 있어서의 차별성은, 조영집단 내의 상대적 계층성을 나타내는 것이기 때문이다.

『梁書』에 의하면 성왕대 梁으로부터 시경에 능한 모시박사와 강례박사, 열반경 등을 수입하면서 동시에 화사와 공장 등을 요청하여 받았다고 기록되어 있다. 이때 강례박사 陸詡가 백제로 오면서 많은 완성된 제도와 기술이 도입되었을 가능성을 주목할 수 있는데, 할석재를 이용하던 횡혈식석실묘에 치석된 판석재의 사용과 더불어 새로운 구조의 수용도 이러한 과정의 결과물로 검토할 수 있을 것으로 보았다. 특히 무령왕릉의 전실묘제 영향으로 백제 사회에 인지된 묘문과 연문의 상징성이 백제 지배층 내석실묘에 적극 수용된 계기가 되었을 것으로 판단된다. 즉 이와같은 새로운 문물과 제도의 적극적인 도입은 백제의 정치조직과 관료제의 정비는 물론 건축문화와 같은 기반시설에 이르기까지 전반적인 변화의 획기가 되었을 것이다. 사비도읍기 횡혈식석실묘 내 치석된 판석재와 문틀시설의 도입도 선진 건축기술의 도입과정에서 함께 병행하여 이루어진 것으로 판단된다. 즉 이와같은 새로운 기술과 유학의 도입은, 고대의 기술전파와 함께 선진문화 도입에 따른 집단 내 계층화 과정을 함께 검토할 수 있다.

결국 사비천도 이후에 등장하는 고분석재 내 고운정다듬의 치석가공기법과 사찰 내 가구식 기단석의 출현은 백제가 사비천도와 더불어 새로운 도성조성의 과정에서 수용한 건축술로 판단된다. 더불어 치석된 석재의 반영이 단순히 의장요소가 강화된 것이라기 보다는, 국가의 제도적 정비 속에서 사회적 계층구조가 명확하게 이루어진 결과로 볼 수 있을 것으로 판단된다.

참고문헌

『三國史記』

『釋名』

『梁書』

『晉書』

『日本書記』

강인구, 1977, 『백제고분연구』, 일지사.

건축설계대사전편찬위원회, 1994, 『건축설계대사전』.

김낙중, 2014, 「묘제와 목관을 통해 본 익산쌍릉의 의미」 『문화재』 47-1.

부여군, 2017, 『부여 능산리고분군의 조사 기록화사업』.

부여문화재연구소, 1998, 『능산리』.

山本孝文, 2002, 「백제 사비기 석실분의 계층성과 정치제도」 『한국고고학보』 47, 한국고고학회.

山本孝文, 2005, 「백제 사비도성의 관료와 거주공간」 『고대 도시와 왕권』, 충남 대학교백제연구소.

山本孝文, 2006, 「泗沘期 石室의 基礎編年과 埋葬構造」 『百濟硏究』 43, 충남대 학교백제연구소.

山本孝文, 2006, 『삼국시대 율령의 고고학적 연구』, 서경.

서현주, 2018, 「백제 사비기 능산리유형 석실묘의 발전과 그 의미」 『동아시아 고 분문화와 백제 왕릉의 위상』, 2018 백제역사유적 국제학술회의.

안지혜, 2013, 『고고학 자료를 통해 본 백제 여성상 연구』, 공주대학교 대학원 석사학위논문.

이남석, 1992, 「백제 초기 횡혈식 석실분과 그 연원」 『선사와 고대』 3, 한국고대 학회.

이남석, 1995, 『백제석실분 연구』, 학연문화사.

이남석, 2000, 「능산리고분군과 백제왕릉」 『백제문화』 29, 공주대학교 백제문화 연구소.

이남석, 2001, 「백제고분과 익산쌍릉」 『마한 백제문화』 15, 원광대학교마한백제 문화연구소.

이남석, 2002, 「횡혈식 석실분 수용양상」『백제묘제의 연구』, 서경.

이남석, 2007, 「사비시대 백제고분」『백제의 건축과 토목』, 충청남도역사문화연구원.

이남석, 2008, 「백제의 관모·관식과 지방통치체제」『한국사학보』 33.

이윤혜, 2013, 「백제 사찰의 하부구조 축조방법」『백제사찰연구』, 국립부여문화재연구소.

이현숙, 2012, 「금강유역 한성기 백제 횡혈식석실묘의 축조환경」『백제학보』 8, 백제학회.

이현숙, 2013, 「한성지역 백제 횡혈식석실묘연구 −서울 방이동·가락동 석실묘를 중심으로」『백제학보』 10, 백제학회.

정호섭, 2011, 「백제 벽화고분의 조영과 문화 계통」『한국고대사연구』 61, 한국고대사학회.

조원창, 2015, 「연화문으로 본 능산리 동하총의 편년」『백제문화』 53, 공주대학교백제문화연구소.

崔完奎, 1986, 「(二)古墳·陶窯址」『馬韓, 百濟文化』 1, 원광대학교마한백제문화연구소.

최완규, 2001, 「익산지역의 백제고분과 무왕릉」『마한 백제문화』 15, 원광대학교마한백제문화연구소.

04

백제 사비기 치석기술과 건물지

임종태(한혜리티지센터 팀장)

1. 머리말

석재는 우리 주변에서 흔하게 볼 수 있지만, 일류의 발전에 지대한 공헌을 한 재료이기도 하다. 인류사적으로 전 세계의 문명들은 석재를 이용해 건물을 짓고 성을 쌓았으며, 무덤을 만들었다. 오랜 옛날로 거슬러 올라가면 석기시대(구·신)에는 돌을 도구로 사용하면서 인류는 점차 발전하게 되었다. 이처럼 석재는 누구나 흔히 접할 수 있는 물질이지만, 인류사적 관점에서는 인간과 아주 밀접한 관계를 맺으며, 인류의 발전을 도운 고마운 물질이기도 하다.

한편 백제는 중국의 선진문물을 받아들여 이를 응용한 다양한 문화발전을 이룩하였다. 이 가운데 돌을 다듬는 기술, 즉 치석기술은 성곽 및 묘제를 비롯한 사원, 궁궐, 관아 등 다양한 건물지, 석탑 등에 활용되면서 눈부신 발전을 이루게 되었고, 주변국에 큰 영향을 끼치게 되었다.

백제 치석기술의 기원에 관해서는 현재까지 크게 다루어진 적이 없지만, 중국의 선진문화 유입과 괘를 같이 할 것이라 보는 시각이 우세하다.

즉, 한성기부터 꾸준히 교류해 온 중국의 기술 중 하나인 치석기술이 백제로 유입되면서 발전적 양상을 보이다 사비로 천도한 이후에 절정을 이룬 것으로 짐작된다. 이러한 배경에는 백제 사비기 무렵 치석기술을 사용한 묘제와 건축술이 많이 나타나 이전 한성기나 웅진기와는 전혀 다른 양상을 보인다. 특히 6세기 중반 무렵부터 확인되는 단면 육각 또는 사각의 가구식 횡혈식 석실분으로의 교체와 가구식 기단을 이용한 건물 조성, 7세기 무렵부터 발생한 석탑 건립 등은 고난이도의 치석기술이 존재하였기에 가능해진 것이다. 다시 말해 백제의 문화발전은 석재 가공술에서 비롯되었다 해도 과언이 아닐 만큼 획기적인 사건으로 주목해 볼 수 있다.

따라서 본고에서는 백제 사비기 건물지 기단에서 보이는 치석기술을 통해 건축에 치석된 석재가 사용되기 시작한 구체적인 시점을 검토해 보고자 한다. 특히 이전에 보이지 않던 치석된 석재를 사용한 건축물의 등장 배경과 이로 인해 파생된 당시의 문화적 특성 등을 고찰해 보겠다.

2. 백제 사비기 건물지 현황

치석기술은 석재, 이 가운데에서도 경도가 강한 화강암을 재단하는 것으로 이에 필요한 도구와 지식 없이는 불가능한 기술이다. 이러한 치석기술이 사용된 구체적인 흔적은 백제가 사비로 천도한 6세기 무렵의 유적에서 처음으로 확인되고 있다. 특히 사원유적이나 고분, 성곽, 기타 건물지에서 이의 흔적이 확인되는 데, 주로 치석된 초석과 기단시설, 성돌, 고분 재료가 대부분이다.

그러나 정밀하게 재단된 석재를 사용하여 위계를 달리하는 특성은 건물지에서 뚜렷하게 확인된다. 묘제와 같이 노출되지 않거나 치석 정도가 덜한 성곽과는 달리 건물지에서 확인되는 치석 기단의 경우 일반 백성들은 감히 상상할 수 없는 대단한 위세의 척도가 되었을 것이다. 따라서 백제 사비기 치석된 석재를 사용한 기단 건물지의 현황을 통해 당시 주로 어떤 건축물에 치석기술이 사용되었는지 살펴보고 이의 건물의 조성시점을 살펴보겠다.

1) 금강사지(사적 제435호)[1]

금강사지는 1964년과 1966년 2차에 걸쳐 국립중앙박물관이 발굴조사를 실시하였고, 현재는 국립부여문화재연구소에서 재조사가 진행 중에 있다. 이전에 조사된 금강사지의 유구 흔적은 백제시대 초창기 가람과 나말려초기 중건기 가람이 확인되었고, 고려시대에도 사원이 유지되었을 것으로 파악하고 있다.

1960년대 발굴조사 한 금강사지에서 확인된 건물지로는 목탑지와 금당지, 강당지, 회랑지 등이 있다. 먼저 목탑지는 풍화암반토를 기반으로 조성되었으며, 규모는 정면(약 14m)과 측면(약 14m)이 5칸으로 추정되는 정방형의 건물지로서, 지대석과 면석, 갑석으로 구성된 2층의 가구식기단으로 조성되었다.

금당지는 3회 이상 중건이 이루어진 것으로 추정되는데, 발굴조사 결과 기단석 일부와 기단토만이 남아있고 초석은 남아있지 않았다. 규모는 정면 5칸(약 19m), 측면 4칸(약 14m)으로 추정된다. 기단은 중간에 탱주 없이 우주를 세우고 지대석 위에 면석과 갑석을 올려놓은 단층의 가구식기단으로 조성되어 있다. 기단 외주에는 장방형 판석을 깔았으며, 서면 중앙에는 계단지가 있다. 금당지와 목탑지와의 간격은 약 10m이다.

---

1) 國立博物館, 1969, 『金剛寺 - 扶餘郡 恩山面 琴公里 百濟寺址 發掘報告』.
尹武炳, 1969, 『金剛寺』, 국립박물관고적조사보고, 국립박물관.
국립부여문화재연구소, 2018, 『부여 금강사지 발굴조사보고서』.

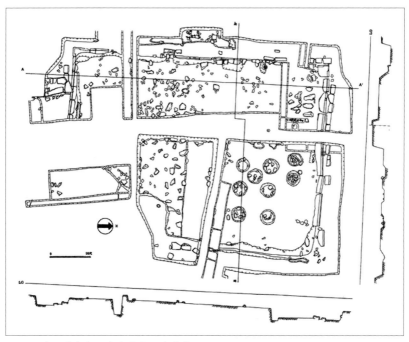

도 1. 부여 금강사지 금당지 평면도 및 단면도

도 2. 부여 금강사지 금당지 전경

강당지는 원지형을 생토면까지 평탄하게 깎아내고 조성되었으며, 규모는 남북길이 약 52m, 동서길이는 22m이다. 건물지 대부분이 유실되어 기단은 확인할 수 없지만, 기단석을 세웠던 흔적만이 잔존해 있다. 중문지 기단의 규모는 남북길이 약 15m, 동서길이는 12m이다. 기단은 판축으로 조성되었다. 회랑지는 대부분 유실되어 부분적인 조사만이 이루어졌다. 기타 건물지와 관련된 시설로는 몇 개의 초석이 확인되었다. 재질은 화강암으로 원형의 주좌를 둔 치석된 초석이다.

금강사지의 조성연대는 6세기 후반기 무렵으로 추정되고 있다.

2) 군수리사지(사적 제44호)[2]

군수리사지는 국립부여문화재연구소에서 지난 2005년에 군수리사지의 정확한 위치와 규모를 확인하고, 2006년에는 목탑지·금당지에 대한 유구 조사를 실시하였다.

군수리사지 목탑지 규모는 남북길이 14.14m, 동서길이 14.14m로, 기단은 판석형 석재와 일부 土製塼을 사용한 이중기단으로 조성되었다. 목탑지 중심에서 확인된 심초석은 화강암재의 대리석을 상면만 치석하여 전체적으로 上方下圓의 형태로 가공하였다. 심초석의 윗부분은 한 변이 정방형으로 편평하며, 아랫부분은 동서길이 130cm, 남북폭 138cm, 두께 38~45cm 정도로 부정형의 원형으로 거칠게 다듬어져 있다.

다음으로 금당지 규모는 정면 9칸(27.27m), 측면 5칸(20.2m)으로 평면상 장방형의 형태이며, 기단은 상층의 경우 삭평으로 유실되었고, 하층기단만이 잔존한다. 하층기단 남편에는 합장식 와적기단을 사용하고 있으며, 서편과 북편, 동편에는 수직횡렬식 와적기단으로 조성되었다. 금당 내부에서 확인된 초석의 주좌는 정방형(56cm)의 형태로 가공되었으며, 하부는

---

2) 國立扶餘文化財研究所, 2010, 『扶餘 軍守里寺址Ⅰ』.

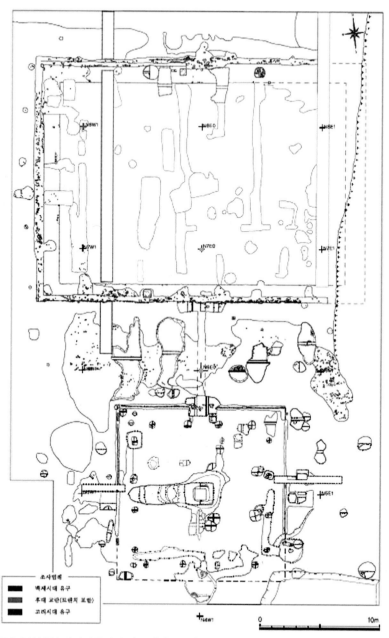

도 3. 부여 군수리사지 금당지 및 목탑지 조사 후 평면도

도 4. 부여 군수리지 목탑지 심초석

거칠게 다듬어져 있다. 군수리사지의 조성연대는 6세기 중반으로 추정되고 있다.[3]

3) 능산리사지(사적 제434호)[4]

능산리사지는 1992년부터 2000년까지 6차례에 걸쳐 발굴조사가 진행되었으며, 나성 동문 북변 외곽과 능산리고분군 사이에 성토하여 사역을 조성한 것이 밝혀졌다. 능산리사지 발굴조사에서는 목탑지와 금당지, 강

---

3) 군수리사지의 초창 연대에 대해서는 여러 설이 존재한다. 이병호의 경우 군수리사지에서 출토된 유물이나 가람배치 양상, 심초석의 매납방식 등에서 능산리사지와 왕흥사지 중간 단계에 건립된 것으로 보고 있다(이병호, 2014, 『백제 불교 사원의 성립과 전개』, 사회평론, 268~269쪽).

4) 國立扶餘博物館, 2000, 『扶餘 陵山里寺址 發掘調査報告書(1~5차)』.
   國立扶餘博物館, 2007, 『扶餘 陵山里寺址 發掘調査報告書(6~8차)』.

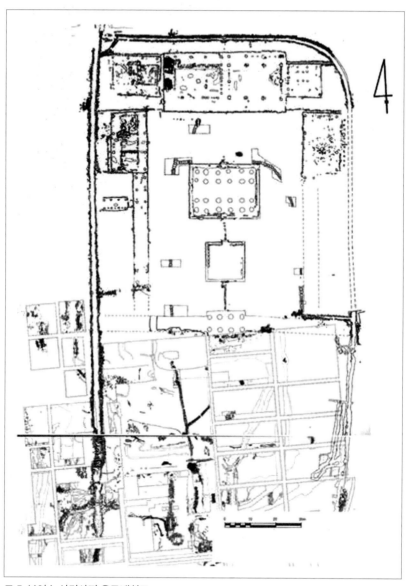

도 5. 부여 능산리사지 유구배치도

도 6. 부여 능산리사지 금당지 전경

당지, 중문지, 회랑지, 공방지 등의 건물지가 확인되었다.

능산리사지 목탑지의 기단은 이층의 구조로 상층기단은 약 110~ 130cm 크기의 화강암을 가공한 장대석을 사용하였으며, 하대석의 바깥면에는 면석을 세우기 위한 턱이 마련되어있다. 하층기단 역시 전면이 치석된 화강암을 사용하였지만, 정형성이 없고 길이도 다양해 조잡하다는 느낌을 준다. 목탑지 내부의 심초석(동서 106cm, 남북 130.5cm, 두께 50cm)은 상면을 가공한 장방형의 형태를 띠고 있으며, 심초석 위에서는 심주와 사리감이 확인되었다.

다음 금당지는 목탑지와 마찬가지로 이층기단의 구조이며, 기단은 목탑지와 같은 방식으로 조성되어있다. 금당지에서 초석은 확인되지 않았지만, 굴광판축기법에 의한 적심시설이 확인되었다. 강당지는 목탑지나 금당지와는 달리 기단의 남쪽과 서쪽, 북쪽은 할석으로 쌓고, 그 외 부분은 와적기단으로 조성되었다. 초석은 원형과 방형, 덤벙초석[5] 등 다양한 형태의 초석을 사용하였으며, 줄기초[6]가 확인되어 벽채가 있었을 것으로 추정된다. 그리고 일부 적심시설도 확인되었다.

능산리사지는 발굴조사 과정에서 백제금동대향로와 함께 백제 위덕왕 대의 창건연대를 기록한 창왕명석조사리감이 출토되었으며, 이를 토대로 보면 사원의 조성연대는 567년임을 알 수 있다.

4) 왕흥사지(사적 제427호)[7]

왕흥사지는 2000년부터 최근에 이르기까지 총 9차례에 걸쳐 국립문화 재연구소에 의해 조사되었다. 확인된 유구로는 목탑지와 금당지, 강당지, 회랑지 등의 건물지가 확인되었다.

먼저 목탑지의 기단은 장대석과 할석을 이용한 이층기단으로 축조되 었다. 이중 하층기단은 길이 1m 내외의 치석된 장대석을 사용하였고, 상 층기단은 30~40cm 내외의 할석을 사용하여 조성하였다. 기단내부에서 는 적심시설 5개가 확인되었으며, 건물지 중앙에서 심초석이 확인되었다. 심초석은 기단토 상면에서 약 50cm 하부에 위치하며, 크기는 동서길이 100cm, 남북폭 110cm, 높이 45cm이다. 심초석 남편 중앙에는 사리장치 가 설치되어 있다.

금당지의 기단은 이층기단으로 조성되었으며, 이중 하층기단은 기단토 외연을 'L'자형으로 절토한 후 30cm 내외의 거칠게 다듬은 할석을 바깥 면에 맞추어 평적하게 쌓았다. 상층기단 역시 이와 같은 방식으로 축조되

---

5) 자연석을 이용하여 기둥과 만나는 면에 그랭이질을 하여 사용한 초석.

6) 건축물 상부의 하중을 지반으로 전달하기 위하여 석재 등을 이용해 줄 모양을 길 게 이은 구조.

7) 國立扶餘文化財硏究所, 2009, 『왕흥사지Ⅲ-목탑지 금당지 발굴조사 보고서』.

도 7. 부여 왕흥사지 목탑지 및 금당지 전경

도 8. 부여 왕흥사지 목탑지 심초부

었다. 기단내부에서는 초석이나 적심시설은 확인되지 않았다. 회랑지는 동·서회랑지의 기단의 경우 할석과 기와를 이용한 혼축기단으로 조성되었다.

강당지는 가구식기단(남면)과 석축기단(동·서·북면)으로 조성되었다. 먼저 남쪽의 기단은 길이 70~110cm 크기의 치석으로 지대석을 조성하였고, 지대석 외연 안쪽 5cm 지점에 면석을 올리기 위한 홈이 마련되어 있다. 남쪽의 가구기단은 면석과 갑석이 멸실되었다. 남쪽을 제외한 동·서·북면은 할석을 이용한 석축기단으로 조성되었다.

왕흥사지는 목탑지 심초석에서 출토된 사리기에서 창건연대를 알 수 있는 명문 청동사리합이 확인되었는데, 이를 토대로 하면 왕흥사의 조성연대는 577년이다.

5) 정림사지(사적 제301호)[8]

정림사지는 충청남도 부여군 부여읍 동남리에 위치한 백제시대 사원유적으로 오층석탑과 금당지, 강당지 등이 확인되었다.

이 중 금당지는 이층의 기단으로 추정되며, 기단의 규모는 정면 7칸 (18.75m), 측면 5칸(13.8m)으로 기단의 재료는 확인되지 않았다. 기단 내부에서 초석은 확인되지 않았지만, 초석이 올려졌던 적심석은 잔존해 있다.

강당지는 단층기단이며, 기단의 규모는 정면 7칸(39.1m), 측면 3칸 (16.3m)으로 세장방형의 형태를 띠고 있다. 기단은 동·서·남쪽기단은 평적식 와적기단을 사용하였으며, 북측기단은 합장식 와적기단으로 조성하였다. 기단에 시설된 기와는 백제시대 암·수키와가 혼용되었다. 기단 내부에서는 방형의 적심토 2개가 확인되었다.

---

8) 國立扶餘文化財研究所, 2011, 『扶餘 定林寺址 발굴조사보고서』.

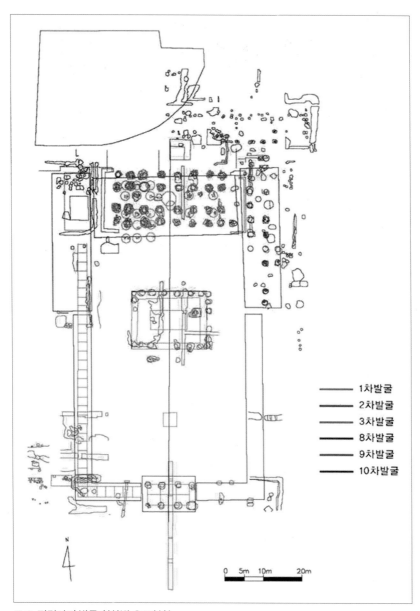

————	1차발굴
————	2차발굴
————	3차발굴
————	8차발굴
————	9차발굴
————	10차발굴

N

0 5m 10m   20m

도 9. 정림사지 발굴 회차별 유구현황

((재)백제세계유산센터, 2015, 백제역사유적지구 가이드북)

도 10. 부여 정림사지 발굴조사 전경((재)백제세계유산센터, 2015, 백제역사유적지구 가이드북)

회랑지는 대부분이 유실되어 구조와 형태는 알 수 없으나, 서회랑지 일부에서는 합장식 와적기단이 사용된 것으로 추정된다.

강당지 동·서편에서 확인된 부속건물지도 강당지와 같은 방식으로 축기부와 기단토를 구축하였으며, 기단은 평적식 와적기단으로 축조되었는데, 일부는 할석과 혼합되기도 하였다. 기단 내부에서는 상면을 다듬은 약 40~50cm 크기의 초석과 적심토가 확인되었다.

정림사지의 조성연대에 대해서는 의견이 분분하나 최근 발굴성과에 따라 7세기 초경에 사원이 조성되었을 가능성이 높다.

6) 용정리사지(시도기념물 제48호)[9]

용정리사지는 유래가 전해지지 않는 백제시대의 사원으로 금당지와 목탑지가 남아 있다. 발굴조사는 1992년에 2차에 걸쳐 부여문화재연구소에서 실시한 바 있다.

목탑지의 기단은 이중기단이었을 것으로 추정되며, 심초석은 기단 상면에 놓았을 것으로 추정되고 있다. 건물의 기단석이나 내·외부시설 등은 이미 파괴되어 확인이 불가능하다.

금당지의 기단은 이중기단으로 상층기단과 하층기단으로 나뉘는데, 상층기단은 후대에 중창된 것으로 확인되었다. 기단은 거의 파괴되어 알 수

도 11. 부여 용정리사지 금당지 상층기단 노출 모습

9) 國立扶餘文化財研究所, 1993, 『龍井里寺址』, 扶餘文化財研究所 學術研究叢書 第5輯.

도 12. 부여 용정리사지 금당지 상층기단 방형초석

없으며, 다만 할석과 판석으로 이루어진 부석열만 확인되었다.[10] 부석열
은 동서길이 30.75m, 남북폭 20.19m로 비교적 큰 규모이다.

금당지 하층기단에서 출토한 백제 연화문 수막새가 비교적 고식에 속
하는 것으로 추정되는 바 가람은 6세기 이전에 조성되었던 것으로 추정하
고 있다.

7) 미륵사지(사적 제150호)[11]

미륵사지는 『三國遺事』에 의하면 백제 무왕 때 왕이 왕비와 師子寺에

---

10) 이와 같은 부석열은 용정리 소룡골 유적의 백제 건물지에서도 찾아진다. 이러한
   부석열은 낙수로 인하여 지면이 패이는 것을 방지하는 시설로 보고 있다(朝鮮古
   蹟研究會, 1938, 「扶餘 東南里 發寺址」 『昭和 13年度 古蹟調査報告』).

11) 國立扶餘文化財研究所, 1996, 『彌勒寺址遺蹟發掘調査報告書Ⅱ』.

가던 도중 용화산 밑의 연못에서 미륵삼존이 나타났는데, 왕비의 부탁에
따라 이 연못을 메우고 3곳에 탑, 금당, 회랑을 세웠다는 전설이 전해지
며, 우리나라에서 유일하게 삼원병립식으로 가람을 조성한 사원이다.

미륵사지 목탑지의 기단은 이중기단으로 하층기단 지대 석렬과 상층기
단 지대석 몇 매가 노출되어 가구식 기단으로 축조되었음이 확인되었다.
기단내부에서는 초석이 놓였던 적심시설이 확인되었다.

중원 금당지는 평면형태가 정면 5칸(상층 약 24m), 측면 4칸(상층 약
18.2m)으로 가구식 이중기단으로 조성되었다. 기단시설 내부에는 장초석
과 방형의 초반석이 확인되었으며, 적심석이 확인되었다. 기단 토층조사
과정에서 중원 금당지와 목탑지의 축기부가 연결된 것으로 나타났다. 동

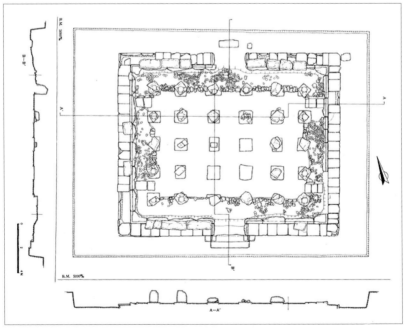

도 13. 익산 미륵사지 동금당지 평면도 및 단면도

도 14. 익산 미륵사지 동금당지 초석 및 기단 노출상태

원 금당지와 서원 금당지 역시 정면 5칸(상층 약 18.5m), 측면 4칸(상층 약 15.2m)으로 장방형의 형태를 띠며, 가구식 이중기단의 같은 규모와 구조를 이루고 있다. 기단 내부에는 원형주좌장초석과 방형의 초반석이 확인되었다. 초석의 높이는 약 1m 정도이며, 그 밑면에는 한 변이 1m 내외로 된 사각반석이 건물지 向에 맞추어 놓았다. 이 위에 놓인 초석은 對角線 向으로 놓았고 그 상부 주좌에는 인방을 걸쳤던 홈이 패어 있어 마치 고상식 구조의 건물을 하고 있다.

강당지는 평면형태가 정면 13칸(약 65.65m), 측면 4칸(19.8m)의 세장방형으로 추정된다. 기단은 가구식 기단으로 조성되었으며, 내부에는 원형주좌를 한 방형초석과 원형초석이 시설되어 있다. 남측 중앙부와 그 좌우 양측에 각각 1개소씩 계단지가 있다. 강당지 북편 건물지는 정면 8칸, 측면 4칸으로 확인되었으며, 기단은 가구식 기단으로 조성되었다.

회랑지는 기둥을 3열로 배열한 복랑의 구조로, 그 주칸거리는 보 방향으로 2.15m이고, 도리 방향으로 3.3m이다. 기단은 가구식 기단으로 조성되었으며, 중간에는 기단을 끊어 배수암거를 관통시키고, 그 위에 장대석을 덮어 기단이 연장되게 하였다. 남회랑지와 동·서회랑지는 서로 연결되지 않고 떨어져 있으며, 중원 회랑지는 四方을 둘러 방형으로 구획하였다. 회랑지에는 기단석과 초석이 비교적 많이 남아 있다. 초석은 밑이 팽이와 같이 뾰족하여 정초할 때, 기단 판축위에 구멍을 약간 파고 초석을 구멍에 맞추어 넣은 다음 적심석으로 그 옆을 쐐기와 같이 끼워 받쳐 정좌시키는 방식을 썼다.

한편 국립부여문화재연구소에 의해 서쪽 오층석탑이 해체복원 작업을 하는 과정에서 심주석 아래 사리공이 확인되었다.[12] 이곳에서는 금제사리호와 금제사리봉안기를 비롯해 은제관식 등 다양한 유물들이 확인되었는데, 이를 통해 639년 미륵사가 창건되었음을 알 수 있다.

8) 제석사지(사적 제405호)[13]

제석사지는 『觀世音應驗記』에 의하면 정관 13년(639) 뇌우로 인하여 佛堂과 七級浮圖 및 廊房이 모두 불탔다는 기록이 전해져서 7층의 목탑과 불당과 회랑 및 승방 등을 갖춘 대규모 왕실사찰로 추정된다. 이에 따라 제석사지에 대한 학술조사는 정비복원의 목적으로 국립부여문화재연구소에 의해 발굴조사가 진행된 바 있다.

제석사지의 목탑지는 이중기단으로 기단의 규모는 동서길이 21.2m의 정방형 형태를 띠고 있으며, 심초석을 중심으로 각각 5.6m, 10.6m 지점에 별도의 기단과 같은 시설이 확인되어 불당과 관련된 시설이 아닌가 추정된다. 기단석은 할석이 일부 확인되나 대부분 유실되었으며, 계단석으

---

12)   國立扶餘文化財硏究所, 2009, 『미륵사지석탑 보수정비사업 현장지도위원회자료』.

13)   國立扶餘文化財硏究所, 2010, 『제석사지 발굴조사보고서 I 』.

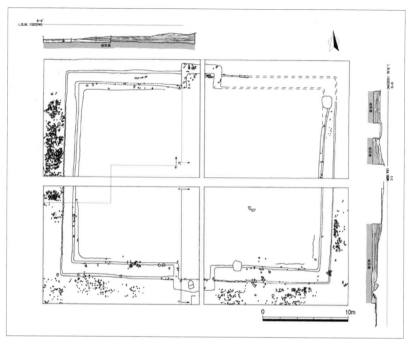

도 15. 제석사지 금당지 평면도 및 토층도

도 16. 제석사지 금당지 남측계단지 및 답도

로 사용된 것으로 보이는 지대석이 일부 확인되었다. 목탑지 중앙 상부에는 2매로 절단된 심초석이 노출되어있다. 심초석 주변으로는 사천주 혹은 초석으로 보이는 대형의 석재 5매가 확인되었는데, 측면은 방형으로 다듬고 주좌는 원형의 형태를 하고 있다.

금당지의 기단은 이중기단으로 상층기단의 규모는 동서길이 29.6m, 남북폭 20.8m이며, 하층기단은 동서길이 31.8m, 남북폭 23.6m이다. 하층기단의 축조기법은 생토면을 굴광하고 면석을 겸한 지대석을 세워 만든 것으로 보아 가구식 기단으로 추정된다. 기단 내부에서는 적심 및 초석은 확인되지 않았다.

제석사지의 조성연대는 7세기 초반으로 추정되고 있다.

9) 부여 관북리 유적(사적 제428호)[14]

관북리 유적은 충청남도 부여군 부여읍 관북리 725번지에 위치하고 있으며, 현재 왕궁지의 유력한 지역으로 알려진 곳이다. 관북리 유적에 대한 발굴조사는 1982~1992년까지 7차례에 걸쳐 충남대학교 박물관에 의해 실시된 바 있으며, 그 결과 백제시대 연지 및 도로유구, 각종 건물지 등이 조사되었다. 이중 치석된 석재를 사용하여 축조된 건물은 라지역의 대형건물지다.

라지역의 대형건물지는 와편을 다량 섞어 흙과 다져 축기부를 조성하여 축조하였다. 규모는 정면 7칸(35m), 측면 5칸(18m)으로 익산 왕궁리 유적에서 확인된 대형건물지와 같은 규모의 정전급 건물이다. 건물의 구조는 가운데에 넓은 공간이 있는 통간구조의 2층집이었을 것으로 추정하고 있다. 기단은 동·서·북쪽기단이 일부 남아있으며, 남측기단은 교란에 의해 사라진 상태이다. 북쪽기단은 방형의 치석된 석재를 세워 축조하였고,

---

14) 國立扶餘文化財研究所, 2009, 『부여 관북리 백제유적 발굴보고 Ⅳ』.

도 17. 부여 관북리 유적 대형건물지 발굴 모습

서쪽기단의 경우는 비교적 긴 장방형의 석재를 이용한 석축기단으로 추정된다. 동쪽기단은 기와와 석재를 이용한 혼축기단으로 축조하였다. 기단 내부시설로는 상면이 유실되어 초석은 확인되지 않았지만, 한 변이 2.4m에 이르는 방형의 적심시설이 총 36개가 확인되었다. 그리고 상부에는 치석된 방형의 석재를 이용하여 축조하였고, 기단의 잔존 최대 높이는 약 50cm이다.

대형건물지의 조성연대는 7세기 초반으로 추정되고 있다.[15]

---

15) 기단 외부 출토 연화문 수막새는 부소산 폐사지에서 출토된 연화문 수막새와 같은 것으로 7세기 초반으로 편년된다. 또 건물의 기초면으로 볼 때 관북리 유적의 대형건물지보다 왕궁리 유적의 대형건물지가 단순형으로 보여지므로, 상대편년상 익산 왕궁리 대형건물지가 관북리 대형건물지보다 먼저 축조된 것으로 추정된다(김용민, 2006, 「부여·익산 백제 왕궁의 대형 건물지에 대한 검토」 『백제연구』 57, 충남대학교백제연구소).

10) 익산 왕궁리 유적(사적 제408호)[16]

왕궁리 유적은 전북 익산시 왕궁면 일대에 위치하고 있다. '왕궁리성지'라고도 부르며 마한의 도읍지설, 백제 무왕의 천도설이나 별도설, 안승의 보덕국설, 후백제 견훤의 도읍설이 전해지는 유적이다.

왕궁리 유적에서 확인된 기와건물지 중 석재를 사용하여 기단을 조성한 사례는 극히 소수에 불과하고 성벽과 정원시설 등에서 치석된 석재를

도 18. 익산 왕궁리 유적 장방형 건물지

16) 國立扶餘文化財研究所, 2009, 『익산왕궁리유적의 조사성과와 의의』.
國立扶餘文化財研究所, 2010, 『왕궁리유적 발굴중간보고 Ⅶ』.
國立扶餘文化財研究所, 2012, 『익산왕궁리 Ⅷ』.
國立扶餘文化財研究所, 2013, 『왕궁리유적 9차 보고서』.
國立扶餘文化財研究所, 2014, 『동아시아 고대도성과 익산왕궁리유적』.

도 19. 익산 왕궁리 유적 방형 건물지 초석 및 기단 노출

사용한 흔적이 확인되고 있다. 다만 이들 시설의 조성시점에 대한 의견이 분분하나 조사결과에 따르면 7세기 중반경일 가능성이 높다.

11) 동남리 유적[17]

동남리 유적은 충청남도 부여군 부여읍 동남리에 위치하고 있다. 동남리유적에서 확인된 건물은 하층기단만 확인되어 이중으로 조성되었는지 단층으로 조성되었는지는 알 수 없다. 다만 하층기단으로 추정되는 기단의 경우 석축기단으로 조성되었으며, 규모는 정면 5칸(30.3m)×측면 3칸(21.2m)이다. 기단 내부에서 초석이 일부 확인되었으며, 방형의 적심토도

---

17) 忠南大學校博物館, 2015, 『東南里寺址 발굴조사 보고서』.

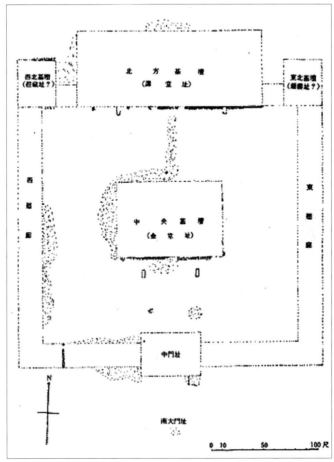

도 20. 부여 동남리 유적 가람배치도

확인되었다. 적심토는 건물의 주칸에 따라 일정한 간격을 유지한 채 조성
되었다. 그 밖에 다른 건물지는 기단이 대부분 유실되었고 일부 흔적만
확인되었으므로 건물지의 구조를 파악하기 어렵다. 출토유물은 연화문와
당과 「天王」銘瓦片, 瓦製광배조각, 금동불상편, 각종 토기 및 중국청자편

이 확인되었으며, 조사결과 조성연대는 6세기 중반으로 추정되고 있다.

12) 용정리 소룡골 유적(시도기념물 제54호)[18]

용정리 유적은 충청남도 부여군 부여읍 용정리 소룡골에 위치하고 있다. 조사결과 남쪽 건물지의 기단은 북쪽에서 일부만 확인되었으며, 방식은 할석과 치석을 이용한 석축기단으로 조성되었다. 기단의 잔존길이는 약 24m이고 잔존너비는 약 26m이다. 기단의 잔존높이는 약 38~40cm이고 적심석까지의 높이는 52cm이다. 기단의 以東과 以西가 약간의 차이를 보이는데, 以東은 방형의 석재를 다듬어 2단으로 쌓았다. 지상에 치석을 이용하여 기단면석을 구축하듯 반듯하게 세우고 그 위에 가공한 석재를 나열하였다. 以西는 크기도 일정치 않은 잡석을 돌담 정리하듯 조성하였다. 그리고 중문에 한 줄의 돌을 배열하였는데, 이것은 토단석의 적심 역할을 하고 있어 외형상 계단식이지만 사용처가 불분명하다. 기단 내부에서는 적심석이 확인되었으며, 기단 앞 지표면에는 일정하게 잡석을 반반하게 깔았다. 이는 지붕에서 떨어지는 빗물로 인하여 지면이 유실되는 것을 방지하기 위한 시설로 보인다.

북쪽 건물지는 논 경작으로 인하여 기단이 모두 파괴되었다. 그러나 기단 밖 토층 상에서 약 30~40cm의 와적층이 확인되었는데, 이는 건물의 화재로 인해 떨어진 기와가 기단 밖에 쌓인 것으로 추정된다. 이들 두 건물지는 동시기에 조성된 것으로 추정되며, 출토유물로는 연화문 수막새를 비롯하여 각종 암키와와 치미조각, 벼루 등이 출토되었다. 유적의 조성연대는 6세기 후반으로 추정된다.

---

18) 尹武炳·李康承, 1991, 『扶餘龍井里 百濟建物址 發掘調查報告書』, 忠南大學校博物館.

3. 치석기술을 이용한 건축과 출현시점 검토

앞장에서 살펴 본 백제 사비기 건물지 외에 현재도 많은 건물지가 발굴조사를 통해 확인되고 있다. 그러나 조사된 건물지 중 석재를 이용해 기단을 조성한 사례는 그리 많지 않다. 그 중에서도 석재를 가공하여 적용한 사례는 극히 일부만 확인되고 있다. 따라서 이번 장에서 백제 건물지 내 기단에 적용된 치석 방법 등을 파악해 시기적 특성을 검토해 보도록 하겠다.

1) 치석기술에 의한 건축물 조영

화강암은 우리나라에서 채취 가능한 석재 중에서 석조물의 재료로 가장 많이 이용되는 것이 화강암이다. 화강암은 우리나라 전 국토의 25%에 달하며 석재의 90% 이상을 차지한다. 국내에 분포된 화강암은 선캄브리아기의 화강암과 화강편마암, 쥬라기의 대보화강암, 백악기의 불국사화강암으로 크게 구분할 수 있는데, 석재로 이용되는 화강암은 쥬라기와 백악기 화강암이다. 우리나라의 화강암은 강도와 내마모성이 좋고, 빛깔이 아름다우며 광택이 뛰어나다. 또한 흡수성이 작고 돌결이 치밀하며 석질이 굳고 내구력이 있어서 가공하였을 때 아름다운 단면을 가진다는 장점이 있다. 하지만 800℃ 이상의 열을 접하면 균일이 생기고 붕괴하므로 세밀한 조각용으로는 부적합하다는 단점도 있다.

석재를 절단하고 다듬기 위해서는 다양한 도구가 사용되는데, 이때의 도구는 매우 중요한 가치를 갖는다. 도구의 종류에 따라 건축을 가능하게 할 뿐만 아니라 건축의 양상이 달라질 수 있기 때문이다. 그러나 전통적으로 사용해왔던 석조물 제작 도구의 명칭이나 쓰임새, 사용방법 등은 거의 알려진 바 없다.[19]

---

19) 金東旭, 1993, 『韓國建築工匠史研究』, 기문당.

그러나 현대적 방식을 토대로 유추해보면 석재를 절단하고 다듬기 위해서는 다양한 도구가 사용되었을 것이다. 현재 중요무형문화재 석장 기능보유자가 전통적인 방식으로 석재를 채취하고 다듬는데 사용하는 도구의 종류에는 여러 가지가 존재한다. 석재의 길이·너비·폭·깊이 등의 일정한 척도를 확인하는데 사용하는 가장 기본적인 계측도구인 자,[20] 석재의 틈새에 박아서 그 사이를 벌어지게 하는데 사용하는 쐐기,[21] 자와 더불어 석조물 제작에 필요한 기본적인 도구인 먹줄,[22] 선을 긋는 용도

---

[20] 자는 석재의 길이와 너비, 폭, 깊이 등의 일정한 척도를 알기위한 가장 기본적인 계측도구이다. 재료에 따라서는 목자와 철자로 나눌 수 있는데, 이 중 목자는 고대로부터 사용한 것으로 주로 尺 단위로 표시되어 있으며, 선을 그을 때 사용한다. 형태별로 곡자와 연귀자 등으로 구분된다(박경식·서지민·이채원, 2009, 『석장』, 민속원, 45쪽).

[21] 쐐기는 석재의 틈새에 박아서 그 사이를 벌어지게 하는데 사용하는 도구로 대개 단면이 삼각형을 이루며, 끝이 뾰족한 형태이다. 석재에 쐐기와 유사한 형태로 구멍을 뚫은 후 구멍에 쐐기를 박으면 그 빗면에 직각 방향으로 큰 힘이 작용하기 때문에 틈새가 벌어지게 된다. 이러한 원리를 이용하여 석재를 자를 때 사용하며, 무거운 것을 들어 올릴 때나 목재를 서로 연결시킬 때에도 사용된다. 쐐기 역시 재질에 따라 목쐐기와 철쐐기로 구분할 수 있다. 다만 목쐐기는 의도한 대로 석재를 할석하기 어려울 뿐만 아니라 쐐기를 박은 후에 석재가 갈라지기까지 시간이 오래 걸린다는 문제가 있어 주로 철쐐기가 이용되었을 것으로 생각된다(박경식·서지민·이채원, 2009, 앞의 책, 46~47쪽).

[22] 먹줄은 석조물 제작에서 직선을 긋는 용도로 사용되는 가장 기본적인 도구 중 하나로 장방형의 통 속에 두 개의 구멍으로 구성되어 있다. 이 중 한 구멍은 실을 감아두는 타래칸이고, 다른 한 구멍은 먹솜을 넣어 두는 먹솜칸이다. 사용방법은 먹줄꼭지를 그리고자 하는 선의 한쪽 끝에 꽂고 먹칼로 먹솜을 지그시 누르면서 먹줄을 풀어서 반대쪽 선 끝에 먹줄구멍을 맞춘 다음, 먹통을 단단히 고정한 후에 먹줄을 직각으로 들었다가 튕기면서 놓는다. 이때 잘못 튕기면 선이 휘거나 곡선이 되기 쉬우며, 먹실의 두께에 따라 각각 다른 두께로 그릴 수 있다(박경식·서지민·이채원, 2009, 앞의 책, 49쪽).

로 사용하는 먹칼,[23] 석재의 표면에 그림을 그릴 때나 글이나 글씨를 쓸 때 사용하는 붓,[24] 쐐기를 박거나 석재를 다듬는 등의 용도로 사용되는 메,[25] 메의 형태와 비슷하지만 한 쪽에만 날이 있는 형태로 필요 없는 부분을 떼어낼 때 사용하는 털이개,[26] 정으로 거칠게 작업이 된 석재의 표면을 곱게 쪼아 낼 때 사용되는 도드락망치,[27] 돌을 채취하거나 떼어낼

---

23) 먹칼은 대개 선을 긋는 용도로 사용되며, 길이가 한 자, 폭이 네 푼 정도로 대나무 한 마디 정도의 크기이다. 먹칼은 요철이 많은 돌에 실측치를 표시하거나 밑그림을 그릴 때 가장 편리하게 사용할 수 있는 도구이다. 사용방법은 먹칼에 힘을 주면 끝이 벌어져서 그 사이로 먹물이 배어나오게 되며, 힘을 줄이면 벌어짐이 줄어들기 때문에 일정한 두께로 먹선을 긋거나 두께를 조절할 수 있다(박경식·서지민·이채원, 2009, 앞의 책, 50쪽).

24) 붓은 짐승 털을 추려 모아서 원추형으로 만들어 죽관이나 목축에 고정시켜 만든 도구로 일반적으로는 글을 쓰거나 그림을 그릴 때 사용하는 도구로 널리 알려져 있다. 붓은 먹줄이나 먹칼로는 나타낼 수 없는 회화적이고 세부적인 표현을 할 때 주로 사용된다(박경식·서지민·이채원, 2009, 앞의 책, 51쪽).

25) 메는 흔히 망치라고도 하며, 쐐기를 박거나 석재를 다듬는 등의 용도로 사용하는 도구이다. 우리나라 전통도구인 메는 단면이 둥근 서양식 헤머(Hammer)와는 달리 단면 끝이 각이 져서 날이 서 있는 차이가 있다. 메는 석조물 제작과정의 처음부터 끝까지 사용되는 도구로 기능과 제작재료에 따라 여러 종류로 나뉜다. 메는 크기에 따라 큰메, 중간메, 작은메의 3종류로 구분되며, 머리부분과 자루부분으로 구성되어 있다(박경식·서지민·이채원, 2009, 앞의 책, 52~53쪽).

26) 털이개는 메의 형태와 비슷하지만 한 쪽에만 날이 있는 형태로 필요 없는 부분을 떼어낼 때 사용하는 도구이다. 석재 가공작업 시에는 대개 망치와 함께 사용되며, 많은 양의 돌을 깨뜨려서 떼어내는데 사용한다(박경식·서지민·이채원, 2009, 앞의 책, 54쪽).

27) 도드락망치 혹은 잔다듬망치는 정으로 거칠게 작업된 석재의 표면을 곱게 쪼아 낼 때 사용하는 도구로 머리에는 뾰족하게 튀어나온 날이 서 있어서 돌을 때리면 날눈의 형태대로 도르라지게 줄을 이루면서 표면이 곱게 다듬어 진다. 도드락망치는 날눈의 개수에 따라 종류가 나뉜다(박경식·서지민·이채원, 2009, 앞의 책, 55쪽).

때 그리고 다듬을 때 사용하는 정[28] 등이 필요하였을 것으로 추정된다.

고대로부터 건축과 관련된 의궤 등의 문헌을 살펴보더라도 석조물 제작이나 그와 관련되는 도구에 대한 기록은 거의 전무하다. 궁궐 등의 특정 건축물 공사를 규범화하는 목적으로 편찬된『周禮考工記』,[29]『營造法式』,[30]『厚陵修改都監儀軌』,[31]『華城城役儀軌』[32] 등에서 관련 내용을 일부 찾을 수 있을 정도이다. 이상의 기록은 우리나라의 고대 건축에도 많은 영향을 미쳤을 것으로 여겨지는 고대 중국 문헌자료들이다. 다만 이들 기록에서도 석장들이 사용하였던 도구에 대한 기술은 매우 단편적이고 소략해서 구체적인 내용을 살펴보기 어렵다. 이러한 한계로 인해 백제시대

---

28) 정은 돌을 채취하거나 떼어낼 때, 그리고 다듬을 때 사용하는 도구로 쇠를 담금질 하여 끝부분을 뾰족하게 만들어 사용한다. 또한 정은 석재를 채취하는 용도와 가공하는 용도에 따라 길이와 굵기가 다르고 종류도 다양한데, 일반적으로 정의 끝부분인 날의 형태에 따라 이모정, 사모정, 육모정 등으로 나눌 수 있다(박경식·서지민·이채원, 2009, 앞의 책, 57쪽).

29) 『周禮考工記』,「匠人建國條. 서술되어 있는 건물의 축조법은 고대 성곽이나 석탑 등의 기단을 다질 때에도 적용되었을 것으로 생각된다.

30) 『營造法式』卷3,「壕寨制度築基」條. 초석이나 기둥, 난간석 등의 석조물 그림을 도시하고 설명을 덧붙이고 있어 참고할 만하다.

31) 1667년에 조선시대 왕릉을 건축하고 수리하면서 편찬된『厚陵修改都監儀軌』에는 석재를 채취하고 다듬기 위한 석탄, 들기름 휴지, 익힌 삼 껍질, 괵쇠, 송연, 줄을 고정시키는 면사, 야탄이 필요하다고 하였으며, 공사에 필요한 몽둥이, 밀지레, 한마치, 날가래, 삽, 곡괭이, 도끼, 쫄정, 편자정, 입정, 이음쇠, 전동거, 썰매 등을 繕工監에서 빌렸다는 내용이 있다.

32) 1801년에 발간된『華城城役儀軌』에는 화성의 건축 당시 동원되었던 642명의 석장 이름과 출신지역, 소임뿐만 아니라 그들이 사용하였던 여러 종류의 도구를 운반하는 도구, 설치기, 다지기, 쪼개기, 고르기, 제작 재료 등으로 구분하여 수록하였다. 여기에는 석재를 들어 올리는 거중기, 석재를 들어 옮기는 녹로, 기초와 기단을 다질 때 사용하는 석저와 목저, 석재를 운반하는 발차와 동차, 구판, 그리고 돌을 다듬는 정 등의 형태를 도면으로 기록해 놓았다.

꿀 작업하는 제차(製車) 목수
(화상석, 嘉祥縣 洪山, 2세기경)

〈人物畵像〉　　　　〈南陽 執鉞門神〉

도 21. 중국 한대 화상석의 공구 사용장면
(하야시미나오, 이남규 역, 1998, 『고대중국인 이야기』, 솔)

석재 가공기술이나 도구에 대해서는 알 수가 없었고, 주목하지 못했던 것
도 사실이다.

한편 700년간 이어진 백제시대에 치석된 석재료를 이용해 건축물을 조
영한 것은 사비기에 들어서야 가능해 진 것으로 보인다. 백제 한성기를
비롯해 웅진기에는 석재를 이용하여 고분을 축조하긴 하지만, 건축물에

석재를 사용한 사례는 거의 없었다.[33] 그러다 백제가 사비로 천도한 이후 본격적으로 석재를 사용해 건축물을 조영하기 시작한다.

백제 사비기 석재료를 이용한 건물지는 사원유적과 건물지 유적에서만 찾을 수 있다. 이중 사원유적에서 확인된 건물지는 대부분이 석재를 이용하여 기단을 조성하였던 반면 건물지 유적에서는 석축 또는 다른 재료를 혼합하여 기단을 조성한 사례가 간헐적으로 확인되고 있다.

사원유적의 건물지 중에서도 치석된 석재를 사용하여 건물을 조성한 것은 목탑, 금당과 같은 중요 건물에 한정되어 있다. 앞서 사례에서도 알 수 있듯이 금강사지와 능산리사지, 왕흥사지, 미륵사지, 제석사지 등에서만 치석된 석재를 이용한 가구식 기단이 출현한다는 것을 알 수 있었다. 이 중에서도 능산리사지와 왕흥사지는 미완성된 가구식 기단으로 볼 수 있지만, 금강사지와 미륵사지는 완벽한 형태의 가구식 기단으로 건물을 건립하였다.

위의 현상으로 유추할 수 있는 사실은 6세기의 치석기술과 7세기의 치석기술의 차이가 존재한다는 것이다. 즉 6세기 조영된 능산리사지와 왕흥사지의 경우 미완성적 또는 시범적 형태로 볼 수 있다. 그러나 7세기에 들어서는 금강사지와 미륵사지에 완벽한 형태의 가구식 기단을 조성할 수 있는 기술적 발전을 이룩한 것이다. 이러한 발전이 비단 건물지에만 적용된 것이 아니라 고분이나 성곽, 석탑 조영 등에도 사용된 것은 치석기술의 보편화 또는 다양한 분야에 응용한 것으로 상당한 의미를 부여할 수 있다.

2) 치석기술의 출현시점

그렇다면 백제의 문화발전에 기여한 치석기술이 언제 등장하였는지 살

---

33) 제단 등 일부 유적과 초석 등에 할석을 사용한 사례는 찾아진다.

펴 볼 필요가 있다. 2장에 정리한 백제 사비기 건물지 현황에 따라 주요 요소별 정리를 하면 다음 표와 같다.

표 1. 백제 사비기 유적 건물지 현황표

유적명	건물지명	기단양식	재료		조성시점	비고
			할석	치석		
금강사지	목탑지	가구식		○	6세기 후반	·
	금당지	가구식		○		
군수리사지	목탑지	·	·	·	6세기 중반	심초석 가공
능산리사지	목탑지	가구식		○	567년	심초석 가공
	금당지	가구식		○		·
	강당지	석축+와축	○			
왕흥사지	목탑지	가구식		○	577년	심초석 가공
	금당지	가구식		○		·
	강당지	가구식+석축	○	○		
용정리사지	금당지	석축	○		6세기 무렵	·
미륵사지	목탑지	가구식		○	639년	
	금당지	가구식		○		
	강당지	가구식		○		
제석사지	목탑지	가구식		○	7세기 초반	심초석 가공
	금당지	가구식		○		
관북리 유적	대형건물지	석축+혼축	○		7세기 초반	
왕궁리 유적	건물지	석축	○		7세기 중반	
동남리 유적	건물지	석축	○		6세기 중반	·
용정리 소룡골 유적	건물지	석축	○		6세기 후반	

위 표에서 보는 바와 같이 치석기술의 집합체인 가구식 기단을 사용하여 건립된 유적은 금강사지와 능산리사지, 왕흥사지, 미륵사지, 제석사지 등 불과 5개 유적에서 확인된다. 이들 유적에서도 다른 건물과 다르게 목탑지와 금당지만이 가구식 기단을 채용하고 있는 특징을 보인다. 다만 한

가지 특기할 사항은 건물지 기단은 아니지만 심초석의 경우 가공된 석재를 사용한 사례도 일부 찾을 수 있다.

표 2. 백제 사비기 유적 중 치석기술의 적용 시점

유적명	조영 시기					
	6C 초	6C 중	6C 후	7C 초	7C 중	7C 후
금강사지				███	███	███
능산리사지		███	███			
왕흥사지			███	███		
미륵사지					███	███
제석사지				███	███	███

치석된 석재를 이용한 건물지 중 가장 이른 시기의 건물지는 능산리사지의 목탑지와 금당지가 가장 유력하다. 앞서 거론된 5개 유적 가운데 금강사지와 미륵사지, 제석사지는 7세기 이후에 조영된 사원으로 능산리사지와 왕흥사지보다는 늦은 시점에 조영된 것이다. 아울러 한 가지 특이한 사항은 가장 이른시기로 볼 수 있는 능산리사지와 왕흥사지의 조영시점과 관련해 절대연대가 기록된 유물이 확인됨으로써 능산리사지가 가장 이르다는 사실에는 논란의 여지가 없다. 물론 능산리사지의 건물지로 단정해 접근하기에는 무리가 있겠지만, 현재까지 확인된 백제 사비기 유적 중 치석된 석재를 사용하여 건물을 축조한 첫 사례로 꼽을 수 있을 것이다.

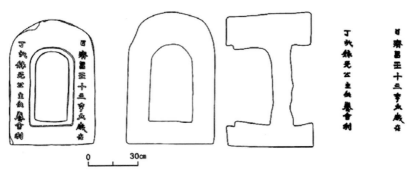

도 22. 능산리사지 목탑지 출토 석조사리감 실측도

능산리사지에서 확인되는 치석기술은 목탑지의 기단과 금당지의 기단에서 확인해 볼 수 있다. 이들 건물의 기단은 공통적으로 이층의 구조로 조영되었는데, 상층기단은 약 130cm 내외의 화강암의 일정면을 다듬어 사용하였으며, 하대석의 바깥 면에는 면석을 세우기 위한 턱을 마련하고 있다. 하층기단 역시 전면이 치석된 화강암을 사용하였지만, 정형성이 없고 길이도 다양해 조잡하다는 느낌을 준다. 다만 석재를 가공하여 짜 맞추듯이 기단을 설치한 사례가 이전에 없던 새로운 기술의 출현이라는 점에서 많은 의미를 부여할 수 있다.

능산리사지 목탑지에서 출토된 석조사리감의 명문에 의하면 567년 능산리사지가 조영된 것으로 확인된다. 석조사리감은 사리를 보관하기 만든 용기로 공교롭게도 이 석조사리감은 화강암을 가공해서 만들었는데, 백제의 전형적인 고분 형태인 아치형의 터널로 만들어졌다. 감실 내부에는 턱을 만들고 문을 설치했던 것으로 추정되며, 감실의 좌우 양쪽에 중국 남북조시대 서체인 예서풍[34]으로 10자씩 20자의 명문이 새겨져 있다.

---

34) 이 예서체는 공주 무령왕릉에서 출토된 **買地卷**의 글씨체와 흡사한 것으로 보아

능산리사지 석조사리감은 화강암을 곡선과 직선을 형상화하면서 정교하게 다듬어 만들었고, 감실 좌우에 음각방식으로 글자를 새겨 넣었다. 이로 보아 이때부터 백제는 석재를 정교하게 다듬는 기술을 채득하고 있었던 것으로 추정할 수 있으며, 본격적으로 치석기술을 이용해 건축물과 석조물을 조영했던 것으로 보인다.

한편 6세기 중반 이후 출현하기 시작한 백제의 치석기술은 건물지 조영뿐만 아니라 다양한 분야에 활용되고 있다. 특히 주목할 부분이 묘제의 변화양상이다.

백제의 묘제는 한성기 이후 중앙과 지방의 채용 양상이 달랐는데, 중앙은 횡혈식 구조의 석실묘가 주로 사용되었고, 지방은 전통적 묘제(토광묘, 옹관묘 등) 등을 채용하여 묘제로 사용하였던 것이다. 이후 웅진으로 천도하면서 지방에 대한 점유를 높이고 중앙에 의한 직접통치 방식으로 바뀌면서 묘제도 일원화되기에 이른다. 이때부터 백제는 횡혈식 석실묘가 가장 보편적인 묘제로 자리 잡기 시작하였고, 백제의 사비천도 이후에도 이러한 흐름은 계속되었다.

그러나 사비천도 이후 묘제의 변화에서 달라진 점은 그 동안 할석을 이용해 묘제를 축조하던 방식에서 큰 장판석을 가공해 석실을 조성하는 방식으로 바뀐 것이다. 특히 당시 수도였던 부여지역에서 이러한 치석된 고분이 많이 확인되고 있는데, 판석을 치석하여 면을 짜 맞추어 석실 내부를 조성하는 것이다. 이 가운데 가장 화려하고 정교하게 치석된 횡혈식 석실묘는 능산리고분군을 들 수 있다. 능산리고분군은 잘 알려진 바와 같이 백제 사비기 왕실의 묘역으로 알려져 있는데, 이중 동하총과 서하총, 중상총, 전상총 등은 백제의 왕릉으로 평가되고 있다.

능산리고분군의 개별고분은 모두 횡혈식의 구조를 지녔다는 공통점이

중국 남조와의 교류를 통해 받아들여져 사용된 것으로 추정된다.

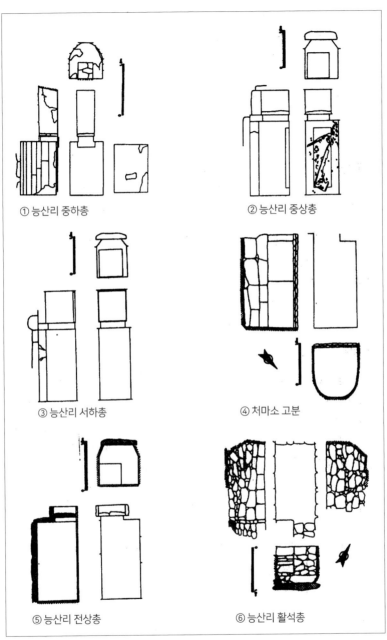

① 능산리 중하총　　　　　② 능산리 중상총

③ 능산리 서하총　　　　　④ 처마소 고분

⑤ 능산리 전상총　　　　　⑥ 능산리 활석총

도 23. 능산리고분군 서쪽 분묘 도면

있지만 구조에서는 각각의 차이를 보인다. 특히 천장의 형태에 따라 터널식과 고임식, 수평식으로 나타나는 특징을 보인다. 이들 형식의 석실분은 공통적으로 치석된 석재를 사용한다는 점에서 유사하나 시간적 속성으로 보았을 때 터널식 구조가 고임식과 수평식 보다는 이른 시점에 출현한 것으로 추정된다.

터널식 유형의 발생은 무령왕릉으로 대표되는 중국의 전축묘제의 도입에서 비롯된 것으로 추정된다. 이전의 궁륭식에서 터널식으로의 유사성과 변화요인을 찾을 수 없는 점으로 볼 때 중국의 선진적 묘제 도입과 상통하는 것으로 볼 수 있는 것이다. 이러한 터널식 유형의 횡혈식 석실분은 능산리고분군 중하총으로 대표되는데, 구조적 속성으로 보아 재료의 차이는 있으나 공주의 무령왕릉과 구조적 요소가 가장 유사하다.35)

현재까지의 연구성과로 볼 때 능산리고분군의 중하총은 성왕릉으로 비정되고 있다.36) 구조적 속성으로 보아 무령왕릉과 연계되는 점, 이에 따라 능산리고분군에서 가장 이른 시기 조성되었다는 점, 동일 능역의 고분 배치에서 가장 중심적 위치를 차지하는 점을 주목해 볼 때 중하총이 성왕릉으로 비정되는 것이다.

잘 알려진 바와 같이 백제 성왕은 무령왕의 뒤를 이은 왕으로 사비천도를 주도하고, 중국의 선진 문물을 적극 수용하면서 백제의 중앙 및 지방통치체제를 새롭게 정비하는 등 백제가 강국으로 도약하는데 큰 업적을 이룬 왕이기도 하다. 이런 성왕은 신라와 동맹을 맺고 옛 영광을 되찾고자 한강유역을 고구려로부터 탈환하기 에 이른다. 그러나 신라의 배신으로 한강유역은 다시 신라에 빼앗기게 되고 이의 연장선에서 당시 태자인 창(위덕왕)은 관산성에서 신라의 대군과 일전을 벌이게 된다. 이로 인해 백제

---

35) 이남석, 2000, 「능산리 고분군과 백제왕릉」 『백제문화』 29, 공주대학교 백제문화연구소, 21~24쪽.

36) 이남석, 2000, 앞의 논문, 24쪽.

군은 신라에 의해 참패를 당하기 되고 성왕도 전사하게 되는 사건이 벌어지게 된다. 이때가 554년(성왕 32)으로 이 전투로 인해 백제는 많은 사상자를 냈고, 120년간 유지되어 온 나제동맹은 깨지게 되었다.

이러한 역사적 흐름으로 유추할 때 성왕이 전사한 554년 이후인 어느 시점에 중상총이 조영되었다는 결과가 도출되고, 이러한 전제가 수용된다면 치석기술은 건물지보다 고분에 먼저 채용되었다는 결과로 이어지게 된다.

다만 능산리고분군 중상총의 경우 성왕릉일 가능성이 높을 뿐 정확한 피장자의 신원이 밝혀진 바 없고, 조영시점이 무령왕릉과 구조가 동일한 것 이외에 구체적으로 확인된 바 없기 때문에 건물지보다 치석기술이 이르게 채용되었다는 결론에 도달하기는 힘들다.

그러나 건물지에서 확인된 치석기술이 567년 능산리사지에 처음 확인된 점, 거의 비슷한 시점에 능산리고분군의 터널형식의 횡혈식 고분군이 출현하는 점, 여기에 터널형태의 사리감이 능산리사지 목탑지에서 출토된 점으로 미루어 볼 때 백제 치석기술의 출현 시점은 약 6세기 중반 이후인 것은 분명한 듯하다.

4. 백제의 치석기술의 특징과 도입 배경

1) 백제 건물지에서 보이는 치석기술의 특징

6세기 중반 이후 백제 사비기 건물지 축조에 치석기술이 도입되면서 나타난 가장 큰 특징은 가구식 기단의 출현을 들 수 있다. 앞서 거론하였듯이 가구식 기단은 건물의 외관을 돋보이게 하는 장엄성과 기단토가 유실되지 않도록 견고하게 받치는 기능성을 함께 갖춘 기단양식이다. 이러한 가구식 기단이 백제에서 처음 출현하였다는 것은 많은 의미를 함축하고 있다.

가구식 기단의 장엄적 특징은 선행연구[37]에서 많이 다루었던 바 있다. 반영구적 재질인 석재를 사용하고 이 석재를 다시 세밀하게 가공하여 조립함으로써 이전과 다른 방식의 권위 건축을 상징하는 것이 가구식 기단이 가진 특징이다.

백제는 석재를 축석하던 기존의 기단 조성방식과 함께 중국의 선진 기술방식인 치석기술을 들여옴으로써 가구식 기단방식을 병행함으로써 차별성을 극대화하고자 하였던 것으로 추정되며, 이러한 요소가 사찰 건물 중에서도 목탑지나 금당지에서만 확인되는 것으로 보아 최상위 권위건축에 사용되었던 것으로 보인다. 아울러 7세기에 이르러서는 미륵사지와 금강사지에서 볼 수 있듯이 더욱 정교하게 만들어진 완성된 가구식 기단으로 발전하게 된다.

치석기술은 비단 가구식 기단에만 사용되는 것이 아니라 석재의 한쪽 면만 다듬어 사용한 장대석 기단에도 사용된다. 이런 장대석 기단은 가구식 기단에 비해 위계 상 차이는 있을 수 있지만 일반적으로 확인되는 석축 기단과는 분명한 차이가 있다.

한편 가구식 기단과 장대석 기단은 장엄적 특성과 함께 기능적 특성도 함께 엿보인다. 이러한 기단양식이 출현하면서 건축적으로 정교하고 튼튼한 기단을 만들게 되는데, 이때 나타난 기술적 요소가 귀틀석이다.

귀틀석이란 가구식 또는 장대석 기단의 모서리 갑석을 'ㄱ'자 형태로 만든 것을 말하는데, 기단의 모서리 갑석은 시간이 지남에 따라 자연적으로

---

37) 전봉수, 2000, 「한국사찰 건축의 가구식 기단에 관한 연구」, 경상대학교 석사학위논문.
조원창, 2003, 「사찰건축으로 본 가구기단의 변천 연구」 『백제문화』 32, 공주대학교 백제문화연구소.
김선기, 2011, 「백제 가람의 삼단계 위계를 갖는 가구식 기단 연구」 『선사와고대』 34, 한국고대학회.
조원창, 2014, 『백제 사원유적 탐색』, 서경문화사.

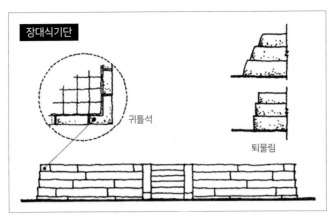

도 24. 귀틀석 도면

도 25. 미륵사지 금당지 하층기단 귀틀석

벌어지기 쉬움으로 이를 방지하고자 모서리 석재를 'ㄱ'자 형태로 만들어 보다 견고하게 기단을 조영한 것이다.

위와 같은 귀틀석은 기능적 요소에 의해 출현하였을 가능성이 매우 높다. 비단 일체감을 돋보이기 위한 것으로도 생각해 볼 수 있지만, 건물의 기능성에 초점을 맞춘 기술적 요소로 이해하는 것이 타당할 듯하다. 그렇다면 위와 같은 귀틀석이 처음 채용된 것은 어느 시점인지 살펴볼 필요가 있다.

백제의 기단에 보이는 귀틀석은 가장 이른시기 치석기술이 채용된 능산리사지에서 살필 수 있다. 능산리사지의 목탑지 동북쪽 하층기단 지대석 모서리에 'ㄱ'자 형태의 귀틀석이 존재하는 것을 볼 수 있다. 발굴조사 당시 확인된 목탑지의 하층기단은 대부분 유실되었고, 동북쪽과 서북쪽만 지대석이 확인되었다. 이 중 동북쪽 하층기단에서 위와 같은 귀틀석이 확인되고 있다. 이외 금강사지 금당지 서북 모서리 지대석에도 우석을 놓았던 흔적이 보이는데, 우석의 존재로 보아 기단 지대석의 귀틀석과 마찬가

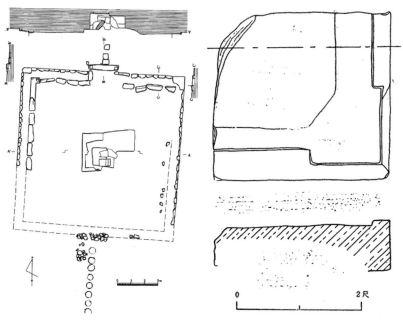

도 26. 능산리사지 목탑지 평면 실측도   도 27. 금강사지 금당지 서북 모서리의 지대석 실측도

지로 상면 갑석이 귀틀석으로 존재하였을 가능성은 매우 높다.

이러한 귀틀석의 존재는 석재를 치석하는 기술이 없다면 존재할 수 없다. 즉 고도의 치석기술로 인해 귀틀석이 존재할 수 있는 것이다. 아울러 이런 기술적 요소는 7세기 이후 석탑의 조영이나 마애불과 같은 석조미술에도 큰 영향을 끼치게 되었을 것이다.

이상과 같이 백제 사비기 건물지에서 나타난 치석기술은 567년 능산리사지를 시작으로 서서히 확인이 되고 있다. 여기서 나타난 가장 큰 특징은 건물의 권위와 기능성이 돋보이는 가구식 기단이나 장대석 석축기단의 출현을 들 수 있다. 이러한 기단양식은 6세기 이전에는 볼 수 없었던 신기술로 6세기 백제의 문화발전에 큰 영향을 끼친 것으로도 볼 수 있다. 확언할 수 없지만 웅진기에 비해 기와의 제작방식의 다양화나 건축물의 지상화 등이 이의 맥락에서 실마리를 찾을 수 있지 않을까 한다. 물론 그 사례가 많은 것은 아니지만 7세기 이후에는 본격적으로 치석기술이 사용되어 건축물이 조영된다는 것은 분명한 사실이다.

2) 백제의 치석기술 도입 배경

앞서 검토한 바와 같이 백제 사비도읍기 치석기술의 도입은 많은 분야에서 변화를 가져오게 되었고, 발전된 양상을 보인다. 특히 석재를 이용한 가공기술은 궁궐이나 성곽, 사원 등의 건축물을 건립하면서 비약적으로 발전하게 된다. 이와 같은 건축물들은 국가의 국력과 위상을 집약적으로 보여주는 기념비적인 것으로 최고의 기술력을 가진 장인들이 동원되었을 것이다.

이런 치석기술이 본격적으로 백제에 도입된 시점은 6세기 중반 무렵으로 추정된다. 6세기 중반 이후 등장하는 능산리사지와 능산리고분군의 중하총이 이를 대변하고 있다. 결과적으로 백제는 사비천도 직후인 6세기 중반 무렵 새로운 기술이 유입되면서 다방면에 걸쳐 발전된 문화를 만들어가게 되는 것이다.

538년 사비로 천도한 백제는 관제와 중앙행정조직을 정비하고 중앙집권적 국가체제를 공고히 하면서 중국의 선진 문화를 적극 수용하는 등 대내외적으로 많은 변화가 일어나게 된다. 특히 이 과정에서 주목해 보아야 할 사실은 중국의 선진 문물 수용이다.

백제는 무령왕과 성왕 재위 기간에 중국 남조의 문물교류를 통해 다양한 선진 문화를 수용하고 응용하게 된다. 대표적인 사례로 공주 무령왕릉을 들 수 있는데, 이는 기존의 백제 묘제를 대신해 새로운 중국의 묘제를 수용하여 왕릉을 조성한 사례로 상당히 파격적이고 이례적이면서 많은 의미를 함축하고 있다. 무령왕릉 조영을 시발점으로 백제는 중국 남조의 선진 문물과 기술자를 들여와 다양한 분야에 적용하기 시작한다. 그런데 공교롭게도 이때는 백제의 사비천도와 맞물리는 시점이다.

성왕은 사비로의 천도를 단행할 시점에 중국의 양나라와 밀접한 교류를 갖게 된다. 이 때 백제로 가장 많이 유입된 것은 불교와 관련된 문물들이다. 중국 남조 양나라의 불경과 불사 건축기술, 기와 제작기술 등 다양한 선진 기술력과 기술자가 대표적인 사례[38]다. 아마도 백제의 치석기술은 이 무렵 불사 건축기술과 함께 백제로 유입된 것이 아닌가 추정된다.

백제의 천도[39]는 한성에 웅진으로 다시 웅진에서 사비로 2차례에 걸쳐 진행되었다. 그러나 한성에서 웅진의 천도는 자의가 아닌 고구려에 의한 한성함락이라는 국가적 시련, 즉 외부의 요인에 의한 타의적 천도라면, 웅진에서 사비로의 천도는 시대적 흐름과 관련한 내부의 결정, 즉 국가 경영과 관련한 자의적 천도로 차이가 있다. 아울러 백제는 사비로의 천도를

---

38) 『三國史記』卷第二十六 百濟本紀 第四, 聖王 十九年.

39) 백제는 초기에 한강유역에 정착한 다음에 河北에서 河南, 그리고 위례에서 한산으로서의 이도한 것으로 삼국사기에 기록되어 있는데, 이의 내용을 고고학적으로 증명하기 어렵기에 본고에서는 생략하도록 하겠다.

단행하면서 웅진도읍기의 지루한 귀족내분을 종식시키었고, 나아가 22부사 설치 및 5부5방제 실시, 16관등제의 확립을 통한 국가권력과 기능을 재정립하게 된다.[40]

이러한 과정에서 백제의 왕실은 권위를 높이기 위해 이전과는 차별화된 고급 기술이 필요했을 가능성이 높다. 이의 맥락에서 중국의 선진기술을 얻기 위해 양나라에 요청하는 등 일련의 노력을 기울였던 것으로 보아야 합리적 추론이 가능해 진다. 더욱이 웅진이 갖는 지형적 협소함으로 인해 새로운 터를 개발하고 잘 정비된 도성을 만드는 과정에서 중국의 선진 기술은 어쩌면 선택사항이 아닌 필수 요건이었을지 모른다. 특히 석재는 반영구적 재료로 이를 사용해 견고한 기단을 만들 수 있었을 것이고, 이렇게 만들어진 기단 위에 와공이 만든 기와를 대량으로 올리는 등 이전과는 다른 건축물을 조영하였을 것이다. 여기에 반듯하게 치석된 석재를 이용해 기단을 조성하여 장엄성과 건물을 권위를 높이고자 노력하였을 것이다.

결론적으로 백제의 치석기술은 새로운 수도건설을 위해 유입되었을 가능성이 높다. 물론 부여에서 확인된 백제의 건축물이 모두 석재로 이루어진 것은 아닐뿐더러 석재로 만들어진 건물 중에서도 치석된 석재를 이용해 조영한 건물은 극히 드물다. 그러나 적어도 치석기술의 출현 시점이 사비천도 시점과 맞물린다는 사실은 부정하기 어렵다. 아울러 6세기 중반 이후 본격적으로 단행된 여러 불교사원 조영은 위와 같은 선진기술의 유입과도 괘를 같이 한다.

한성도읍 시절인 침류왕 원년에 수용된 불교문화는 사비로 천도한 이후에야 대대적인 불교사원이 건립되고, 이때에 이르러 꽃을 피우게 된

---

40) 이남석, 2010, 「고고학자료를 통한 백제 사비천도의 재인식」 『백제문화』 43, 공주대학교 백제문화연구소.

다.[41] 불교문화의 발전은 사원의 건립과도 일맥상통하는 것으로 이의 발전은 곧 건축술의 발달과도 직결된다. 특히 불교 사원의 건립에는 불전이나 불상, 탑(석탑)을 비롯한 다양한 석조물이 제작되기 마련인데, 이들 석조물은 단순한 조형물이 아닌 예술품으로 자리매김하는데 크게 기여하게된다. 그리고 백제의 석조 기술 발전은 그 주변국가에도 많은 영향을 끼치게 된다. 나아가 화강암을 재료로 사용하는 불교 석조물은 우리나라의 독창적인 석조문화를 형성하는데 기여하게 되고, 제작 과정에서 도구와 기술은 시간이 흐름에 따라 발전하였을 것이다.

5. 맺음말

石材(돌)는 인류가 자연에서 채득한 물질 중 그 연원이 가장 오래되었고, 역사 및 문화의 진전 과정에서 늘 함께 해 온 소재였다. 또한, 석재는 무기, 분묘, 건축, 공예, 조각 등으로 제작되면서 인간이 도구로 사용한 재료들 중 가장 친숙한 재료이면서 보편성을 지니고 있다. 이러한 돌을 재료로 가공하여 제작한 석조물은 선사시대에는 생존을 위한 실용적 도구로, 후대엔 예술적 의미와 신앙을 표현하는 소재로 사용되면서 시간이 흐름에 따라 지속적인 발전을 이루었다.

이렇듯 우리나라의 석조문화는 선사시대로부터 현대에 이르기까지 역사적 변천과정과 문화적 능력을 파악할 수 있는 여러 문화유산 중 연원과 양적인 면에서 늘 중심에 자리하였다.

백제의 석조문화는 불교건축에서 눈부신 발전을 이룩하였으며, 삼국

---

41) 고고학적으로 한성도읍기 불사가 건립된 흔적은 확인되지 않았으며, 공주 역시 대통사의 존재 가능성은 유력하나 위치가 불분명하다. 이와 달리 사비도읍기에는 많은 불사가 조영된 것으로 확인되고 있다.

시대 후기에는 주변 국가에 큰 영향을 끼쳤다. 특히 신라의 황룡사 구층목탑이 백제의 장인에 의해 건립된 것과 일본 최초의 가람인 비조사가 백제의 조사공 파견에 의해 건립된 것은 잘 알려져 있다. 이외에 소소하게는 고신라와 일본 고대 가람 주변에서 출토된 백제계 와당을 보면 백제는 건축술의 전파와 함께 기와 제작기법까지도 영향을 끼친 것으로 보인다. 또한, 석탑은 한국식 석탑의 기원으로서 후대에까지 큰 영향을 끼치게 되었다.

이에 그치지 않고 백제는 다듬은 석재를 묘제에도 사용하면서 그들의 발전된 기술문화를 주변에 과시하였다. 백제 사비도읍기 왕릉군으로 추정되는 능산리고분군에서는 이전과는 다른 정형화되고 규격화된 횡혈식 석실분이 발생하는데, 이는 석재의 가공술이 있기에 가능했던 결과물로 주목해 볼 수 있다.

이처럼 백제 사비기에는 석재를 치석하는 기술로 인해 여러 방면에서 문화적 발전양상을 보이고 있다. 즉 치석기술의 도입은 당시의 문화·사회·경제 등 모든 분야에 적용되었고, 발전의 기틀이 되었던 것으로 볼 수 있다.

이러한 백제의 석재 가공술은 성왕 즉위기 남조에 요청한 기술자들이 한반도로 건너오면서 전래된 것이며, 이러한 기술은 주변국에 영향을 끼쳐 한반도의 문화발전에 큰 기여를 한 것으로 보인다.

참고문헌

『三國史記』

朝鮮古蹟研究會, 1938, 「扶餘 東南里 發寺址」『昭和 13年度 古蹟調査報告』.

國立博物館, 1969, 『金剛寺-扶餘郡 恩山面 琴公里 百濟寺址 發掘報告』.

尹武炳, 1969, 『金剛寺』, 국립박물관고적조사보고, 국립박물관.

尹武炳·李康承, 1991, 『扶餘龍井里 百濟建物址 發掘調査報告書』, 忠南大學校博物館.

國立扶餘博物館, 2000, 『扶餘 陵山里寺址 發掘調査報告書(1~5차)』.

國立扶餘博物館, 2007, 『扶餘 陵山里寺址 發掘調査報告書(6~8차)』.

國立扶餘文化財研究所, 1993, 『龍井里寺址』, 扶餘文化財研究所 學術研究叢書 第5輯.

國立扶餘文化財研究所, 2009, 『미륵사지석탑 보수정비사업 현장지도위원회자료』.

國立扶餘文化財研究所, 2009, 『부여 관북리 백제유적 발굴보고 Ⅳ』.

國立扶餘文化財研究所, 2009, 『익산왕궁리유적의 조사성과와 의의』.

國立扶餘文化財研究所, 2009, 『왕흥사지Ⅲ-목탑지 금당지 발굴조사 보고서』.

國立扶餘文化財研究所, 2010, 『동아시아 고대사지 비교연구(Ⅱ)-금당지편』.

國立扶餘文化財研究所, 2010, 『扶餘 軍守里寺址Ⅰ』.

國立扶餘文化財研究所, 2010, 『제석사지 발굴조사보고서Ⅰ』.

國立扶餘文化財研究所, 2010, 『왕궁리유적 발굴중간보고Ⅶ』.

國立扶餘文化財研究所, 2011, 『扶餘 定林寺址 발굴조사보고서』.

國立扶餘文化財研究所, 2012, 『동아시아 고대사지 비교연구(Ⅲ)-강당지편』.

國立扶餘文化財研究所, 2012, 『익산왕궁리Ⅷ』.

國立扶餘文化財研究所, 2013, 『왕궁리유적 9차 보고서』.

國立扶餘文化財研究所, 2014, 『동아시아 고대도성과 익산왕궁리유적』.

忠南大學校博物館, 2015, 『東南里寺址 발굴조사 보고서』.

金東旭, 1993, 『韓國建築工匠史研究』, 기문당.

박경식·서지민·이채원, 2009, 『석장』, 민속원.

조원창, 2014, 『백제 사원유적 탐색』, 서경문화사.

이병호, 2014, 『백제 불교 사원의 성립과 전개』, 사회평론.

이남석, 2000, 「능산리 고분군과 백제왕릉」 『백제문화』 29, 공주대학교 백제문화연구소.

전봉수, 2000, 「한국사찰 건축의 가구식 기단에 관한 연구」, 경상대학교 석사학위논문.

조원창, 2003, 「사찰건축으로 본 가구기단의 변천 연구」 『백제문화』 32, 공주대학교 백제문화연구소.

이남석, 2010, 「고고학자료를 통한 백제 사비천도의 재인식」 『백제문화』 43, 공주대학교 백제문화연구소.

김선기, 2011, 「백제 가람의 삼단계 위계를 갖는 가구식 기단 연구」 『선사와고대』 34, 한국고대학회.

05

統一新羅期 石造物에 보이는
百濟 石塔의 治石과 結構技術

조원창(한얼문화유산연구원 원장)

1. 머리말

삼국시대에 불교가 유입되면서 탑이 만들어지기 시작하였다. 초기에는 목탑이 대세였으나 7세기 이후가 되면서 석탑이 조성되었다. 현재 남아 있는 삼국시대의 석탑은 백제 사비기의 부여 정림사지 오층석탑과 익산 미륵사지석탑, 신라의 경주 분황사지 모전석탑이 있다.

정림사지 오층석탑과 미륵사지석탑이 기존의 목탑을 번안한 것이라면 분황사지 모전석탑은 전탑을 모방하여 축조되었다. 전탑의 경우 중국 당 나라에서 유행하였음을 볼 때 분황사지 모전석탑 역시 중국의 전탑기술이 유입되어 탑이 조성되었음을 알 수 있다.

본 논고는 백제 석탑에 채용된 치석 및 결구기술이 삼국통일 이후 신라 사회에 어떻게 전파되었는지를 살펴보는 데 목적이 있다. 물론 기술 전파 의 주체는 일차적으로 백제의 석공이었을 것으로 판단된다. 이는 645년 경주 황룡사지 구층목탑을 창건한 아비지(阿非知)가 백제의 조탑승이었고, 중금당의 이중기단과 가구기단의 축조기술 역시 백제의 기단축조술과 무관치 않다는 점에서 파악할 수 있다.

부여의 정림사지 오층석탑은 별석을 이용하여 탑을 조성하였고, 상층 기단에는 면석과 면석 사이에 탱주가 조성되어 있다.[1) 이는 탱주 없이 우 주만 조성되었던 가구기단과는 구조적으로 큰 차이를 보이는 것이다.

지금까지 백제의 건축기단에서 탱주는 확인된 바 없다. 이는 고구려나 신라의 건축기단에서도 마찬가지이다. 이러한 사실을 전제할 때 기단에 서의 탱주는 정림사지 오층석탑이 최초라 할 수 있다. 그리고 이러한 별 석의 탱주가 679년 경주 사천왕사 당탑에서 확인됨을 볼 때 백제 석공에 의한 기단축조술의 전파를 마냥 부인하기도 어려울 듯싶다.[2)

익산 미륵사지석탑은 부여 정림사지 오층석탑에 비해 좀 더 다양한 치 석과 결구기술을 간직하고 있다. 이는 아마도 기단부 및 탑신부에서 관찰 되는 여러 요소가 목조건축물에 보다 더 근접하였기 때문일 것으로 생각 된다. 미륵사지석탑에서 볼 수 있는 대표적인 치석기술로는 각형 모접이 를 들 수 있다. 그리고 결구기술은 도투마리 은장이음 및 장부이음, 빗이 음, 턱이음, 반턱이음 등을 예시할 수 있다.[3) 아울러 이상의 치석 및 결구 기술은 통일신라기 당탑을 비롯한 교량, 난간, 계단, 당간 및 당간지주 등 에서 어렵지 않게 살필 수 있다.

본고는 이러한 내용을 바탕으로 백제 석탑의 치석 및 결구기술이 통일 신라기 석조물에 어떠한 영향을 미쳤는지를 살펴보고자 하였다. 이미 미

---

1) 정림사지 오층석탑에 대한 해체보고서를 확인하지 못해 본고에서는 탑의 외형만 을 연구대상으로 삼았다. 따라서 탑 안쪽에 감추어진 치석 및 결구기술에 대해서 는 살피지 못하였음을 밝힌다.

2) 백제 기단축조술의 신라 전파는 아래의 논고를 참조.
趙源昌, 2006, 「百濟 基壇 築造術의 對新羅 傳播」『건축역사연구』 42.

3) 이음에 대한 용어는 국립문화재연구소, 2014, 『전통 목조건축 결구법』 참조.

륵사지석탑의 해체보고서가 발간된 바 있고, 이에 대한 은장이음의 논문[4]도 발표된 바 있으나 통일신라기 전체 석조물을 대상으로 하지 않았다는 점에서 논고 집필의 필요성을 느끼게 되었다.

하지만 이번 연구에서 담지 못했던 더 다양한 치석 및 결구기술이 백제 석탑에 남겨 있을 것으로 생각된다. 이에 대해선 향후 자료가 축적 되는 대로 다시금 논고를 진행해 보고자 한다.

2. 백제 석탑의 자료 검토

1) 부여 정림사지 오층석탑[5]

정림사지 오층석탑(도 1)[6]은 1962년 12월 20일 국보 제9호로 지정되었다. 높이 8.33m이고, 판축된 축기부 위에 기단부, 탑신부, 상륜부가 조성되어 있다. 축기부와 지대석 사이에는 기석(基石)[7]이라 불리는 석괴들이 놓여 있고, 기석 외곽으로는 한 변 4.9m의 석재가 수직횡렬식으로 조성되어 있다.

석탑은 지대석에서 노반석에 이르기까지 모두 149개의 부재로 이루어졌다. 미륵사지석탑과 통일신라기 석탑에서 흔히 볼 수 있는 각형 모접이는 살필 수 없으나 노반석에서 호형의 치석을 확인할 수 있다.

---

4) 박경식, 2015, 「미륵사지석탑의 기술력이 신라 석탑에 미친 영향」『신라문화』 45집.

5) 이에 대해선 아래의 자료를 참조.
忠南大學校博物館·忠淸南道廳, 1981, 『定林寺』.
李殷昌, 1991, 「百濟의 石塔」『百濟의 彫刻과 美術』, 公州大學校博物館·忠淸南道.

6) 필자 사진.

7) 지대석 아래에 놓여 있어 층위상 구지표면(생활면) 아래에 위치하였음을 알 수 있다.

도 1. 부여 정림사지 오층석탑

기단부는 이중기단으로 지대석과 우주와 탱주, 면석, 갑석 등으로 결구되어 있다. 우주와 우주 사이에는 한 개의 탱주가 별석으로 조성되어 있다. 중대석 위 갑석은 8매로 이루어졌으며, 갑석 상면으로는 초층 탑신이 놓여 있다.

탑신부는 모두 108개의 별석으로 결구되었고, 이 중 초층 탑신이 12석으로 가장 많은 수를 차지하고 있다. 우주는 목조건축의 기둥에서 흔히 볼 수 있는 엔타시스 양식으로 치석하였다. 우주와 우주 사이는 탱주 없이 면석만 끼워 넣었다. 2층 이상의 탑신 부재 수는 2·3층이 4매, 4층이 2매, 5층이 1매 등 위로 갈수록 부재를 적게 사용하였다. 아울러 초층 탑신을 다른 층에 비해 높게 제작하여 전체적으로 안정감을 주고 있다. 또한 이곳에는 「大唐平百濟國碑銘」이 각자되어 있어 한 때 평제탑이라 불리는 오명에 젖기도 하였다.

옥개석은 전체적으로 얇고 평평하며, 전각은 위로 반전되어 있다. 옥개석과 옥개석(층급)받침은 별석으로 제작되었고, 옥개석받침은 공히 2단으로 축석되었는데 특히 상단 옥개석받침을 높게 조각하였다. 낙수면 사이의 우동은 마치 목조건축물의 추녀마루처럼 양각대로 도드라지게 표현하였다. 옥개석의 네 모서리에는 풍경을 매달았던 구멍이 상하로 뚫려 있고, 상면에는 탑신을 받치기 위한 고임대가 별석으로 조성되어 있다.

상륜부에는 현재 원추형의 노반석 만이 살펴지고 있다. 그러나 노반석 및 옥개석에서 원형의 찰주공이 확인되는 것으로 보아 본래 찰주가 시설되었음을 알 수 있다. 아울러 1963년 4층 탑신석 남면부에서 사리공(길이 60cm, 폭 43cm)으로 추정되는 공간이 조사되었는데 사리장치 등은 검출되지 않아 일제강점기에 도난당한 것으로 추정되었다. 석탑의 축조 시기는 7세기 초반으로 추정되었다.

2) 익산 미륵사지석탑[8]

석탑(도 2)[9]은 현재 국보 제11호로 지정되어 있다. 이중기단 위에 6층의 탑신부가 남아 있다. 기단부 아래에는 축기부가 조성되어 있고, 상륜부는 멸실되어 확인할 수 없다. 공양석 내부에서 수습된 금제사리봉영기로 보아 석탑은 639년 무렵에 축조되었음을 알 수 있다.

축기부는 대지조성토를 되파기하여 조성되었고, 그 내부는 토석혼축으로 이루어졌다. 되파기면은 하층기단 지대석으로부터 약 1.9m, 97cm 정도 이격되어 있다. 축기부의 상면 최대 폭은 약 15.5m이다. 축기부에서는 백제시기의 단판6엽 연화문 수막새를 비롯해 선문·무문 암키와, 무문 미구기와 등이 수습되었다.

기단부는 하층기단과 상층기단으로 구분된다. 하층기단은 지대석과 갑

---

8) 본고에서의 미륵사지석탑은 동·서탑 중 서탑을 가리킨다. 미륵사지석탑에 대한 참고 자료는 아래와 같다.
國立文化財研究所·全羅北道, 2003, 『彌勒寺址石塔 解體調査報告書』Ⅰ.
國立文化財研究所·全羅北道, 2004, 『彌勒寺址石塔 解體調査報告書』Ⅱ.
國立文化財研究所·全羅北道, 2005, 『彌勒寺址石塔 解體調査報告書』Ⅲ.
國立文化財研究所·全羅北道, 2011, 『彌勒寺址石塔 解體調査報告書』Ⅳ.
국립문화재연구소·전라북도, 2012, 『彌勒寺址 石塔 기단부 발굴조사 보고서』.
9) 전라북도익산지구문화유적지관리사업소·미륵사지유물전시관, 2001, 『미륵사지석탑』, 12쪽 사진 8.

도 2. 익산 미륵사지석탑

석으로 결구되었고, 상층기단은 지대석과 면석, 갑석 등 가구기단으로 조
성되었다. 상층기단의 네 모서리에는 우주가 별석으로 축조되어 있으나
정림사지 오층석탑과 같은 탱주는 시설되지 않았다. 기단부 네 면의 중앙
에는 가구식 계단이 설치되어 있다.

　탑신부는 탑신과 옥개석으로 이루어져 있다. 초층 탑신은 정·측면 3칸
으로 구성되었고, 기둥은 민흘림으로 치석되었다. 기둥과 기둥 사이에는
창방과 면석이 결구되어 있고, 창방의 상면에는 평방이 길게 놓여 있다.
출입구는 고맥이석 위의 하인방석과 평방석 사이에 조성되어 있다. 출입
구의 좌우에는 문설주가 세워 있는데 이의 상하단에는 장부가 일부 조각
되어 있다. 기둥과 창방은 반턱이음, 하인방석과 초석은 턱이음으로 결구

되어 있다.

출입구를 통과하면 중앙의 심주석을 기준으로 십자형 통로가 마련되어 있다. 통로를 구성하는 벽석(면석)은 치석정층쌓기로 이루어졌는데 일부에서 턱이음이 살펴지기도 한다. 통로의 상부에는 1~2단의 천장받침석과 천장석이 축석되어 있고, 전자에서는 1단의 각형 모접이가 부분적으로 살펴지고 있다. 심주석은 4층 중간까지 총 17개가 수직으로 축석되어 있고, 최하부는 공양석이 자리하고 있다. 아울러 최상의 심주석은 가로 약 90.7cm, 세로 88.2cm, 높이 41.1cm의 크기이고, 중앙에는 찰주를 받쳤던 것으로 추정되는 원형 홈이 지름 35.1~38.4cm, 깊이 9.5cm 크기로 굴착되어 있다. 탑신석 내부는 전체적으로 적심석이 충전되어 있다.

2층 이상의 탑신석은 탑신받침석, 면석, 기둥, 간주, 포벽석, 상하옥개받침석, 옥개석 등이 별석으로 이루어져 있다. 특히 귀옥개석의 우동은 정림사지 오층석탑과 마찬가지로 양각대로 표현되어 있다. 아울러 탑신받침석과 상옥개석받침석에는 각각 1단의 각형 모접이가 이루어져 있다.

미륵사지석탑은 목조건축물을 번안한 것처럼 다양한 이음방식이 채택되었다. 즉 도투마리 은장이음을 비롯해 장부이음, 턱이음, 반턱이음, 빗이음, 꺾쇠형 철물 등이 사용되었다. 이에 대해선 제3장에서 상술하고자 한다.

3. 통일신라기 석조건축물의 백제계 치석과 결구기술

1) 치석기술

(1) 모접이[10]

익산 미륵사지석탑의 상옥개받침석과 탑신받침석을 보면 상·하단 외

---

10) 이를 달리 몰딩(molding)으로도 부르고 있으나 본고에서는 모접이로 통칭하고자 한다.

연에서 1단의 각형 모접이를 살필 수 있다(도 3~5).[11] 아울러 초층 탑신의 십자형 통로를 구성하는 천장 받침석에서도 1단의 각형 모접이가 확인되고 있다(도 6).[12]

도 3. 미륵사지석탑의 상옥개받침석과 탑신받침석
상단 및 하단에서 1단의 각형 모접이를 볼 수 있다.

이러한 각형 모접이는 지금까지 미륵사지석탑을 제외한 정림사지 오층석탑이나 백제시기의 건축기단에서도 검출된 바 없어 미륵사지석탑만의 특징적인 치석기술로 이해할 수 있다.

또한 정림사지 오층석탑의 원추형 노반석과 미륵사지석탑의 심주석을

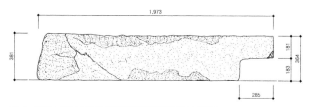

도 4. 미륵사지석탑 상옥개받침석의 각형 모접이

---

11)　필자 사진.
　　國立文化財研究所·全羅北道, 2004, 『彌勒寺址石塔 解體調査報告書』Ⅱ, 377쪽.
　　國立文化財研究所·全羅北道, 2003, 『彌勒寺址石塔 解體調査報告書』Ⅰ, 301쪽.
12)　國立文化財研究所·全羅北道, 2005, 『彌勒寺址石塔 解體調査報告書』Ⅲ, 원색화보 35.

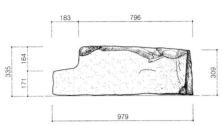

도 5. 미륵사지석탑 탑신받침석의 각형 모접이

도 6. 미륵사지석탑 천장받침석의
각형 모접이

보면 호형·원형으로 치석·투공된 것을 볼 수 있다. 이는 정형적인 호형 모접이와는 차이가 있지만 호형으로 치석하였다는 점에서 통일신라기 치석기술의 계통을 파악할 수 있다.

모접이는 통일신라기에 이르면 석탑뿐만 아니라 건축물의 기단에서 어렵지 않게 살필 수 있다. 즉, 가구기단을 구성하는 지대석과 갑석에 각형이나 호형의 모접이가 장식되어 있다. 이 중 대부분은 각형 모접이를 취하고 있으나 통일신라기의 문경 봉암사 극락전(도 7)[13]과 고려 초기의 충주 숭선사지 서회랑지(도 8)[14] 등은 갑석 하단 외연에 호형의 모접이가 조각되어 있다.

모접이는 가구기단의 지대석과 갑석에 동일하게 나타나는 것이 일반적

---

13) 국립문화재연구소, 2012, 『한국 고대건축의 기단 경북·경남·대구·울산 편』, 44쪽.

14) 국립문화재연구소, 2013, 『한국 고대건축의 기단 경기·강원·충북·충남·전북·전남 편』Ⅱ, 106쪽.

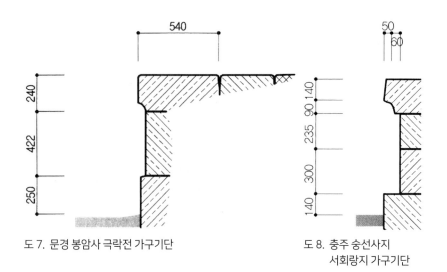

도 7. 문경 봉암사 극락전 가구기단

도 8. 충주 숭선사지
서회랑지 가구기단

도 9. 양산 통도사 대웅전 가구기단

이다. 그러나 문경 봉암사 극락전과 양산 통도사 대웅전(도 9)[15]의 경우는 갑석에만 모접이가 이루어져 있어 다른 가구기단과 차이를 보이고 있다.

각형의 모접이를 보이는 통일신라기의 건축기단은 경주 사천왕사지 당탑지(도 10)[16]를 비롯해 감은사지 금당지(도 11)[17] · 강당지 · 회랑지, 불국사 대웅전 · 극락전(도 12)[18] · 무설전 ·

---

15) 필자 사진.
16) 국립경주문화재연구소, 2013, 『四天王寺 回廊內廓 발굴조사보고서』Ⅱ, 94쪽 도면 11.
17) 필자 사진.
18) 필자 사진.

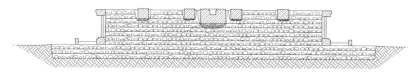

도 10. 경주 사천왕사지 서탑지 기단 모식도

도 11. 경주 감은사지 금당지 갑석

도 12. 경주 불국사 극락전

도 13. 합천 영암사지 금당지

도 14. 경주 진덕왕릉 호석   도 15. 김유신 장군묘 호석

비로전·관음전, 대구 동화사 극락전, 합천 영암사지 금당지(도 13),[19] 울주 간월사지 금당지, 구례 화엄사 각황전 등 많은 유적에서 살필 수 있다.

한편, 통일신라기의 각형 모접이는 경주지역에 소재하고 있는 12지신상의 호석에서도 볼 수 있다. 호석은 대부분 평면 원형[20]을 이루고 있으며 진덕왕릉(도 14,[21] 갑석-각형, 지대석-각형+호형+각형), 김유신묘(도 15,[22] 갑석-각형, 지대석-각형), 경덕왕릉(갑석-각형, 지대석-각형+호형+각형), 괘릉(도 16,[23] 갑석-각형, 지대석-각형+호형+각형), 헌덕왕릉(갑석-각형, 지대석-각형+호형+

---

19) 필자 사진.
20) 경주 구정동 방형분(사적 제27호) 및 능지탑지(시도기념물 제34호)의 경우 평면 방형에 12지신상 호석이 시설되어 있으나 지대석 및 갑석 등에 모접이가 치석되지 않았다.
21) 필자 사진. 사적 제24호이다.
22) 필자 사진. 사적 제21호이다.
23) 필자 사진. 사적 제26호이다.

도 16. 경주 괘릉 호석　　　　　　　도 17. 경주 흥덕왕릉 호석

각형), 흥덕왕릉(도 17,[24] 갑석-각형, 각형+호형+각형) 등에서 1단의 각형 모접이를 살필 수 있다.[25]

　　이상의 자료들 가운데 김유신묘는 지대석과 갑석 모두에서 각형 모접이를 볼 수 있다. 그런데 경덕왕릉, 흥덕왕릉, 괘릉(도 18),[26] 헌덕왕릉, 진덕왕릉 등의 경우는 갑석 외연 하단에서 각형의 모접이뿐만 아니라 지대석에서 각형과 호형의 모접이를 관찰할 수 있다. 지대석에서의 각형과 호형의 모접이는 일찍이 682년에 창건된 경주 감은사지 금당지 갑석 상면

---

24) 필자 사진. 사적 제30호이다.

25) 이에 대해선 國立慶州文化財硏究所·慶州市, 2007, 『新羅古墳 基礎學術調査硏究 Ⅳ -石造物資料』 참조.
경주 성덕왕릉(사적 제28호)의 경우 원형의 12지신상 호석을 갖추고 있으나 지대석 및 갑석 등에 모접이가 장식되지 않았다.

26) 필자 사진.

도 18. 경주 괘릉 호석의 지대석(통일신라기)
각형, 호형, 각형으로 치석해 놓았다.

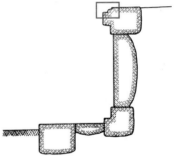

도 19. 경주 감은사지 금당지 가구기단
갑석의 치석
□ 내부가 각형-호형-각형으로
치석되어 있다.

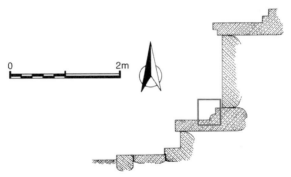

도 20. 경주 감은사지 서 삼층석탑 기단부의 치석
□ 내부가 각형+호형+각형으로 치석되어 있다.

(도 19)[27] 및 삼층석탑 기단부(도 20)[28]에서도 확인된 바 있어 건물 기단의
치석기술과 무덤 호석의 치석기술이 상호 회통하였음을 판단케 한다.[29]

---

27) 國立慶州文化財硏究所·慶州市, 1997, 『感恩寺 發掘調査報告書』, 92쪽 삽도 24.

28) 國立慶州文化財硏究所·慶州市, 1997, 『感恩寺 發掘調査報告書』, 373쪽 도면 23.

29) 이는 무덤 호석을 만드는 석공과 건물 기단을 조성하는 석공이 같은 계통의 사람

아울러 대부분의 갑석 상면에서 보이는 각형과 호형의 치석기술 역시도 감은사지 금당지 갑석 상면의 치석기술과 관련시켜 볼 수 있다.

한편, 각형·호형의 모접이는 통일신라기의 초석 및 신방석, 석등·부도·당간지주 기단석 등에서도 찾아볼 수 있다. 백제시대의 석탑을 비롯한 건축유구에서 각형+호형의 모접이가 연속하여 나타나지 않는다는 점에서 통일신라기 건축유구의 장식성을 엿볼 수 있다.

(2) 석조물 모서리부의 상면 양각대

정림사지 오층석탑과 미륵사지석탑(도 21)[30]의 경우 귀옥개석 상면 중앙에서 1조의 양각대를 볼 수 있다. 이는 석탑의 용어에서 우동이라 불리는 것으로 낙수면과 낙수면 사이에 위치한다. 이러한 양각대는 신라의 석조물

도 21. 미륵사지 석탑 귀옥개석 상면의 양각대

에서 아직까지 확인되지 않은 치석기술로써 백제의 미적 감각을 독창적으로 보여주는 요소라 생각된다.

이처럼 모서리부에 양각대가 치석된 유구로는 미륵사지 강당지 기단 갑석(귀틀석)과 금당지 전면에 놓인 석등의 연화하대석(도 22)[31] 등에서 살필 수 있다. 이 중 하대석은 평면 방형으로 상면에 단판 8엽의 연화문이

이었음을 판단케 한다.

30) 필자 사진.

31) 필자 사진.

도 22. 익산 미륵사지 중원 금당지 앞 석등 연화하대석

양각되어 있다. 모서리부에 치석된 연화문의 판단부와 지대석의 모서리 사이에는 1조의 양각대가 치석되어 있다. 이러한 양각대가 대부분의 석등 하대석에서 확인되지 않는다는 점에서 장식성을 가미한 것으로 생각된다. 그런 점에서 미륵사지 서탑의 귀옥개석 우동과는 기능적 측면에서 차이가 있을 수 있다. 하지만 모서리부를 눈에 띄게 장식하였다는 점에서 치석기술의 친연성을 엿볼 수 있다.

모서리부 상면의 양각대는 통일신라기에 이르면 좀 더 다양한 성격의 유구에 등장하게 된다. 즉, 경주 사천왕사지 동·서 단석지 초석(도 23)[32] 및 경주 감은사지 금당지 하층기단(도 24)[33]과 서회랑지 갑석, 삼층석탑(도 25),[34] 그리고 울산 영축사지 삼층석탑 기단부 주변 일명 탑구(도 26)[35] 등에서 찾아볼 수 있다. 이는 백제시기에 비해 양각대가 확대되었음을 보여주는 한편, 그 만큼 석조물의 장식이 일반화되었음을 반증하는 것이라 할 수 있다.

---

32) 국립경주문화재연구소, 2013, 『四天王寺 回廊內廓 발굴조사보고서』Ⅱ, 121쪽 사진 180.

33) 國立慶州文化財硏究所·慶州市, 1997, 『感恩寺 發掘調査報告書』, 355쪽 도면 5.

34) 國立慶州文化財硏究所·慶州市, 1997, 『感恩寺 發掘調査報告書』, 372쪽 도면 22.

35) 필자 사진. 이는 흔히 탑구라고 불린다. 그런데 주변 석재의 경우 제작 당시 분명 기능적으로 그 역할이 있었을 것으로 생각된다. 그런 점에서 탑구라는 모호한 용어로의 표현은 적합하지 않다고 생각된다.

도 23. 경주 사천왕사지 西단석지 초석

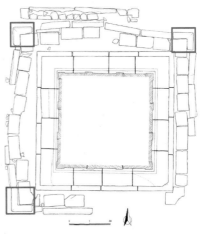

도 25. 경주 감은사지 西층석탑
　　　□ 내부에 양각대가 장식됨.

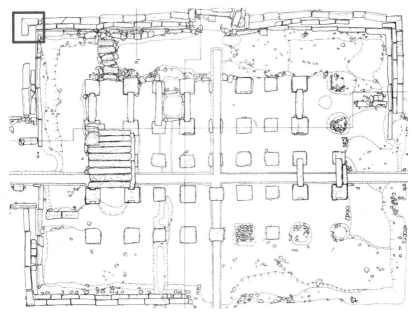

도 24. 경주 감은사지 금당지 하층기단 우석. □ 내부에 양각대가 장식됨.

도 26. 울산 영축사지 삼층석탑 기단부 주변 일명 탑구
↓ 방향이 양각대

2) 결구기술

(1) 은장이음

이는 두 부재를 맞대고 그 사이에 은장을 끼워 조립하는 이음방식을 뜻한다. 은장은 평면 형태에 따라 나비장이음과 자촉이음, 도투마리이음, 꺾쇠이음 등으로 구분할 수 있다.[36] 이중 익산 미륵사지 동탑 부재에서는

------

36) 이음과 맞춤, 은장이음의 의미와 종류에 대해선 아래의 책자를 참조하였다.
국립문화재연구소, 2014, 『전통 목조건축 결구법』.
은장이음의 형식은 평면 형태를 기준으로 분류되었다. 위의 책자에서는 은장이음의 종류를 나비장이음, 자촉이음, 도투마리이음 등 크게 3가지로 분류하였다. 그러나 필자가 파악컨대 경주 사천왕사지 목탑지 및 의성 탑리 오층석탑 등에 보이는 은장이음은 위의 형태와 다른 꺾쇠 형태를 취하고 있다. 따라서 은장이음의 새로운 형식으로 '꺾쇠형'을 추가하고자 한다.

도 27. 익산 미륵사지 동탑 부재. 탑재석의 양 끝단에
도투마리 은장이음을 위한 홈이 깊게 파여 있다.

'Ⅰ'자 형태의 도투마리[37] 은장이음 홈(도 27)[38]이 확인되고 있다.[39] 은장
홈의 방향으로 보아 길이 방향으로 조립하였음을 알 수 있다.[40]

---

37) 이에 대해 박경식의 경우는 나비장이음으로 기술한 바 있다(박경식, 2015, 「미륵
   사지석탑의 기술력이 신라 석탑에 미친 영향」『신라문화』45집, 92쪽). 그런데 나
   비장의 경우 이음 형태가 나비와 비슷하다는 점에서 도투마리 은장이음과는 형태
   상 큰 차이가 있다.

38) 필자 사진.

39) 동탑 부재에서 확인된 도투마리 은장홈은 현재 야외 전시장에서 볼 수 있다. 그
   리고 동탑의 해체 복원 과정에서도 여러 개의 도투마리 은장홈이 발견된 바 있다.
   이에 대해선 아래의 논고를 참조.
   文化財管理局, 1990,『彌勒寺址東塔復元設計報告書』.
   박경식, 2015, 「미륵사지석탑의 기술력이 신라 석탑에 미친 영향」『신라문화』45
   집, 93쪽 사진-4).

40) 동탑에 사용되었을 것으로 추정되는 도투마리 은장의 경우 현재 국립미륵사지유
   물전시관에서 전시되고 있다.

도 28. 익산 미륵사지 동탑 부재에 사용된 도투마리 은장
(국립미륵사지유물전시관 제공)

도투마리 은장은 머리의 평면 형태에 따라 방두(方頭)은장 및 원두(圓頭) 은장 등으로 세분되는데 백제 미륵사지 동탑의 경우 그 동안 전자만이 수습되었다. 그리고 은장(도 28)[41]이 여러 점 출토된 것으로 보아 동탑의 여러 곳에 은장이음이 이루어졌음을 파악해 볼 수 있다.

석탑재에 보이는 은장 홈 중 오른쪽의 것은 신폭(身幅)이 방두 방향에서 아래로 내려오면서 점차 좁아지고 있다. 이로 보아 여기에 사용된 은장 역시도 방두에 가까운 곳이 가장 두꺼운 반면 은장의 중간 부위는 가장 얇아짐을 살펴볼 수 있다.

수습된 은장 중 완형에 가까운 것은 길이가 약 26.5cm 정도이고, 두께 1cm, 신폭(身幅) 3cm이다. 그리고 장방형의 방두는 길이 3cm, 폭 9cm로 나타났다. 그리고 나머지는 편으로 수습되었는데 두께가 0.5~0.6cm,

---

41) 국립미륵사지유물전시관 제공.

0.7cm, 3cm 등 다양한 편이다.[42] 이러한 두께의 차이는 결과적으로 은장이음이 이루어지는 석탑 부재의 규모에 따라 은장도 달리 사용되었음을 추정해 볼 수 있다.

백제시기의 은장이음이 구체적으로 언제부터 사용되었는지는 현재 확인할 수 없다. 그런데 익산 미륵사지 동탑 및 후술할 부여 규암 외리유적의 문양전, 그리고 부여 부소산사지 출토 석제동단식와(石製棟端飾瓦)[43] 등에서 은장홈이 살펴지는 것으로 보아 백제 사비기인 7세기대에는 은장이음이 백제 건축물에 대중화되었음을 추정할 수 있다. 그리고 이의 사용처가 석탑, 전돌, 지붕 장식재 등 다양한 유물, 다양한 장소에 사용되었음을 볼 때 백제 은장이음의 기술 또한 정점에 도달하였음을 파악할 수 있다.

부여 규암 외리유적은 일제강점기에 부분 조사[44]된 이후 최근까지 추가 조사가 이루어진 바 없다. 이곳에서는 평적식 와적기단 건물지를 비롯해 온돌건물지, 문양전 등이 확인되었다. 건물지에서 수습된 와당과 문양전으로 보아 유적의 축조 연대는 7세기 전반기로 추정되었다.

일제강점기에 발간된 보고서를 보면 전돌은 와적기단과 접해 보도에 시설되었다. 전돌 표면에는 산수산경문(山水山景文)을 비롯해 산수봉황문(山水鳳凰文), 산경귀형문(山景鬼形文), 연화귀형문(蓮花鬼形文), 봉황문(鳳凰文), 반룡문(蟠龍文), 연화문(蓮花文), 연화운문(蓮花雲文) 등이 장식되어 있

---

42) 익산 미륵사지 동탑지의 발굴조사 보고서에 따르면 방두은장은 모두 4점이 수습되었다. 이에 대한 내용은 아래의 보고서를 참조.
扶餘文化財研究所·全羅北道, 1992, 『益山彌勒寺址 東塔址 基壇 및 下部隔査報告書』, 47~48쪽.

43) 달리 '마루 끝 장식기와'라고도 한다. 용마루를 제외한 내림마루나 추녀마루 등에 설치되었다.

44) 朝鮮古蹟研究會, 1937, 「扶餘窺岩面に於ける文樣塼出土の遺蹟と其の遺物」 『朝鮮古蹟調査報告』.

다. 전돌은 한 변 28.7~29.8cm 크기로 정방형에 가깝게 제작되었다.[45]

그런데 이러한 문양 외에 이들 문양전의 특징을 대변해 주는 것으로써 은장이음을 들 수 있다. 각각의 문양전을 위에서 보면 네 모서리에 화문이 2엽씩 양각되어 있다. 2엽의 화문으로 보아 전돌 4매가 1조를 형성하였음을 알 수 있다. 여기서 특히 화엽의 측면을 보면 안쪽으로 장방형의

도 29. 부여 규암 외리유적 출토 산경문전.　도 30. 부여 규암 외리유적 출토 연화문전.
　　　상·하단 모서리부에 은장홈이　　　　　　　상·하단 모서리부에 은장홈이 있다.
　　　있다.

45) 國立扶餘博物館, 1997, 『국립부여박물관』, 106~110쪽.

홈(도 29·30)[46]이 파여 있음을 볼 수 있다. 가운데의 빈 공간에 자촉을 끼워 놓음으로써 4매의 전돌이 움직이지 않도록 고정시킬 목적으로 사용되었음을 판단할 수 있다. 이처럼 전돌 모서리 안쪽에 은장이음이 이루어졌기 때문에 그 위에 사람들이 걸어 다녀도 뒤틀어지거나 정위치를 이탈하지 않았을 것이다. 이러한 이음기술은 흔히 목조건축물에서 확인되는 것으로 흔히 자촉이음[47]을 연상시킨다. 이 역시 은장이음의 한 종류로 볼 때 백제 건축물의 다양한 은장이음 기술을 엿볼 수 있다.

이러한 은장이음은 한편으로 기와지붕의 내림마루나 추녀마루에 사용되었을 것으로 추정되는 석제 동단식와(棟端飾瓦, 도 31[48]·도 32[49])에서도 확인되었다. 즉, 부여 부소산사지에서 수습된 석제 동단식와를 보면 상면 중앙에 'T'자 형태의 홈이 지붕 방향으로 굴착되어 있음을 살필 수 있다. 여기서 홈의 규모는 길이 1.7cm, 폭 6.5cm,[50] 깊이 2cm이다. 이는 동일 사지에서 수습된 굵은 철선[51]과 연계시켜 볼 때 홈에 철선을 삽입하여 내림마루나 추녀마루에 고정시켰을 것으로 생각된다. 앞에서 살펴본 익산 미륵사지 동탑지 출토 은장이음과는 세부적 차이를 보이나 서로 다른 부재를 상호 연결시켜 주었다는 점에서 넓은 의미에서의 은장이음으로 이해할 수 있다.

---

46) 필자 사진.

47) 국립문화재연구소, 2014, 『전통 목조건축 결구법』, 84~85쪽.

48) 申光燮, 1996, 「扶蘇山城-廢寺址 發掘調査報告-」『扶蘇山城 發掘調査報告書』, 國立文化財研究所, 45쪽.

49) 국립부여박물관, 2017, 『扶餘 扶蘇山 寺址』, 119쪽 도 98 중.

50) 국립부여박물관, 2017, 『扶餘 扶蘇山 寺址』, 117쪽 표 16. 석제동단식와의 왼쪽 바닥면에도 길이 1.6cm, 너비 10cm의 홈이 파여 있으나 이곳에 수키와가 놓인다는 점에서 은장이음으로는 생각되지 않는다.

51) 申光燮, 1996, 「扶蘇山城-廢寺址 發掘調査報告-」『扶蘇山城 發掘調査報告書』, 國立文化財研究所, 44쪽.

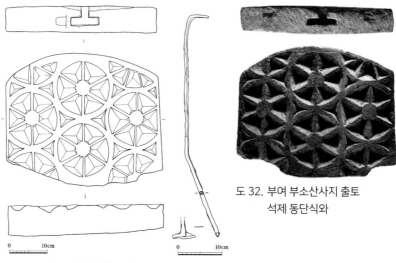

도 32. 부여 부소산사지 출토
석제 동단식와

도 31. 부여 부소산사지 출토 석제 동단식와와
'丁'자형 철심

이러한 백제의 은장이음 기술은 삼국통일 이후 신라사회에 그대로 전
파되었던 것으로 보인다. 즉 목탑, 석탑을 비롯한 교량, 건축기단, 무덤 호
석, 당간 및 당간지주 기단부 등에서 도투마리 은장이음을 찾아볼 수 있
다. 이러한 신라 건축물에서의 은장이음은 결과적으로 백제 석공들의 결
구기술이 통일신라기에 이르러 다양한 유적에 전면 확대되었음을 실증하
는 것이라 할 수 있다.[52]

통일신라기 최초의 은장이음은 679년 무렵에 완공된 것으로 보이는 경
주 사천왕사지 동탑지에서 볼 수 있다. 즉 동탑에 사용된 것으로 보이는
추정 노반석에서 꺾쇠 형태[53]의 은장홈을 살필 수 있다. 이 석재는 발견

---

52) 이는 그 동안 삼국시기 신라 건축물에서의 은장이음(홈)이 확인되지 않은 것과 밀
접한 관련이 있다.

53) 이는 의성 탑리 오층석탑의 5층 탑신석 상면에서도 볼 수 있다(박경식, 2015, 「미륵

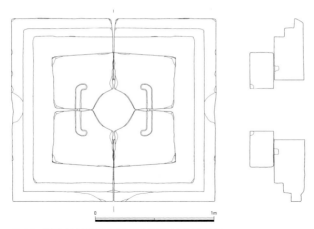

도 33. 경주 사천왕사지 동탑지 이형 석재 복원도
(통일신라기, 679년 무렵).
중앙부에 꺾쇠 형태의 은장홈이 굴착되어 있다.

당시 반만 수습되었고, 반원 홈을 중심으로 좌우에 은장홈이 굴착되어 있었다. 홈(도 33)[54]의 형태로 은장은 꺾쇠형임을 알 수 있고, 이는 그 동안 알려진 'ㅣ'자 모양의 도투마리 은장과는 확연한 차이를 보여주고 있다.[55]

아울러 탑파에서의 은장이음은 682년 무렵에 건립된 경주 감은사지 동 삼층석탑(도 34·35)[56]과 고선사지 삼층석탑(도 36·37),[57] 나원리 오층

사지석탑의 기술력이 신라 석탑에 미친 영향』『신라문화』45집, 93쪽 사진-4 중).

54) 국립경주문화재연구소, 2013,『四天王寺 回廊內廓 발굴조사보고서』Ⅱ, 118쪽 도면 20.

55) 이상 국립경주문화재연구소, 2013,『四天王寺 回廊內廓 발굴조사보고서』Ⅱ, 115 ~119쪽 참조.

56) 기단부 및 3층 옥개석에서 은장홈을 볼 수 있다.
필자 사진.
국립문화재연구소, 2007,『경상북도의 석탑』Ⅰ, 102쪽.
國立慶州文化財硏究所·慶州市, 1997,『感恩寺 發掘調査報告書』, 368쪽 도면 18.

57) 필자 사진 및 文化財管理局·慶州史蹟管理事務所, 1977,『高仙寺址發掘調査報告

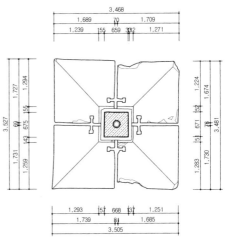

도 34. 경주 감은사지 東삼층석탑
(682년 무렵)

도 35. 경주 감은사지 동 삼층석탑 3층 옥개석의
도투마리은장

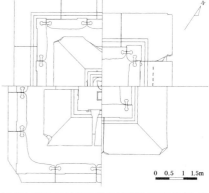

도 36. 경주 고선사지 삼층석탑(686년 추정)

도 37. 경주 고선사지 삼층석탑의 도투마리은장

도 38. 경주 나원리 오층석탑
(8세기 전반 추정)

도 39. 경주 나원리 오층석탑 상층 기단갑석의
도투마리 은장홈(□ 내부)

석탑(도 38·39),[58] 장항리석탑, 의성 탑리 오층석탑, 불국사 석가탑(도 40~
42),[59] 충주 탑평리 칠층석탑(도 43·44),[60] 홍천 물걸리 삼층석탑, 삼척 흥
전리사지 석탑 등 여러 곳에서 찾아볼 수 있다.[61]

書』, 129쪽 도면 44.

58) 필자 사진 및 계림문화재연구원 제공.

59) 상층기단 및 하층기단 갑석 등에서 도투마리 은장이음을 볼 수 있다.
    필자 사진 및 국립문화재연구소·경주시, 2017, 『경주 불국사 삼층석탑 수리 보고
    서』II, 24쪽.

60) 忠州市, 2004, 『中原塔坪里七層石塔 實測調查報告書』, 190쪽 그림 8 및 196쪽
    그림 14 재작도.

61) 이상의 통일신라기 석탑 은장이음에 대해선 아래의 논고를 참조.
    박경식, 2015, 「미륵사지석탑의 기술력이 신라 석탑에 미친 영향」『신라문화』 45집.

도 40. 경주 불국사 석가탑
(통일신라기, 751년 무렵)

이상의 통일신라기 탑파에서 보이는 도투마리 은장의 머리 형태는 대부분 장방형을 이루고 있다. 이에 반해 석가탑의 은장은 머리 형태가 반원형을 띠고 있어 차이를 보인다. 이는 경주 사천왕사지 동탑지에서 확인된 꺾쇠 모양의 은장과 더불어 통일신라기 사회에 새롭게 등장한 도투마리 은장의 한 형태였음을 판단케 한다.

탑파에 주로 사용된 은장이음은 경주 분황사지 출토 가구기단의 갑석 및 치석, 진덕왕

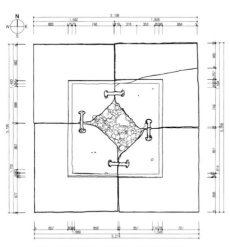

도 41. 경주 불국사 석가탑 상층기단 갑석
도투마리 은장

도 42. 경주 불국사 석가탑 하층기단
갑석 도투마리 은장

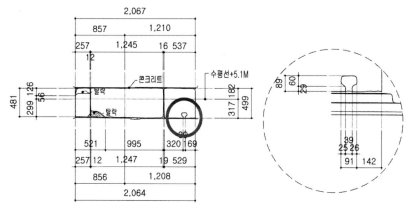

도 43. 충주 탑평리 칠층석탑 2층 탑신부 도투마리 은장홈

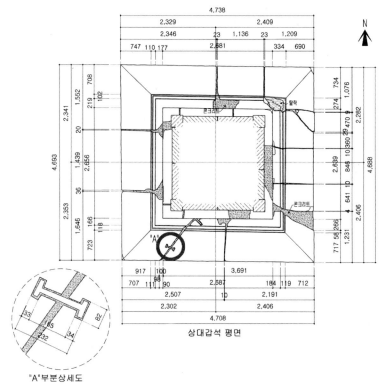

상대갑석 평면

"A"부분상세도

도 44. 충주 탑평리 칠층석탑 상대갑석 남측 도투마리 은장

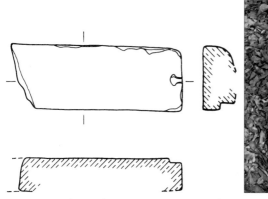

도 45. 경주 분황사지 출토 갑석의 도투마리 은장홈　　도 46. 경주 분황사 경내 치석의
　　　　　　　　　　　　　　　　　　　　　　　　　　도투마리 은장홈

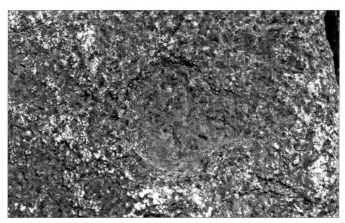

도 47. 경주 분황사 경내 치석의 도투마리 은장홈 세부

릉의 십이지신상 호석에서도 찾아볼 수 있다. 갑석은 지대석 및 면석과
함께 수습되지 않았으나 측단 상면에서 길이 방향의 도투마리 은장홈(도
45)[62]이 발견되었다. 은장의 머리는 반원형으로 제작되어 불국사 석가탑

---

62) 國立慶州文化財硏究所, 2005, 『芬皇寺 發掘調査報告書(本文)』Ⅰ, 227쪽 도면

의 은장 머리와 같은 계통임을 알 수 있다. 갑석의 하단 외연에는 1단의
각형 모접이가 장식되어 통일신라기에 조성되었음을 추정할 수 있다. 갑
석의 또 다른 면에 나머지 은장홈이 있었을 것으로 판단되나 발굴조사 과
정에서 확인되지 않았다. 치석(도 46·47)[63]은 'ㄱ'자 형태로 마치 갑석에서
의 귀틀석을 연상시키나 폭이 서로 다르다는 점에서 취신하기 어렵다. 확
실한 용처는 알 수 없으나 단변에서 반원형의 은장홈을 살필 수 있다.

경주 傳 진덕왕릉(도 48)[64]에서의 은장홈(도 49·50)[65]은 무덤 옆에 방치

도 48. 경주 傳 진덕왕릉

110-③.

63) 필자 사진.

64) 필자 사진.

65) 필자 사진.

도 49. 경주 傳 진덕왕릉 주변의 폐기된　도 50. 경주 진덕왕릉(추정) 주변에 폐기된 호석
　　　호석 부재(원두의 도투마리 은장홈이　　　　　　부재의 도투마리 은장홈 세부
　　　위아래에서 확인된다)

해 둔 폐석재에서 검출되었다. 이들은 신부재로 교체된 후 폐기된 것으로 파악된다. 석재 중에는 원두(圓頭)의 도투마리 은장홈이 있는 장대석이 포함되어 있다. 홈은 방향을 달리하여 두 곳에서 살펴지며, 치석 상태로 보아 석재는 호석의 지대석에 사용된 것으로 추정된다.

한편, 신라 사회에서의 은장이음은 하천에 시설된 교량에서도 확인할 수 있다. 즉 춘양교와 월정교, 오릉 북편의 교량에서 은장이음을 살필 수 있다. 이들은 교각에 사용된 다양한 부재를 서로 결구하는데 사용되었던 것으로 보인다. 본고에서는 춘양교와 오릉 북편 교량의 은장에 대해 기술해 살펴보고자 한다.

춘양교는 월정교와 더불어 신라 경덕왕 경덕왕 19년(760)에 조성되었다.[66] 발굴조사 결과 동·서편의 교대와 3개의 교각이 확인되었고, 1,300

---

66) 『三國史記』 卷 第九 新羅本紀 第九 景德王 十九年條.

여 점에 이르는 교량 부재가 수습되었다. 이 중 은장홈이 검출된 부재는 동편 교대 주변에서 2점,[67] 1호 교각 동편에서 10점,[68] 1호 교각 서편에서 6점,[69] 2호 교각 동편에서 15점,[70] 2호 교각 서편에서 23점,[71] 3호 교각 동편에서 11점,[72] 3호 교각 서편에서 6점,[73] 1호 교각 남편에서 1점[74] 등 총 74점이다.[75] 이중 물의 저항을 직접적으로 받는 물가름석과 물가름좌우석이 각각 24점, 30점으로 거의 대부분(73%)을 차지하고 있다. 그 외 교량의 하중을 지탱하는 교각석이 16점(21.6%), 귀틀형 석재 3점(4%), 방형 석주 1점(1.4%) 등이다. 은장홈의 머리 형태는 장방형(도 51)이 주류이고, 일부 제형(도 52)도 살펴진다.[76]

교량 부재에서 발견되는 은장홈은 보통 1~2개이나 2호 교각 서편 출토 귀틀형 석재와 같이 3개의 은장홈이 존재하는 것도 살필 수 있다. 이는 부재가 받는 저항력이나 압력, 혹은 별석에서 오는 이음의 필요성과 파손 정도를 파악케 한다는 점에서 부재가 갖고 있는 많은 정보를 제공해

"又於宮南蚊川之上 起月淨春陽二橋"

67) 교각석 2점이다.

68) 물가름석 2점, 물가름좌우석 2점, 교각석 4점, 귀틀형 석재 1점, 방형 석주 1점 등이다.

69) 물가름석 5점, 물가름좌우석 1점이다.

70) 물가름석 6점, 물가름좌우석 6점, 교각석 3점이다.

71) 물가름석 6점, 물가름좌우석 12점, 교각석 3점, 귀틀형 석재 2점이다.

72) 물가름석 2점, 물가름좌우석 6점, 교각석 3점이다.

73) 물가름석 3점, 물가름좌우석 2점, 교각석 1점이다.

74) 물가름좌우석 1점이다.

75) 이상 國立慶州文化財研究所·慶州市, 2005,『春陽橋址(日精橋址, 史蹟 457號) 發掘調査報告書』, 134~163쪽.

76) 위의 사진은 조성윤 선생님께서 제공해 주셨다. 지면을 빌어 감사를 드린다.

도 51. 경주 춘양교 은장홈　　　　　도 52. 경주 춘양교 은장홈(제형)

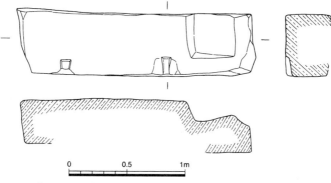

0　　　　0.5　　　　1m

도 53. 경주 오릉 북편 교량지 귀틀형 석재의 은장홈

준다.[77]

　경주 오릉 북편 교량지에서의 은장이음은 귀틀형 석재에서 살필 수 있다. 이 석재는 길이 210cm, 너비 52cm, 두께 40cm로 전체가 치석되어 있다. 귀를 따낸 반대쪽에 2개의 은장홈이 만들어져 있다(도 53).[78] 그런

77) 교량에서의 은장이음은 가로 방향뿐만 아니라 세로 방향에서도 확인된다고 한다. 해당 자문을 해주신 이상준 국립부여문화재연구소 소장님께 지면을 빌어 감사드린다.

78) 이상 國立慶州文化財研究所, 2002, 『慶州 五陵 北便 橋梁址 發掘調査 報告書』,

데 머리를 보면 그 동안 발견된 장방형, 반원형, 원형과는 다른 제형(梯形, 사다리꼴)을 띠고 있다. 이는 통일신라기 다양한 은장 머리를 보여주고 있다는 점에서 중요한 가치를 지닌다고 생각된다.

끝으로 통일신라기의 은장이음은 갑사 철당간 및 지주(도 54)[79]의 기단석에서도 살필 수 있다. 기단석은 장대석 2매로 이루어져 있으며, 이의 정중앙에 철당간이 세워 있다. 현재 은장은 살필 수 없으나 기단석 상면의 홈으로 보아 장방형의 도투마리 은장이 사용되었음을 알 수 있다. 은장홈(도 55)[80]은 철 당간을 기준으로 좌우에 절반씩 배치되어 있다.

이상의 유적 사례로 보아 석조물에서의 은장이음은 별석(別石)의 석재를 서로 연결하기 위해 사용되었음을 알 수

도 54. 갑사 철당간 및 당간지주

도 55. 갑사 철당간 및 당간지주 기단부의 도투마리 은장홈

51쪽 및 118쪽 도면 46-④.

79) 필자 사진.

80) 필자 사진.

있다. 그리고 석탑이나 목탑 등의 탑파뿐만 아니라 교량, 왕릉의 호석, 당간 기단석 등에도 이용되었음을 살필 수 있다.

도투마리 은장의 머리 형태는 장방형, 반원형, 원형, 제형, 꺾쇠형 등 다양한데 백제시기의 경우 그 동안 장방형만 검출되었다. 이에 반해 통일신라기에는 장방형을 비롯한 각양각색의 은장들이 다양한 유적에 사용되고 있음을 확인할 수 있다. 이는 그 만큼 통일신라기에 이르러 은장이음이 대중화되었음을 보여주는 것이라 할 수 있다. 그리고 머리 형태가 다양한 만큼 위에서 열거한 유적 외에 석등이나 부도, 석성, 대형 판석재 석실분 등에서도 발견될 가능성이 매우 높다고 생각된다. 따라서 건축물을 해체 복원할 경우 은장이음에 대한 관찰을 집중적으로 실시해야 할 것이라 생각된다.

이상으로 백제 사비기~통일신라기의 은장 형태를 표 1로 살피면 아래와 같다.

표 1. 시기별 유적과 은장의 형태

시기	유적		은장 종류	두형(頭形)	유적시기	비고
백제 사비기	익산 미륵사지 동탑		도투마리	장방형	7세기 전반 무렵	석탑 부재
통일 신라기	탑	사천왕사지 동탑지	꺾쇠형	')'형	679년 무렵	이형 석재
		의성 탑리 오층석탑	꺾쇠형	')'형	7세기 말 무렵	5층 탑신
		감은사지 동삼층석탑	도투마리	장방형	682년 무렵	기단부와 3층 옥개석
		고선사지 삼층석탑	도투마리	장방형	686년 무렵	하층기단의 하대저석
		나원리 오층석탑	도투마리	장방형	8세기 초반 무렵	상층기단의 우주, 면석
		불국사 석가탑	도투마리	반원형	751년 무렵	상·하층기단의 갑석
		충주 중원탑	도투마리	장방형	8세기 후반 무렵	상대갑석의 2층 탑신

시기	유적		은장 종류	두형(頭形)	유적시기	비고
탑	미륵사지 서탑		꺾쇠형	'⟵'형	통일신라기	탑신
무덤 호석	진덕왕릉		도투마리	원형	7세기 후반 이후 추정	호석
교량	월정교		도투마리	장방형	760년 무렵	물가름석 외
	춘양교		도투마리	장방형 제형	760년 무렵	물가름석 외
	북천		도투마리	제형	통일신라기	귀틀형 석재
당간 기단석	갑사		도투마리	장방형	통일신라기	기단석

한편, 'I'형의 도투마리 은장
은 7세기 말 무렵 '('혹은')'형
및 꺾쇠형 철물(도 56)[81]로 변
화하였던 것으로 생각된다. '('
혹은')'형은 경주 사천왕사지
동탑지 및 의성 탑리리 오층석
탑 등 지금까지 탑과 건축에서
만 검출되었고, 이들 모두 7세
기 말 무렵에 건립되었다는 점
에서 통일신라기의 새로운 은
장이음 형식으로 이해할 수 있
다. 하지만 'I'형의 도투마리 은
장과 비교해 그 수가 많지 않다
는 점에서 일정 기간 사용되다
폐기되었던 것으로 생각된다.

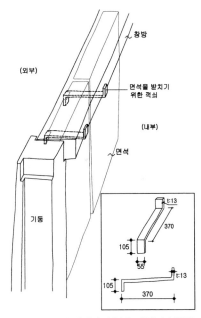

도 56. 미륵사지서탑의 북측 면석과 창방을
결구하기 위한 꺾쇠형 철물

81) 國立文化財硏究所·全羅北道, 2005, 『彌勒寺址石塔 解體調査報告書』III, 177쪽
    그림 4-34.

또한 미륵사지석탑 북측 면석과 창방석을 결구하기 위해 장착된 꺾쇠형 철물은 그 동안 보아온 은장이음과는 확연한 차이를 보여주고 있다. 이는 기둥과 기둥 사이의 면석과 그 위에 놓인 창방의 구조에서 면석이 밖으로 밀려나지 않도록 면석과 창방을 결구하기 위해 새롭게 고안된 철물로 판단된다. 이음의 대상이 좌우가 아닌 상하라는 점에서 장부이음과 유사성이 있으나 면석과 창방을 걸치기 위한 턱이 마련되어 있다는 점에서 형태상의 차이를 보인다. 꺾쇠형 철물의 등장 시기는 사천왕사지 은장이음과의 비교를 통해 8세기 이후의 것으로 추정된다.[82]

(2) 턱이음

턱이음은 부재의 마구리를 따내어 서로 물리는 이음방식이다.[83] 이는 서로 결합되는 석재 중 한쪽 면만을 따내는 경우와 양쪽 석재 모두를 따내는 경우로 나누어 볼 수 있다.[84] 이중 후자에 대해선 특별히 반턱이음[85]이라 부르고 있다.

---

82) 이에 대해 보고서에서는 보강 위치나 형태 등을 통해 미륵사지석탑 출토의 다른 철편들과 시기차를 두고 있다.
國立文化財研究所·全羅北道, 2011, 『彌勒寺址石塔 解體調査報告書』Ⅳ, 179쪽 각주 24 참조.

83) 국립문화재연구소, 2014, 『전통 목조건축 결구법』, 47쪽.

84) 턱은 석재의 한 쪽 모서리를 따낸다는 점에서 앞에서 살핀 기단 모접이와 큰 차이가 없다. 하지만 기단 모접이가 일종의 장식적 성격이 강한 반면, 턱은 기능성이 강조된 결구기술 중의 하나이다. 아울러 호형·각형의 기단 모접이가 돌을 쌓는 과정에서 반드시 필요치 않는 반면, 턱은 크고 작은 석재를 석축함에 있어, 그리고 상부의 석재가 밖으로 밀려나는 것을 방지하기 위해서 꼭 필요한 결구 요소에 해당된다.

85) 이는 두 부재의 마구리를 각각 반씩 따내어 서로 물리는 이음으로 목부재의 이음 중 가장 간단하게 사용되던 방식이다(국립문화재연구소, 2014, 『전통 목조건축 결구법』, 48~49쪽).

미륵사지석탑에서 확인할 수 있는 턱이음은 십자형 통로 벽석(도 57)[86] 을 비롯한 상층기단 지대석 상면(도 58),[87] 하인방석(도 59),[88] 기둥과 면 석(도 60),[89] 귀옥개석(도 61)[90] 등 여러 곳에서 볼 수 있다. 벽석의 경우 크기가 서로 다른 석재를 결구하는 과정에서 나타나고 있는데, 이는 한편 으로 상하 부재를 축석함에 있어 효과적이라 할 수 있다.

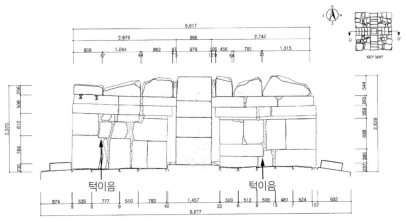

도 57. 익산 미륵사지석탑 십자형 공간 내부 벽석의 턱이음

---

86) 國立文化財研究所·全羅北道, 2011, 『彌勒寺址石塔 解體調査報告書圖版』IV, 95 쪽.

87) 國立文化財研究所·全羅北道, 2005, 『彌勒寺址石塔 解體調査報告書』III, 173쪽 그림 4-26.

88) 國立文化財研究所·全羅北道, 2005, 『彌勒寺址石塔 解體調査報告書』III, 원색화 보 20.

89) 國立文化財研究所·全羅北道, 2005, 『彌勒寺址石塔 解體調査報告書』III, 원색화 보 19.

90) 필자 사진.

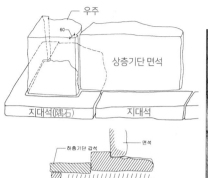

도 58. 미륵사지석탑 상층기단 지대석과
면석의 턱이음

도 59. 미륵사지석탑의 하인방석과 초석의 턱이음

도 60. 미륵사지석탑 기둥과 면석 사이의 턱이음

도 61. 미륵사지동탑 귀옥개석의 턱이음

아울러 백제시기의 턱이음은 건물지[91] 뿐만 아니라 부여 동나성(석성,

---

91) 지금까지 백제 건물지에서 확인된 최고의 턱이음은 부여 능산리사지 금당지 및
목탑지(도 62)의 가구기단 지대석 상면에서 볼 수 있다. 이후 가구기단 지대석에
서의 턱이음은 부여 왕흥사지 강당지(도 63, 필자 사진), 금강사지 금당지(도 64)
및 목탑지, 익산 미륵사지 금당지 및 목탑지, 회랑지 등에서 확인할 수 있다.
國立扶餘博物館, 2000, 『陵寺 -圖面·圖版-』, 11쪽 도면 8.

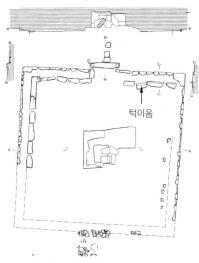

도 62. 부여 능산리사지 목탑지 가구기단
      지대석 상면의 턱이음

도 63. 부여 왕흥사지 강당지 가구기단 지대석
      상면의 턱이음

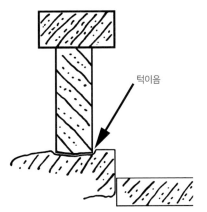

도 64. 부여 금강사지 금당지 가구기단
      지대석 상면의 턱이음

도 65·66)[92]과 부여 능산리 2호
(도 67)[93] 및 29호(도 68)[94] 횡혈
식석실분 등에서도 살필 수 있다.
이로 보아 턱이음은 석축이 이루
어지는 축대에도 사용되었을 가
능성이 높기에 이에 대한 재검토
가 반드시 필요하다고 판단된다.
    경주지역 통일신라기 석조물의
턱이음은 경주 분황사 모전석탑

---

92) 필자 사진.

93) 國立扶餘文化財硏究所·扶餘郡, 1998, 『陵山里』, 52쪽 도면 5.

94) 國立扶餘文化財硏究所·扶餘郡, 1998, 『陵山里』, 147쪽 도면 38.

도 65. 부여 동나성 능산리사지 지점 석성의 턱이음 1　도 66. 부여 동나성 능산리사지 지점 석성의 턱이음 2

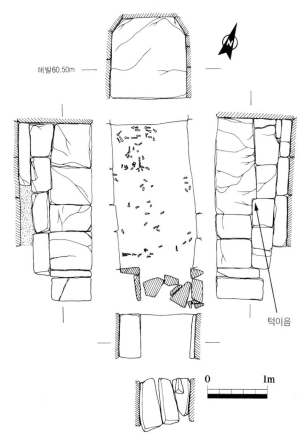

해발60.50m

턱이음

0 1m

도 67. 부여 능산리 2호 횡혈식석실묘 동벽석의 턱이음

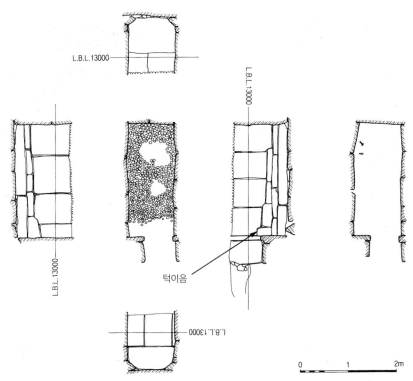

도 68. 부여 능산리 29호 횡혈식석실묘 동벽석의 턱이음

의 기단석(도 69)[95])이나 창방석 및 대좌(도 70)[96]) 그리고 감은사지 금당지
석조유구(도 71~73)[97]) · 기단 지대석,[98] 삼층석탑 탑구(도 74)[99]) 등에서 살

---

95) 필자 사진.

96) 필자 사진.

97) 國立慶州文化財研究所·慶州市, 1997, 『感恩寺 發掘調査報告書』, 355쪽 도면 5
및 86쪽 삽도 19 및 필자 사진.

98) 가구기단 지대석에서의 턱은 통일신라기 경주 불국사 대웅전·극락전·무설전, 양
산 통도사 대웅전·극락보전 등에서도 볼 수 있다.

99) 國立慶州文化財研究所·慶州市, 1997, 『感恩寺 發掘調査報告書』, 372쪽 도면 22.

05 統一新羅期 石造物에 보이는 百濟 石塔의 治石과 結構技術 ― 277

도 69. 경주 분황사 모전석탑 동면기단의 턱이음
(□ 내부)

도 70. 경주 분황사 모전석탑 창방석과
인방석의 턱이음(□ 내부)

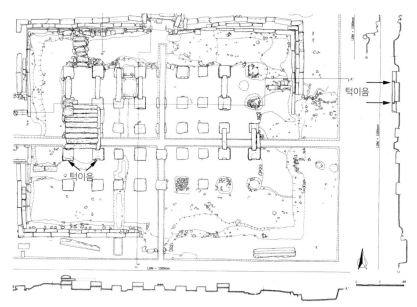

도 71. 경주 감은사지 금당지 내부 석조유구 방형석의 턱이음

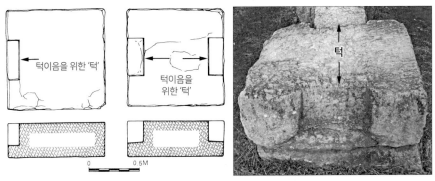

도 72. 감은사지 금당지 석조유구 방형석의 턱   도 73. 감은사지 금당지 석조유구 방형석의 턱

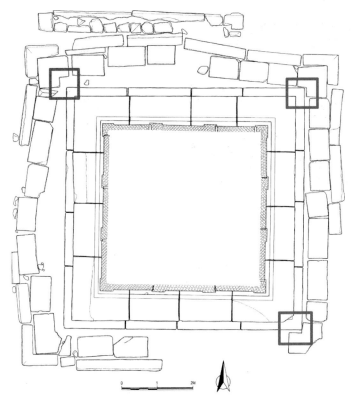

도 74. 경주 감은사지 서삼층석탑 탑구의 턱이음(□ 내부)

필 수 있다. 그런데 분황사 창방석의 경우 문 입구의 금강역사 두광을 훼손하고 조성되었다는 점에서 창건기 보다는 보수 과정에서 추가된 것으로 보았다.[100]

한편, 반턱이음은 미륵사지석탑의 주초석과 창방석[101]이 결구되는 부분에서 확인되고 있다. 즉, 기둥은 'ㄴ'모양으로, 창방석은 'ㄱ'모양으로 상단 측면을 따내어 수평으로 이어놓고 있다(도 75~77).[102] 이는 이음부에

도 75. 익산 미륵사지석탑 1층 동측부 우주(隅柱)와 창방석의 반턱이음(□ 내부)

---

100) 國立慶州文化財研究所, 2005, 『芬皇寺 發掘調査報告書(本文)』Ⅰ, 75쪽.

101) 창방 외에 보, 난간 돌란대 등 수평 부재를 잇는 곳에 사용된다.
      국립문화재연구소, 2014, 『전통 목조건축 결구법』, 48쪽.

102) 國立文化財研究所·全羅北道, 2005, 『彌勒寺址石塔 解體調査報告書』Ⅲ, 원색화
      보 21.
      國立文化財研究所·全羅北道, 2011, 『彌勒寺址石塔 解體調査報告書』Ⅳ, 174쪽.
      國立文化財研究所·全羅北道, 2011, 『彌勒寺址石塔 解體調査報告書 圖版』Ⅳ,
      223쪽.

도 76. 기둥 사이에 놓인 창방석 하단부의 턱

　　창방석과 결합되는 기둥에도 턱이 조성되어 전체적으로 반턱이음을 보인다.

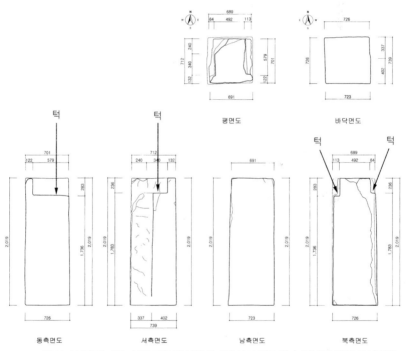

도 77. 미륵사지석탑의 기둥, 상면 좌우에 창방석과 면석이 결구될 수 있도록 턱이 조성되어

　　있다.

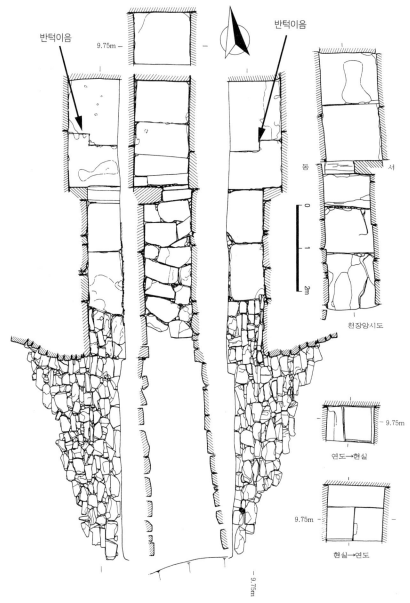

도 78. 나주 복암리 3호분 제7호묘 벽석의 반턱이음

작용하는 직압력(直壓力)[103]으로 결속하는 방식으로써 목부재 이음 중에서도 가장 간단하게 사용되고 있다.[104] 따라서 미륵사석탑에 이러한 반턱이음이 사용되었다는 것은 당시 백제의 목조건축물에 반턱이음이 폭넓게 사용되었음을 판단할 수 있다.

반턱이음은 미륵사지석탑뿐만 아니라 백제 횡혈식석실분의 벽석 및 바닥석 등에서도 찾아볼 수 있다. 즉, 나주 복암리 3호분 제7호묘의 벽석(도 78·79)[105]과 3호분 제12호묘의 바닥석(도 80·81)[106] 등에서 반턱이음을

도 79. 나주 복암리 3호분 제7호묘 벽석 반턱이음의 세부(좌 : 동벽, 우 : 서벽)

103) 축 방향으로 직접 작용하는 압력을 말한다.
토목관련용어편찬위원회, 1997, 『土木用語辭典』.
104) 국립문화재연구소, 2014, 『전통 목조건축 결구법』, 48쪽.
105) 국립문화재연구소, 2001, 『羅州 伏岩里 3號墳(본문)』, 263쪽 도면 117 및 318쪽 사진 292-1·2.
106) 국립문화재연구소, 2001, 『羅州 伏岩里 3號墳(본문)』, 308쪽 도면 140 및 379쪽 사진 353-1.

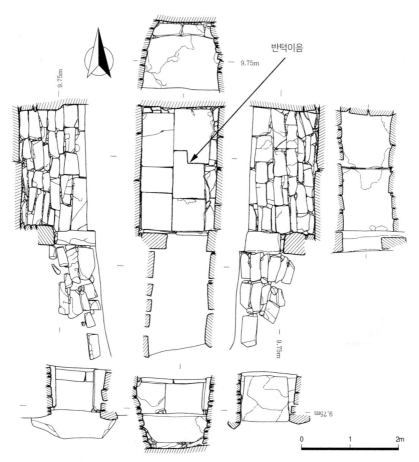

반턱이음

9.75m

9.75m

9.75m

0 1 2m

도 80. 나주 복암리 3호분 제12호묘 바닥석의 반턱이음

볼 수 있다. 이로 보아 기존에 발굴된 백제 사비기 판석재 횡혈식석실분 및 석성, 축대 등에서도 반턱이음이 발견될 가능성이 매우 높다고 생각된다.

통일신라기의 반턱이음에 대해 필자는 아직까지 건축기단이나 석성, 고분, 축대 등에서 확인하지 못하였다. 하지만, 경주 황룡사지 출토 대형

도 81. 나주 복암리 3호분 제12호묘 바닥석 반턱이음의 세부

치미(도 82)[107]와 무문전 등에서 이의 존재가 살펴지고 있는 것으로 보아 건축물에도 충분히 사용되었을 것으로 판단된다. 여기에서는 대형 치미의 반턱이음[108]에 대해 개략적으로 살펴보고자 한다.

치미는 7세기 3/4분기에 제작된 것으로 시기적으로는 통일신라기에 가깝다.[109] 높이가 182cm로 지금까지 발굴된 우리나라 치미 중 가장 대형에 속한다. 이는 크게 두 부분으로 나누어져 있으며, 이들의 결구 상태는 정면과 측면에서 확인되고 있다.

정면부가 주먹장부이음으로 결합된 반면, 날개가 있는 측단부는 반턱

---

107)　필자 사진.
108)　이에 대해선 김숙경이 이미 논한 바 있다.
　　　김숙경, 2018, 「황룡사지 출토 대형치미에 대한 건축학적 검토」『동아시아의 치미』.
109)　조원창, 2012, 「황룡사지 출토 대형 치미의 편년과 사용처 검토」『선사와 고대』 36.

도 82. 경주 황룡사지 출토 대형 치미의 반턱이음(□ 내부)

도 83. 경주 황룡사지 출토 대형 치미의 반턱이음. 　도 84. 경주 황룡사지 출토 대형 치미의 반턱이음.
　　후면 왼쪽 측단 　　　　　　　　　　　　　　후면 오른쪽 측단

이음(도 83·84)[110]으로 연결되어 차이를 보이고 있다. 그리고 그 외의 부분은 상하 일직선상으로 세 개씩의 구멍을 뚫어 끈으로 묶어놓았다. 구멍 배치는 대체로 치미 하부의 경우 '△'모양, 상부는 '▽'모양으로 삼각형의 정점을 서로 마주 보게 하였다. 그러나 일부 날개 부위에서는 상하 모두 '▽'모양으로 구멍이 배치되어 있음도 살필 수 있다.

무문전(도 85)[111]은 경주 분황사지에서 출토되었다. 일부 편만 남아 있어 평면 장방형인지, 방형인지 파악하기 어렵다. 다만, 하단부가 'ㄴ'형태로 깎여 있어 반턱이음으로 결구되었음을 알 수 있다. 결구 방식으로 보아 벽전보다는 바닥전으로 사용되었음을 판단할 수 있다.

한편, 반턱이음은 요즈음의 결구방식으로도 많이 애용되고 있다. 이는

---

110) 필자 사진.

111) 국립경주문화재연구소·경주시, 2015, 『芬皇寺 發掘調査報告書』Ⅱ【2】, 1345쪽 도판 478-992.

992

도 85. 경주 분황사지 출토 무문전의 반턱이음

도 86. 예산군 고덕면 배수시설의 반턱이음(2019년 4월 30일 촬영)

못이나 꺾쇠 등을 사용하기 힘든 배수시설(도 86)[112] 같은 곳에 많이 사용
되고 있음을 볼 수 있다.

---

112) 필자 사진.

(3) 장부이음

이는 건축 부재의 한쪽 면 혹은 양쪽 면에 장부(촉)를 만들어 결구하는 것을 말한다. 이처럼 장부이음이 되기 위해선 장부(촉)와 결합되는 상대 부재에 반드시 홈이 조성되어야 한다.

익산 미륵사지석탑에서 장부이음이 확인되는 곳은 십자형 통로 입구의 문설주에서 살필 수 있다. 여기에는 상·하단 모두에 장부(촉)가 만들어져 있거나(도 87)[113] 하단에만 장부가 조성된 경우, 그리고 상·하단 모두

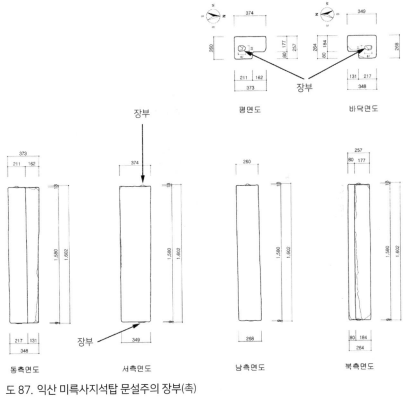

도 87. 익산 미륵사지석탑 문설주의 장부(촉)

---

113) 國立文化財研究所·全羅北道, 2011, 『彌勒寺址石塔 解體調査報告書圖版』Ⅳ, 250쪽.

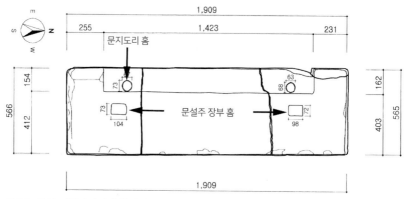

도 88. 익산 미륵사지석탑 창방석에 굴착된 문설주 장부 홈

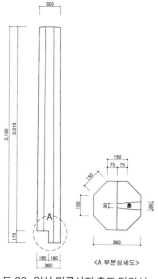

도 89. 익산 미륵사지 출토 당간석.
'○' 내부가 장부

에 시설되지 않는 경우로 분류해 볼 수 있다. 문설주에서 보이는 이러한 다양한 치석기법은 이것들이 모두 창건기의 것이 아님을 판단케 한다. 즉, 창건기에는 모두 장부가 있는 문설주를 사용하다가 후대에 훼손되면서 점차 축이 없는 문설주로 바꾸어졌음을 추정해 볼 수 있다. 아울러 장부가 있는 문설주의 경우 이에 대응되는 창방석 및 하인방석의 경우 장부를 끼울 수 있는 홈(도 88)[114]이 굴착되어 있다.

미륵사지석탑에서 보이는 장부이

---

114) 國立文化財研究所·全羅北道, 2011, 『彌勒寺址石塔 解體調査報告書圖版』IV, 205쪽.

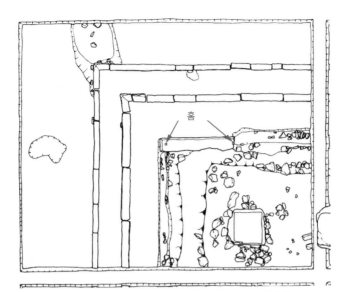

도 90. 경주 황룡사지 구층목탑지 서북 모서리 가구기단 지대석.
별석의 우주와 탱주를 꽂을 수 있도록 홈이 굴착되어 있다.

도 91. 경주 황룡사지 구층목탑지 남면 계단. 가구식 계단 지대석의 끝단에
법수를 꽂기 위한 원형 홈이 굴착되어 있다.

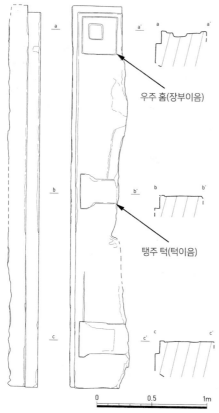

우주 홈(장부이음)

탱주 턱(턱이음)

0   0.5   1m

도 92. 경주 사천왕사지 금당지 가구기단 지대석

음은 통일신라기에 조성된 미륵사지 당간석(도 89)[115]을 비롯한 경주 황룡사지 구층목탑지의 가구기단 지대석(도 90)[116]과 계단지(도 91), 사천왕사지 금당지 가구기단 지대석(도 92)[117]과 계단지, 감은사지 난간(도 93)[118]과 계단지(도 94) 및 8각 석주(도 95), 동궁과 월지의 난간, 춘양교의 팔각 석주 및 대석[119] 등에서 찾아볼 수 있다. 이외에도 계단지에 법수가 설치된 경주 망덕사

115) 國立文化財研究所·全羅北道, 2011, 『彌勒寺址石塔 解體調査報告書』Ⅳ, 194쪽 그림 3-67.

116) 文化財管理局 文化財研究所, 1982, 『皇龍寺(圖版編)』, 도면 4 중.

117) 국립경주문화재연구소, 2012, 『四天王寺 金堂址 발굴조사보고서』Ⅰ, 166쪽 도면 42-11.

118) 國立慶州文化財研究所·慶州市, 1997, 『感恩寺 發掘調査報告書』, 214쪽 삽도 115-④.

119) 國立慶州文化財研究所·慶州市, 2005, 『春陽橋址(日精橋址, 史蹟 457號) 發掘調査報告書』, 113~114쪽.

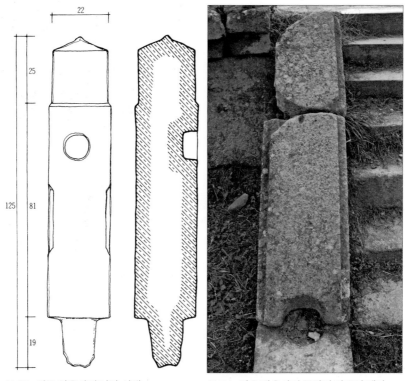

도 93. 경주 감은사지 난간 석재　　　　도 94. 경주 감은사지 금당지 가구식 계단

도 95. 경주 감은사지 출토 8각 석주. 석주의 끝단에 장부가 만들어져 있다.

도 96. 불국사 다보탑의 법수석　　　도 97. 경주 불국사 연화교의 법수석

지 탑지, 불국사 다보탑(도 96)과 연화교(도 97)¹²⁰⁾ · 백운교 등에서 장부이음을 살필 수 있다.

그런데 장부이음은 석조건축물 이전에 불상 조각에서 먼저 살필 수 있다. 즉, 불신을 대좌에 결합시킬 때 불신의 하부에 촉을 달고, 대좌에는 홈을 만들어 장부이음을 하고 있다. 불상 조각에서의 장부이음은 국립중앙박물관 소장 납석제불보살병입상(蠟石製佛菩薩並立像, 도 98)¹²¹⁾에서 볼 수 있고, 장부이음과 관련된 홈은 경주 황룡사지 금당지의 장육존상 대좌(도 99)¹²²⁾에서 살필 수 있다. 이들 유물은 대체로 6세기 후반경으로 편년되고 있어 적어도 이 무렵에는 장부이음이 출현하였음을 알 수 있다. 이는

---

120)　이상 사진은 필자 사진.

121)　필자 사진. 충북 제천 읍리에서 출토되었으며, 불보살의 대좌 사이에 장부가 만들어져 있다.

122)　필자 사진.

도 98. 납석제불보살병입상
(국립중앙박물관 소장)

도 99. 경주 황룡사지 중금당지 본존불 대좌

삼국시기에 있어 불상 조각의 장부이음이 석조건축물보다 먼저 등장하였음을 판단케 한다.[123]

　장부이음은 이외에도 백제 및 신라의 전에서도 찾아볼 수 있다. 즉, 부여 구아리유적(도 100)[124] 및 궁남지(도 101),[125] 경주 분황사지(도 102)[126] 출토 전에서 찾아볼 수 있다. 이들은 단변이나 장변에 홈이 파여 있거나 장부가 마련되어 있다. 특히 분황사지 출토 전의 경우는 한 변 전체에 홈, 다른 한 변 전체에 장부가 마련되어 백제에서 확인된 장부이음보다 실용

---

123) 이는 현재까지 지표조사나 발굴조사를 통해 확인된 유구나 유물을 대상으로 한 것이다.

124) 國立扶餘博物館, 2010, 『百濟瓦塼』, 133쪽 사진 302.

125) 國立扶餘博物館, 2010, 『百濟瓦塼』, 109쪽 사진 231.

126) 국립경주문화재연구소·경주시, 2015, 『芬皇寺 發掘調査報告書』Ⅱ【2】, 1342쪽 도판 476-990.

도 100. 부여 구아리유적 출토 무문전

도 101. 부여 궁남지 출토 연화문전

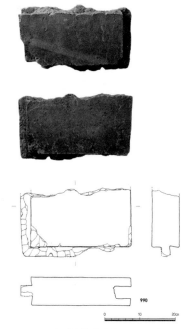

도 102. 경주 분황사지 출토 무문전

성이 한층 더 높았음을 보여주고 있다. 그리고 이러한 전에서의 장부이음은 일찍이 평양 정백리고분 출토의 능형문묘전(도 103)[127]에서도 검출되고 있어 그 기술적 계통이 중국 한대에 있었음을 판단케 한다. 아울러 이것이 중국 남북조를 거쳐 백제에 유입되고 삼국통일이 되면서 신라에도 전파되었음을 판단케 한다.

따라서 현재 전해오는 삼국시대의 건축유구와 불상, 전 등을 검토해 볼 때 장부이음은 목조건축물 → 불상 조각 → 석조물 및

---

127) 낙랑시대의 전실묘에 사용된 장방형의 전돌이다. 바닥전보다는 벽전에 사용되었을 것으로 판단되며, 크기는 31.4×15.2×5.3cm이다. 단변의 한쪽 면에 반원형의 홈, 다른 한 면에 '∩'형의 장부가 마련되어 있다.
국외소재문화재재단, 2015, 『돌아온 와전 이우치 컬렉션』, 407쪽 사진 295.

도 103. 평양 정백리고분 출토 능형문묘전(낙랑)

전 등의 순으로 적용되었음을 짐작해 볼 수 있다.

한편, 장부이음의 한 부류에 속하는 주먹장부이음[128])이 경주 황룡사지 출토 대형 치미에서 확인되고 있어 소개해 보고자 한다. 주먹장부이음은 형식상 은장이음과 차이가 있으나 서로 다른 부재를 연결해 준다는 점에서 공통성이 있다.

전술하였듯이 황룡사지 출토 대형 치미는 상하 두 부분으로 제작되었다. 이 중 하체의 정면 중앙 부분에 주먹장부가 조각되어 있고, 이에 대응하는 상체의 중앙 부분에는 똑같은 모양의 홈이 파여 있어 상하가 결합되도록 제작되어 있다(도 104).[129])

토제품에 해당되는 치미에 주먹장부이음이 채용된 사실로 보아 통일신라기의 목조건축과 석조건축물에도 이러한 형식의 이음이 충분히 반영되

---

128) 이는 한 부재의 끝단에 주먹장부를 만들고 다른 부재에는 주먹장부 홈을 파서 결합시키는 이음방식이다(국립문화재연구소, 2014, 『전통 목조건축 결구법』, 25쪽).

129) 필자 사진.

도 104. 경주 황룡사지 출토 대형 치미 정면의 주먹장부이음

었음을 유추해 볼 수 있다.

(4) 빗이음

빗이음이란 부재의 마구리를 경사지게 따내어 서로 맞댄 이음방식을 말한다.[130) 미륵사지석탑에서의 빗이음은 심주석과 천장석 사이를 마감하기 위해 사용된 부재에서 확인되었다. 부재들은 평면 장방형으로 모두 4매로 이루어져 있고, 이 중 북면 부재가 빗이음 되어 있다. 반면, 동·서면의 부재는 북단이 빗이음, 남단이 턱이음으로 결구되어 있다(도 105).[131) 그리고 남쪽의 부재는 양 단 모두 턱이음으로 연결되어 있다.

---

130) 국립문화재연구소, 2014, 『전통 목조건축 결구법』, 68쪽.

131) 國立文化財研究所·全羅北道, 2005, 『彌勒寺址石塔 解體調査報告書』Ⅲ, 168쪽 그림 4-18.

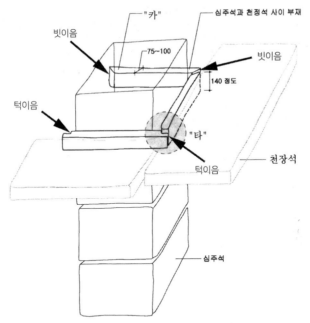

도 105. 심주석과 천장석 사이의 부재에 보이는 빗이음

이러한 빗이음은 미륵사지석탑에서도 보기 드문 결구방식으로 목조건축물에 주로 사용되었던 것으로 판단된다. 아울러 통일신라기의 석축물에서도 아직까지 빗이음을 확인하지 못하였지만 미륵사지석탑의 사례를 통해 향후 발견될 가능성이 높다고 생각된다.

3) 탱주

탱주는 건축물의 가구기단 및 석탑의 기단부에서 주로 볼 수 있다. 별석으로 제작되거나 통돌에 주로 양각되며 면석 사이에 위치한다. 삼국시대의 탱주는 건물지에서 볼 수 없고, 정림사지 오층석탑 기단부에서 확인할 수 있다.

도 106. 익산 미륵사지 강당지 가구기단 (백제 사비기)　　　　도 107. 익산 미륵사지 강당지 우석과 면석의 결구

　　건물지에서의 탱주는 그 동안의 유적 사례를 검토해 볼 때 통일신라기 부터 등장하였음을 알 수 있다. 그리고 이러한 부재가 중국의 경우 이미 한대부터 나타나고 있음을 볼 때 唐의 영향으로 통일신라기에 제작되었음 을 파악해 볼 수 있다.

　　가구기단은 치석(治石)[132]된 지대석과 면석, 갑석 등으로 조립된다(도 106).[133] 그런데 지대석 중 모서리에 놓이는 우석(隅石) 상면에는 우주를 놓기 위한 홈이 낮고 평평하게 치석되어 있거나 원형, 방형으로 굴착되어

---

132) 치석은 어떠한 도구를 사용하느냐에 따라 다양하게 나타날 수 있다. 예컨대 정 이나 도투락망치, 날망치, 물가리에 따라 치석의 정도는 완전 다르게 나타난다. 백제의 가구기단은 치석 상태로 보아 고운 정다듬이나 날망치 정도의 수법이 사용되었던 것으로 사용된다.

133) 필자 사진.

도 108. 부여 정림사지 오층석탑의 기단부

있다. 또한 면석과 결구하기 위해 우주 안쪽 면에 1단의 턱을 조성하기도
한다(도 107).[134]

부여 정림사지 오층석탑은 이중기단(도 108)[135]으로 이루어져 있다. 이
중 상층기단은 마치 사원(지)의 당탑(지)이나 강당(지)에서 볼 수 있는 가구
기단으로 조성되어 있다. 즉, 우주 사이에 면석이 끼워 있고, 면석과 면석
사이에는 탱주 하나가 별석으로 결구되어 있다. 그리고 면석 위로는 상대
갑석이 놓여 탑신부를 받치고 있다.

석탑에서 관찰되는 우주는 6세기 4/4분기로 편년되는 부여 금강사지
금당지나 7세기대의 익산 미륵사지 금당지 및 강당지 등에서 살필 수 있
다. 다만, 정림사지 오층석탑에서 관찰되는 탱주는 여느 사지의 금당지나
건물지 등에서 전혀 찾아볼 수 없다. 이로 보아 백제시기의 초석 건물에
는 탱주가 없이 우주만 시설되었음을 파악해 볼 수 있다.

이에 반해 통일신라기 건축물의 가구기단에서는 탱주 및 이의 형적을
어렵지 않게 살필 수 있다. 즉, 경주 사천왕사지 금당지 및 동·서 목탑지

---

134) 필자 사진.

135) 필자 사진.

(도 109),[136] 불국사 대웅전(도 110)·극락전(도 111)·무설전·비로전·관음전, 양산 통도사 극락보전(도 112)·대웅전(도 113), 구례 화엄사 대웅전·각황전(도 114), 여주 고달사지 금당지(나-1건물지, 도 115)[137] 가구기단에서 탱주를 확인할 수 있다.

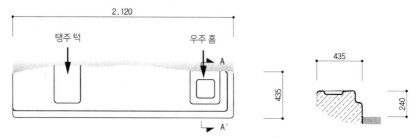

도 109. 경주 사천왕사지 동탑지 지대석 상면의 우주 홈과 탱주 턱(통일신라기)

도 110. 경주 불국사 대웅전 가구기단 탱주   도 111. 경주 불국사 극락전 가구기단 탱주

136) 국립문화재연구소, 2012, 『한국 고대건축의 기단 경북·경남·대구·울산 편』, 98쪽.

137) 이상 필자 사진.

도 112. 양산 통도사 극락보전 탱주

도 113. 양산 통도사 대웅전의 탱주.
탱주 사이에 꽃이 조각되어 있다.

도 114. 구례 화엄사 각황전 탱주

도 115. 여주 고달사지 금당지 탱주

이들 탱주는 경주 사천왕사지 당탑지처럼 별석으로 조성한 것이 있는 반면, 불국사 대웅전·극락전,138) 양산 통도사 극락전·대웅전, 구례 화엄사 대웅전·각황전, 여주 고달사지 금당지(나-1건물지) 등에서처럼 통돌의

---

138) 대웅전 및 극락전에서도 별석의 탱주가 간취되고 있다. 이로 보아 창건기의 탱주는 별석이었음을 알 수 있고, 후에 보수되면서 통돌에 탱주가 양각되었음을 파악할 수 있다.

면석에 탱주를 양각시켜 놓은 것도 볼 수 있다.

　백제 정림사지 오층석탑에 보이는 탱주가 별석으로 이루어졌음을 볼 때 백제의 결구기술을 보이는 통일신라기의 건물은 679년에 창건된 경주 사천왕사의 금당지 및 동서 목탑 등에서 확인할 수 있다. 그러나 8세기 중엽에 창건된 경주 불국사 대웅전에서는 별석이 아닌 통돌에 양각된 탱주를 발견할 수 있다.

　이렇게 볼 때 탱주가 별석에서 통돌의 면석에 양각화가 이루어지는 시기는 적어도 8세기 중엽 이후로 생각된다. 아울러 9세기 이후에는 양산 통도사의 극락보전 및 대웅전의 사례에서처럼 우주나 탱주에 벽선(壁線)이라 불리는 장식이 이루어지고 있음도 살필 수 있다.[139)]

도 116. 원주 법천사지 부도전지 중앙 건물지　도 117. 안동 봉정사 극락전

---

139) 한편, 이러한 벽선 장식은 고려시대의 초석 건물과 석탑 기단에도 직접적인 영향을 미치고 있다. 즉, 전자의 경우는 원주 법천사지 탑비전지 중앙 건물지(도 116), 안동 봉정사 극락전(도 117), 양주 회암사지 보광전지(도 118) 등에서 볼 수 있다. 그리고 후자는 공주 마곡사 오층석탑(도 119), 예산 향천사 구층석탑(도 120), 장흥 천관사 삼층석탑, 여주 창리 삼층석탑, 안성 죽산리 석탑, 용인 공세리 오층석탑 등에서 살필 수 있다.

도 118. 양주 회암사지 보광전지   도 119. 마곡사 오층석탑

도 120. 예산 향천사 구층석탑

4. 맺음말

부여 정림사지 오층석탑과 익산 미륵사지석탑은 현재 남아 있는 백제 시대의 대표적인 석탑이다. 특히 목조건축물을 모방하여 축조하였다는 점에서 이와의 연관성이 찾아지기도 한다.

석탑과 관련된 벽선 연구는 아래의 논고를 참조하였다.
엄기표, 2018.12.7, 「예산 香泉寺의 석조미술」『예산 향천사의 역사와 문화유산』, 56~57쪽.

부여 정림사지 오층석탑은 이중기단에 우주와 탱주, 면석 등을 갖추고 있어 탱주가 설치된 백제 최초의 기단 건축물로 파악할 수 있다. 이는 통일신라기 경주 사천왕사지를 비롯한 감은사지 석탑, 경주 불국사 당탑 등에 많은 영향을 미치게 된다. 그리고 익산 미륵사지석탑은 동탑에서 검출된 도투마리은장이음과 서탑의 해체 복원 과정에서 밝혀진 여러 결구기술, 즉 장부이음, 턱이음, 반턱이음, 빗이음 등이 확인되었다. 이러한 결구 방식은 목조건축물에서 흔히 살펴지는 속성으로써 미륵사지석탑이 목조건축물과 불가분의 관계였음을 여실히 보여주고 있다.

미륵사지석탑에 채용된 여러 이음방식은 통일신라기 당탑을 비롯해 왕릉, 교량, 당간 및 당간지주, 난간, 계단 등 여러 석조물과 황룡사지 대형 치미 등에 다양하게 채용되었다. 아마도 이들 외에 치석된 석재가 사용된 부도나 석등, 비석 등에도 이러한 결구 방식이 사용되었을 것으로 판단된다. 향후 이들을 해체 복원하는 과정에서 하나하나씩 드러날 것이라 확신한다. 아울러 백제의 석탑 사례로 보아 목조건축물에서 흔히 볼 수 있는 턱이음이나 장부이음 등도 향후 신라시기의 성곽유적이나 문지(門址) 등에서 조사될 가능성이 높다. 따라서 유구에 대한 관찰과 관심이 그 어느 때보다 집중되어야 할 것으로 생각된다.

백제 멸망 이후 백제 석공들의 치석 및 결구기술은 통일신라기 석조물에 그대로 투영되었다. 이는 조선시기 왕궁이나 왕릉, 종묘 등에서 살펴지는 기단 장식의 계통이 고려 말 양주 회암사지 보광전지에서 찾아지는 패턴과 크게 다르지 않다. 이러한 역사의 수레바퀴는 결과적으로 통일신라기 석조물의 새로운 치석 및 결구기술의 주체가 백제 석공과 불가분의 관계였음을 의미하는 것이다.

백제의 치석 및 결구기술은 탑파 분야에만 한정된다고 생각지 않는다. 이는 석재를 이용한 고분이나 성곽, 석등 등에서도 얼마든지 찾아질 수 있다고 판단된다. 따라서 이들 유적에 대한 탐색 작업 또한 앞으로 꾸준히 진행되어야 할 과업이라 생각된다.

참고문헌

『三國史記』

김숙경, 2018, 「황룡사지 출토 대형치미에 대한 건축학적 검토」『동아시아의 치미』.

박경식, 2015, 「미륵사지석탑의 기술력이 신라 석탑에 미친 영향」『신라문화』 45집.

申光燮, 1996, 「扶蘇山城-廢寺址 發掘調査報告-」『扶蘇山城 發掘調査報告書』, 國立文化財研究所.

엄기표, 2018.12.7, 「예산 香泉寺의 석조미술」『예산 향천사의 역사와 문화유산』.

李殷昌, 1991, 「百濟의 石塔」『百濟의 彫刻과 美術』, 公州大學校博物館·忠淸南道.

趙源昌, 2006, 「百濟 基壇 築造術의 對新羅 傳播」『건축역사연구』 42.

조원창, 2012, 「황룡사지 출토 대형 치미의 편년과 사용처 검토」『선사와 고대』 36.

國立慶州文化財研究所, 2002, 『慶州 五陵 北便 橋梁址 發掘調査 報告書』.

國立慶州文化財研究所, 2005, 『芬皇寺 發掘調査報告書(本文)』Ⅰ.

국립경주문화재연구소, 2012, 『四天王寺 金堂址 발굴조사보고서』Ⅰ.

국립경주문화재연구소, 2013, 『四天王寺 回廊內廓 발굴조사보고서』Ⅱ.

國立慶州文化財研究所·慶州市, 1997, 『感恩寺 發掘調査報告書』.

國立慶州文化財研究所·慶州市, 2005, 『春陽橋址(日精橋址, 史蹟 457號) 發掘調査報告書』.

國立慶州文化財研究所·慶州市, 2007, 『新羅古墳 基礎學術調査研究 -石造物資料』Ⅳ.

국립경주문화재연구소·경주시, 2015, 『芬皇寺 發掘調査報告書』Ⅱ【2】.

국립문화재연구소, 2001, 『羅州 伏岩里 3號墳(본문)』.

국립문화재연구소, 2007, 『경상북도의 석탑』Ⅰ.

국립문화재연구소, 2012, 『한국 고대건축의 기단 경북·경남·대구·울산 편』.

국립문화재연구소, 2013,『한국 고대건축의 기단 경기·강원·충북·충남·전북 ·전남 편』Ⅱ.

국립문화재연구소, 2014,『전통 목조건축 결구법』.

국립문화재연구소·경주시, 2017,『경주 불국사 삼층석탑 수리 보고서』Ⅱ.

國立文化財研究所·全羅北道, 2003,『彌勒寺址石塔 解體調査報告書』Ⅰ.

國立文化財研究所·全羅北道, 2004,『彌勒寺址石塔 解體調査報告書』Ⅱ.

國立文化財研究所·全羅北道, 2005,『彌勒寺址石塔 解體調査報告書』Ⅲ.

國立文化財研究所·全羅北道, 2011,『彌勒寺址石塔 解體調査報告書』Ⅳ.

國立文化財研究所·全羅北道, 2011,『彌勒寺址石塔 解體調査報告書 圖版』Ⅳ.

국립문화재연구소·전라북도, 2012,『彌勒寺址 石塔 기단부 발굴조사 보고서』.

國立扶餘文化財研究所·扶餘郡, 1998,『陵山里』.

國立扶餘博物館, 1997,『국립부여박물관』.

국립부여박물관, 2017,『扶餘 扶蘇山 寺址』.

국외소재문화재재단, 2015,『돌아온 와전 이우치 컬렉션』.

文化財管理局, 1990,『彌勒寺址東塔復元設計報告書』.

扶餘文化財研究所·全羅北道, 1992,『益山彌勒寺址 東塔址 基壇 및 下部調査報告書』.

전라북도익산지구문화유적지관리사업소·미륵사지유물전시관, 2001,『미륵사지석탑』.

忠南大學校博物館·忠清南道廳, 1981,『定林寺』.

忠州市, 2004,『中原塔坪里七層石塔 實測調査報告書』.

토목관련용어편찬위원회, 1997,『土木用語辭典』.

朝鮮古蹟研究會, 1937,「扶餘窺岩面に於ける文樣塼出土の遺蹟と其の遺物」『朝鮮古蹟調査報告』.

• **지은이**(집필순)

정훈진 　한국문화재재단 조사연구2팀장

심상육 　백제고도문화재단 책임연구원

이현숙 　공주대학교박물관 학예연구실장

임종태 　한헤리티지센터 팀장

조원창 　한얼문화유산연구원 원장

백제 건축,
치석과
결구를 보다

초판인쇄일　2019년 6월 20일
초판발행일　2019년 6월 25일
지 은 이　정훈진·심상육·이현숙·임종태·조원창
발 행 인　김선경
책 임 편 집　김소라
발 행 처　도서출판 서경문화사
　　　　　　주소 : 서울시 종로구 이화장길 70-14(204호)
　　　　　　전화 : 743-8203, 8205 / 팩스 : 743-8210
　　　　　　메일 : sk8203@chol.com
등 록 번 호　제1994-000041호
ISBN　　　978-89-6062-215-9　93000
ⓒ 정훈진·심상육·이현숙·임종태·조원창, 2019

* 파본은 구입처에서 교환하여 드립니다.

정가 24,000